思想觀念的帶動者
文化現象的觀察者
本土經驗的整理者
生命故事的關懷者

對於人類心理現象的描述與詮釋
有著源遠流長的古典主張,有著速簡華麗的現代議題
構築一座探究心靈活動的殿堂
我們在文字與閱讀中,尋找那奠基的源頭

照見希望

許維素、汪冰 —— 著

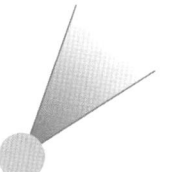

尋找例外
發現可能
照見改變的希望

焦點解決短期治療的
18個人生故事

Illuminating Hopes
18 Life Stories of
Solution-Focused Brief Therapy

contents 目錄

【推薦序】一份令人心動的 SFBT 邀請／希瑟・菲斯克 ···· 012
【作者序一】照見生命希望的焦點解決短期治療／許維素
　　　　　　 ··· 016
【作者序二】在人生的故事裡，尋找幸福的希望／汪冰
　　　　　　 ··· 021
【導論】焦點解決短期治療簡介、技術說明與本書架構 · 026

案例 01　完美的媽媽　039
回顧與反思 ··· 047
生活踐行
　◆ 沒有完美只有盡力 ··························· 050
　◆ 練習：發現進展的不同視角 ················· 053

案例 02　我是他生命的示範　056
回顧與反思 ··· 064
生活踐行
　◆ 不在場的重要他人 ··························· 067
　◆ 練習：從失望到期望 ························· 070

案例 03　我該怎麼走下去　075
回顧與反思　080
生活踐行
- ◆「為了什麼」(for what)比「為什麼」(why)更重要　083
- ◆ 沒有進展不等於沒有成長　086
- ◆ 練習：成為自己的啦啦隊　088

案例 04　不要變更糟　090
回顧與反思　099
生活踐行
- ◆ 誰的需要，誰改變　102
- ◆ 改變是一扇從裡面打開的門　104
- ◆ 練習：改變關係滿意度　107

案例 05　我終於看到我自己　108
回顧與反思　119
生活踐行
- ◆ 接受不是放棄而是放下　122
- ◆ 從最容易的那件事開始　124
- ◆ 練習：從最容易的開始做　127

案例 06　我是英雄　128
回顧與反思 ······················ 136
生活踐行
- ◆ 沒有恐懼就無所謂勇氣 ·············· 139
- ◆ 從受害者到倖存者，再到興盛者 ········ 141
- ◆ 練習：受害者、倖存者和興盛者的視角切換 ···· 143

案例 07　我要堅強　145
回顧與反思 ······················ 154
生活踐行
- ◆ 從兩難到兩全 ···················· 157
- ◆ 練習：亦此亦彼的思維轉換 ············ 161

案例 08　自由的機會　163
回顧與反思 ······················ 173
生活踐行
- ◆ 別讓痛苦成為折磨 ················· 176
- ◆ 創造未來就是走出過去 ·············· 178
- ◆ 練習：創作新的生命願景 ············· 180

案例 09　有人跟蹤我　183
回顧與反思 ······················ 188
生活踐行

- 一人一世界 · 191
- 練習：走進他人內心的提問 · · · · · · · · · · · · · · · 194

案例 10　我要的，媽媽不要　197

回顧與反思 · 205
生活踐行
- 不解決問題，也是一種解決之道 · · · · · · · · · · · · · 207
- 練習：培養涵容的能力 · · · · · · · · · · · · · · · · · · · 212

案例 11　這次一定也可以　214

回顧與反思 · 224
生活踐行
- 足夠小的一小步 · 227
- 變化中蘊含著答案 · 229
- 練習：請例外經驗當幫手 · · · · · · · · · · · · · · · · · · 231

案例 12　我也不想來　233

回顧與反思 · 241
生活踐行
- 抗拒的背後是期望 · 244
- 練習：激發對方的溝通意願 · · · · · · · · · · · · · · · · 248

案例 13 **面對無常的遺憾** 250
　　回顧與反思 · 256
　　生活踐行
　　　◆ 人生是一場與無常共處的練習 · · · · · · · · · · · · · 259
　　　◆ 練習：採取一小步的行動 · · · · · · · · · · · · · · · · 263

案例 14 **回不去以前的自己** 265
　　回顧與反思 · 273
　　生活踐行
　　　◆ 找到力量與目標的平衡點 · · · · · · · · · · · · · · · · 276
　　　◆ 好的決定不一定等於好的結果 · · · · · · · · · · · · · 278
　　　◆ 練習：意料之外的收穫 · · · · · · · · · · · · · · · · · 281

案例 15 **無解的問題** 283
　　回顧與反思 · 295
　　生活踐行
　　　◆ 先有正確的問題才有正確的答案 · · · · · · · · · · · · 297
　　　◆ 練習：讓問題不再是問題 · · · · · · · · · · · · · · · · 301

案例 16 **我是智慧的女人** 303
　　回顧與反思 · 314
　　生活踐行
　　　◆ 先接受再解決 · 317

- ◆ 應該做與願意做 ····· 319
- ◆ 練習：自我激勵的方法 ····· 322

案例 17　我是好主管？　324

回顧與反思 ····· 335

生活踐行
- ◆ 掙扎也是成長 ····· 338
- ◆ 安頓身心是解決之本 ····· 340
- ◆ 練習：做一份自我照顧清單 ····· 342

案例 18　不讓過去的命運，決定我的未來　345

回顧與反思 ····· 356

生活踐行
- ◆ 與其等待證據不如創造證據 ····· 359
- ◆ 練習：增加行動的勇氣 ····· 362

【後記一】相信奇蹟／許維素 ····· 365
【後記二】美好在等待發現者／汪冰 ····· 367

【推薦序】

一份令人心動的 SFBT 邀請

希瑟・菲斯克（Heather Fiske）

許維素博士和汪冰博士是我的兩位老友，也是令人敬重的同僚。在收到邀請我為他們合著的《照見希望：焦點解決短期治療的 18 個人生故事》一書撰寫推薦序時，我深感榮幸。許維素博士在焦點解決短期治療（Solution-focused brief therapy, SFBT）領域擁有多年實踐、教學和研究的深厚經驗，而汪冰博士在心理學、語言和傳播學方面，也有著豐富的專業知識，加上兩人多年來對這個主題不斷交流和對話，因此我認為他們是非常適合、也非常有資格撰寫這本書的。

在收到本書部分章節的英文翻譯及詳細閱讀之後，對於能為本書撰寫推薦序，我更是覺得榮幸之至。我興奮且欽佩著，期盼可以看到更多內容。目前我也已經在這些篇章上劃了許多重點、寫了一些筆記，期待有天能將這些可貴的內容做為引用的文獻資料。

在兩位作者精心安排的架構下，《照見希望》成為我讀過的最豐富、也最容易理解的心理諮商與治療實踐書籍之一。我一直很喜歡閱讀焦點解決短期治療的相關資料，本書中有十八個主題多元的案例，許博士與汪博士分別對這些諮商室內的對話提出了深思熟慮、富有洞察力的評論，同時也說明了：（1）

與焦點解決短期治療相關的特定治療技術，如何為前來接受諮商的當事人帶來改變；（2）焦點解決短期治療的哲學立場對這些治療技術的應用產生了哪些影響，以及，在諮商師與當事人互動過程中如何自然呈現出來——這可是一個難度更大的挑戰。

這其中令我最震撼的，是這些案例充分顯示出焦點解決短期治療最重要的基礎原則、最關鍵的治療作用：諮商師的尊重與對「未知」抱持好奇的態度，以及對每位當事人獨特「在地知識」的倚重；而許博士呈現案例材料的風格，也成功地展現了焦點解決短期治療工作的系統性與互動性：當事人和諮商師如何共同建構出晤談對話和解決方案的歷程。

說到這裡，本書還有一個讓我覺得十分獨特且突出的特點，那就是在案例對話過程中，細心且誠實地描寫出諮商師的反應和想法，這部分既讓人感動又發人深省。我想這對對未來焦點解決短期治療的深度培訓，以及對現有諮商實務的完善與闡明，都能帶來巨大的潛力與助益。

除了十八篇案例對話與【回顧與反思】，汪博士還針對每個案例提供了【生活踐行】及【練習】。所謂的「踐行」，正是從每個人的人生故事細節中出發，不僅幫助確認生活中實際有效的解決方案，還肯定了如何運用個人過往的經歷、資源和努力，來制定最適合自己的解決之道。

綜合以上所述，《照見希望：焦點解決短期治療的18個人生故事》架構清晰、組織完善，讀者不僅能透過書中具體且詳盡的示範，了解如何在心理諮商與治療對話中使用焦點解決

短期治療，還能從焦點短期諮商師決策過程的討論中獲得啟發。更重要的是，這本書中的十八個故事，篇篇精彩動人，讓人感同身受，對於剛接觸焦點解決短期治療的讀者和一般大眾而言，本書絕對是一本引人入勝、自助助人的入門寶典；對有著豐富經驗的焦點解決短期治療助人者，本書則是一份令人心動的邀請，力邀您一同拓展焦點解決實務中的對話與思維！

希瑟・菲斯克博士，心理學士
美加地區焦點解決短期治療協會創始人之一
曾任加拿大「自殺預防協會」（CASP）理事長，
並榮獲 CASP 國家服務獎

【作者序一】
照見生命希望的焦點解決短期治療

許維素

　　與焦點解決短期治療（Solution-focused brief therapy, SFBT）相遇，是我的專業生涯的關鍵轉折；投入於焦點解決短期治療的學習、應用、研究與訓練工作，更是我的專業生涯的主軸。回首來時路，雖說一路艱辛，但也見到多采多姿的風景，特別是這一路上總感恩著不斷有「貴人」出現：我的恩師——師大心輔系陳秉華教授，自美國引進焦點解決短期治療進入台灣之後，一直引導我在焦點解決領域上繼續深入；摯友賴念華教授則激勵我將內心對學校輔導的關懷，透過焦點解決短期治療的推廣產生更多的助力；此外臺灣焦點解決中心的林宏茂老師及夥伴們多年來情義相挺，共同推動焦點解決短期治療在校園中的諸多活動，穩穩支撐著我不斷向前。

　　有些「貴人」，則飄洋過海而至。來台學術交流的加拿大溫莎大學郭崇信教授多次撥冗大力協助我發表英文著作，讓焦點解決短期治療應用於華人文化的些許經驗，得以在國際間小小分享；而焦點解決短期治療界中為人十分敬重佩服的幾位前輩，如蘭斯・泰勒（Lance Taylor）、阿拉斯戴爾・麥克唐納（Alasdair Macdonald）、托拉娜・尼爾森（Thorana Nelson）、希瑟・菲斯克（Heather Fiske）和辛西亞・富蘭克林（Cynthia

Franklin）等，他們接連來到台灣授課及平日對我的關懷肯定，更是我心中莫大的支持力量。當然，其中最可貴的是，有幸能接受焦點解決短期治療創始人之一茵素・金・博格（Insoo Kim Berg）數年的督導，與她互動的點點滴滴，令我刻骨銘心，至今仍歷歷在目，無法忘懷、也不願忘懷。

　　汪冰博士，也是我的一位「貴人」。與汪冰博士何其有緣地在北京相識，又何其有幸遇到這樣一位可以對談、可以長談的好友。汪冰博士雖然不是諮商師，但哲學功底深厚的他，對人生、對生命的深刻思索讓我頗受啟發，特別是他對焦點解決短期治療的獨到解析，經常讓我眼睛為之一亮，而他嘗試將焦點解決短期治療與正向心理學的觀點組合呈現於演講與寫作之舉，也讓我十分驚豔。不僅如此，在我們邀請加拿大希瑟・菲斯克博士到亞洲巡迴授課時，外語能力絕頂、譯作暢銷的他擔任口譯，除了讓焦點解決短期治療的知識能更在地化地被傳遞、被了解，也讓北京大學的會場洋溢著幽默與溫馨，因此希瑟・菲斯克博士也對汪冰博士溫文儒雅的氣質、博學好問的態度留下非常深刻的印象。

　　本書的誕生，其實要歸功於汪冰博士的提議。他認為焦點解決短期治療的知識不應只在諮商界流傳，也相信焦點解決短期治療的精髓，能激發普羅大眾對生命的迴響與反思。一開始汪冰博士半開玩笑地提議撰寫時，我雖然口頭應承下來，卻對是否能如願成稿半信半疑，果然這本書歷經十年的往返討論才終於定稿。期間曾經幾度我都想放棄這個「不可能的任務」，幸好有汪冰博士堅定的信心，才讓一切成為可能。

在我們身邊總有觸動人心的人生故事，故事中總有引人深思的生命情節，我與汪冰博士記錄著、彙整著，再分頭運用各自擅長的方式，編寫案例諮詢對話以及衍生的思考心得，然後不斷修改本書的架構與各篇的主軸。期間每一小步一小步的邁進，都滾動出更多的創意對話，特別是汪冰博士對焦點解決短期治療提出的評論或疑惑，除了引發我不同於前的寶貴領會之外，我們也透過持續的討論，獲得理解與撰寫上的共識；同時這一小步一小步的邁進，也激發出我倆更熱情地投入，除了潤飾彼此不同的表達用語，還認真地輪番大幅修訂對方撰寫的內容，有如追求「信、達、雅」境界的精益求精。回想起這十年「唇槍舌戰」、「休兵再戰」般的來來回回，實在不可思議，也令人不覺莞爾。

　　由於這本書撰寫的初衷正是創作出一本對諮商專業工作者及一般讀者，都能有所啟發的焦點解決書籍，因此為了讓讀者清楚各種焦點解決短期治療的相關理念、架構與代表技術如何應用，本書企圖將這些與案例對話與之進行對應、連結。此外，為了讓讀者能窺見焦點解決短期治療中特定晤談對話段落的細緻脈絡，我在設計編寫時，除了配合常見的諮商實作情境，呈現出主要的對話內容及諮商師的心路歷程，同時還提供對晤談的歷程回顧和解析，以期能有助於拓展讀者對焦點解決短期治療實務工作上的理解與認識。而擁有多年正向心理學研究和推廣經驗的汪冰博士認為，這些案例對話過程、晤談歷程的回顧及解析，不僅專業助人工作者能夠在閱讀中獲得專業激盪，一般讀者也能藉此對自身的生命、當下的生活產生種種建

設性的省思，於是學識豐富的他透過每篇案例故事，依據諮商對話和焦點解決思維的精華進行了延伸思考，並且在這些案例的人生故事中，提煉出閃現的吉光片羽，以明快清晰、深入淺出的文筆，呼應著諸多心理學的專業知識，為本書讀者提供了有別於心理諮商的心靈體悟。最後，汪冰博士還在自我提問環節上運用了焦點解決代表問句，或者將其變化設計於實用的練習活動，期望幫助讀者將焦點解決思維與技術自然而然地應用於日常生活裡，並從中大有獲益。

雖然焦點解決短期治療並非適用於所有人與所有情況，但是對於各種情況，都可以試著採用焦點解決取向的思路和策略來嘗試提供介入或協助。對我來說，與汪冰博士共同撰寫本書的過程是一次漫長的腦力激盪，儘管讓人絞盡腦汁，卻也著實帶來驚喜意外的可貴收穫，所以我也衷心期盼能透過《照見希望：焦點解決短期治療的18個人生故事》這本書，將我與汪冰博士思想碰撞的感悟與各位讀者分享。

本書能成功出版，深感幸運並充滿感激。感謝「心靈工坊」團隊的全心投入，他們在校對、潤稿和編輯的每一個環節上傾注專業心力，使得這本書不僅更具可讀性，也讓其內涵更加豐富與動人。此外，也要特別謝謝希瑟・菲斯克博士，當我與汪冰聯繫她時，她對多年前的北京之行仍記憶猶新，於百忙中仍慷慨同意為我倆合著的這本書撰寫推薦序，讓我們又驚喜、又感動。

最後，我想對在專業生涯與現實人生中緊密陪伴我的、心愛的焦點解決短期治療，以及汪冰博士時刻流露的溫雅慧黠，

再次表達珍惜和感謝;同時,我更要特別感謝與我交錯的每一個人生故事──

你們自然地存在著,真實地流動著,讓我在共振共鳴的同時,引導我如何看待生命,提醒我如何踏實生活,並且鼓舞我如何照見希望。

【作者序二】

在人生的故事裡，尋找幸福的希望

汪冰

請您試著回答下面兩個問題：

您現在生活得幸福嗎？

如果現在讓您的幸福感提升 1%，您可以做些什麼？

這兩個問題我問過許多人，在思考第一個問題時，很多人首先想到的是自己生活中種種的不滿或尚未解決的難題，比如貸款、房租、收入、工作的壓力，或者與家人、愛人或同事的衝突。但是，在回答第二個問題時，他們的表情會變得輕鬆許多，也會說出一些令人欣慰的答案，比如品一杯自己喜歡的茶、曬十分鐘的太陽，甚至只是暫時把手機調到飛行模式閉目養神一會兒。

這些答案說明人生也許總有一些尚待解決的問題或差強人意之處，但與此同時，生活中仍然存在著增加 1% 幸福感的可能性。我們往往忙著在「可見區」（即眼前的生活）裡解決問題，卻很少注意到同時存在大片「可能區」（即生活的可能性），這種關注點的轉移就是從「束手無策」到「柳暗花明」的重要一步。

出於生存本能，我們對消極的事物，比如痛苦、危險或問題，經常會給予更多的關注，雖然恐懼感有助於我們存活下

來,但是僅是活下來並不足以讓人感到幸福,我們還期待著能做自己喜歡的事,能和自己愛的人在一起——「過上自己想要的生活」是人生最大的內驅力之一。在長大成人的過程中,我們成了解決問題的高手,但往往偏離了最初的方向,解決問題也從「過上自己想要的生活」的手段之一,變成了生活的全部。

然而,解決人生中各種問題的終極目的就是為了過上「零困擾」的生活嗎?首先,這個目標並不現實,生命無常,變化常在,人生在世就是會遇到各種各樣的問題,如果等所有問題都解決了我們才能幸福,那或許只能在等待中度過餘生了;其次,沒有問題的人生不等於幸福的人生,與之相比,更重要的是我們能否按照自己想要的方式生活,哪怕這條路並不好走。讓人最絕望的不一定是人生有問題,而是人生只剩下了問題。其實,不是人生變得完美我們才能感到幸福;與之相反,往往是那些讓人感受到幸福的瞬間,讓我們可以接受、忽略和容忍問題的存在,並且在面對挑戰時,我們的力量其實是來自那些值得為之奮鬥和付出的目標。

曾有一位中年人因飽受某種怪病折磨而苦不堪言,在遍尋良醫後仍然沒人能解釋或醫治他的怪病。無奈之下,他找到了一位心靈大師,向他求教自己該如何面對接下來的人生。大師先問了一個令人沮喪的問題:「如果你確認自己的『怪病』終生無法治癒,你會怎麼辦?」中年人回答:「如果確定它治不好,我就不會再浪費那麼多精力到處求醫問藥,也不會花那麼多時間糾結於什麼時候才能治好。」

大師接著問道：「除了『不會』再做那些事，你還『會』做些什麼呢？」這位中年人接著回答說：「那省下來的時間，我會去做一些讓自己感到舒服和開心的事情，至少這樣可以暫時忘記這些惱人的病痛，反正我也拿它沒法子，我不能再為它錯過更多⋯⋯」說到這裡時，中年人突然有所頓悟。

這位大師沒有解決病痛，但是他讓中年人看到了一種「解決之道」，也就是不再把對抗痛苦作為人生的首要目標，接受和承認現實帶來了一種自由──發現能讓自己不那麼「不幸」的可能性，其中可能還蘊涵著「幸福」的機會。換句話說，即使沒有解決問題本身，我們依然可以想辦法過上自己想要的生活，或者至少朝這個方向邁出一小步；如果連一小步都顯得困難，那麼還可以思考如何邁出半步、甚至只是增加抬起腳的可能性。

上述思路也反映出焦點解決短期治療的核心精神之一，它不以問題為焦點（problem-focused）而是側重於「建構解決之道」。借用傳統的「陰陽」觀念來類比，以問題為焦點的諮商流派著重探索「陰」（負向），比如症狀、病因、抱怨、問題、缺點、僵局，而焦點解決短期治療期望發掘與探討的則是「陽」（正向）的部分，比如目標、資源、優勢、力量、能力、經驗、智慧等。如果「陽」的部分不斷增加，那麼就算「陰」的部分沒有任何改變，在當事人的主觀世界裡，其所占的「比例」也會相對減少；換句話說，不是「此消彼長」（陰衰陽盛）而是「此長彼消」（陽盛陰衰）。

看到生命中的積極面，可以改變人對問題的看法和感受

（比如更有勇氣面對困境），甚至可能會改變我們的目標（比如重新設定問題的優先順序，從解決痛苦到構建希望）。與此同時，這種思維轉換也有助於當事人找到適合自己的有效方法（比如借鑒過去的成功經驗）來處理眼前的問題，還有助於找到承受困境的力量（比如自身優勢、他人支持等），甚至還可以在「與問題共處」中，繼續追求自己想要的生活。上述種種正是焦點解決短期治療最為看重的「知覺擴大與轉移（shift）」的工作。

當然，「知覺擴大與轉移」的這一過程絕非是透過生硬的說教而產生，相反的，焦點解決短期治療最令人感動的地方就在於，它處處透露著對個人生命處境和歷程的尊重。對於這一點，我最初的體會來自於十餘年前參加許維素老師的工作坊，令我記憶猶新的是，她反覆強調每個人才是自己生命的專家，焦點解決短期治療的諮商晤談不是以權威的姿態對當事人的生活指手畫腳，而是一種平等的對話與合作的建構，亦即不是指出問題，而是不斷賦能。

當時，這些觸動心靈的理念在我心中激起了重重漣漪，每個生命最渴望被看見的，不是自身的缺陷而是其獨一無二的美好；每個人最想要的，不是一張問題清單而是面對挑戰的優勢與力量。在之後的若干年中，無論是在聆聽許維素老師授課或是在閱讀她的著作時，我經常會有類似的感深肺腑和醍醐灌頂的瞬間。

許維素老師精深的專業素養、傳播焦點解決短期治療的使命感，以及睿智仁心的人格魅力都讓我深受觸動，同時我也越

發覺得如此寶貴的智慧應該與更多人分享，特別是非專業的一般大眾。於是，我斗膽地向許維素老師提議撰寫一本形式和內容都更貼近大眾的焦點解決書籍，而且非常幸運地得到了她的積極回應，她還鼓勵我在每個案例末尾單獨撰寫一部分內容；於我而言，此乃殊榮。

本書中有許維素老師悉心撰寫的十八則諮商案例故事，從成長困惑、家庭糾葛到職場問題，不一而足。我始終相信，雖然諮商師在諮商室裡工作，但諮商室中產生的洞見與領悟，也可以擴展到諮商室外的生活場景中，尤其焦點解決短期治療的智慧，對每個人的生活都會有所啟發。

秉持這樣的信念與初衷，我分析了案例故事中具有普遍性和啟發性的內容，試圖透過這樣的探討，促成讀者體會焦點解決短期治療所強調的「知覺轉移」，也就是藉由改變「視界」而改變「世界」，畢竟個人主觀知覺是我們應對外在環境的前提和基礎。為了更好地與現實生活有所連結，我還設計了相關練習活動，希望讀者在有所體會的同時，更能在日常生活中有所行動，因為行動本身就是一種改變，而且行動還會帶來不可預測的連鎖反應、開啟生命的可能性，幫助我們用彈性的姿態迎接人生的無常。

此外，焦點解決短期治療強調諮商師要對當事人保持「未知」（not-knowing）的心態，在我看來，這也是我們可沿用為對待世界和人生的態度。問題的答案可能是未知數，但生命的可能性同樣也是未知數，因此對「未知」保持敬畏之心，就是對可能性敞開懷抱，如此，便會誕生出幸福的希望。

【導論】
焦點解決短期治療簡介、技術說明與本書架構

焦點解決短期治療簡介

自 20 世紀以來，心理諮商與治療逐漸發展成重要且有效的助人方式之一，在看似「聊天」的過程中，其實隱含了許多倫理原則以及高度的專業要求。隨著時代的演進，心理諮商與治療領域也經歷了多次重大變革，其中，強調兼顧當事人獨特主觀性與其社會系統觀點的「後現代」（postmodern）取向，成為後期發展的重要新勢力，而「焦點解決短期治療」（Solution focused brief therapy, SFBT）正是後現代心理諮商與治療的重要代表派別之一。

由史蒂夫・德・沙澤（Steve De Shazer）、茵素・金・博格（Insoo Kim Berg）及其工作團隊在美國創建的焦點解決短期治療，勇健地堅持對現代主義的反動，審慎地翻轉了過往看待問題的視角和框架，強調對人們整體性、正向性的認識，不著重於當事人的弱點、失誤、問題及病理診斷，也不以顛覆當事人的思維、語言和行為為主要意圖，而是相信、尊重人性尊嚴與主觀知覺（perception），並以「建構解決之道」（solution-building）為諮商主軸。在一次或多次的「解決式談話」（solution-talk）晤談裡，為了協助當事人自我負責地逐步

建構解決之道,並創造正向改變的上升螺旋,焦點解決短期治療諮商師的任務是:依據當事人接受諮商的期待及當下期盼的未來願景形成該次的諮商目標,同時積極地辨識當事人的優勢力量,挖掘過去成功的「例外」(exception)經驗,進而協助當事人善用這些既有的內、外在資源來達成目標。此外,諮商師還會推進當事人採取一小步的具體行動,希望能影響當事人所處的社會現實,同時也會協助當事人學習穩固與擴大既有的進展,並懂得在諮商室之外進行自我協助──因為焦點解決短期治療相信,當事人之所以前來諮商,只是「暫時」被特定的問題困擾而已,當諮商能幫助當事人再次找回或動員原先擁有的優勢資源時,當事人就能回到他們想要的生活,或邁向想要的未來。

　　三十年來,焦點解決短期治療的發展以「諮商的『有效性』」為核心重點,並且與「問題導向派別」相比,晤談所需的時間較短,因此隸屬於短期治療的一支。焦點解決短期治療之所以能在較少的晤談次數內獲得一定成效,關鍵之一在於它的工作方式容易快速獲得當事人的合作,激發出當事人願意改變的強烈動機。能夠有這樣的效果,至少是來自以下幾點因素:

　　首先,焦點解決短期治療是一種「以勝任力為基礎的模式」(competency-based model),這讓當事人更容易相信自己具備面對挑戰的優勢與力量,從而更願意投入諮商當中,於生活中創造改變。

　　再者,焦點解決短期治療相信,人們雖然會被過去所影響,但不會被過去所決定,而且更容易吸引人的目光是未來──因此

當諮商目標符合當事人的願望時,當事人常更願意啟動改變。

此外,在焦點解決短期治療看來,每次的諮商都可能是最後一次晤談,因此也應視為最重要的一次諮商。焦點解決短治療期望幫助當事人培養在日常生活中自我協助的能力,盡快離開諮商服務——甚至最好在結束諮商時不記得諮商師是誰,而只記得自己的願景與目標、資源,以及例外經驗、行動與進展。這樣的諮商哲學,自然會大大加快晤談節奏並提升諮商成效。

以較少的晤談次數達成諮商成效,具有實際的經濟效益,除了讓臨床實務現場能負擔較高的個案量之外,也較符合現代社會快速節奏與諮商保險制度需求。然而,即便「短期奏效」是焦點解決短期治療的一大優勢,但焦點解決短期治療對「短期」的定義,並非指諮商任務必須在特定次數或時間內完成,而是尊重當事人對晤談次數與諮商進度的選擇,且強調「不做『沒有必要』的諮商會談」——事實上,焦點解決短期治療所強調的短期工作模式,正是針對當時蔚為主流的長期治療所提出的不同見解。

焦點解決短期治療認為,晤談的重要療效來自於接納、擴大與轉換當事人的主觀知覺(包含感受、想法、行動及其互動等)。為達此療效,諮商師需要尊重當事人透過語言對問題做出的定義,以及什麼才是解決之道的想法,同時需要接納並轉化當事人當下的負向感受,帶出更多的正向情緒,並且藉由與當事人合作,鼓勵當事人善用自身優勢、催化當事人採取有效的行動。精熟於焦點解決短期治療的諮商師對當事人的生活脈絡擁有極高的敏感度,能快速辨認當事人獨特的文化或價值系

統,在催化當事人提供自己獨特經驗的同時,提出合宜的回應並彼此同步前進,而不是強力鼓勵當事人接受正向思考,落入「強迫解決」(solution-forced)的專家角色中。

顯而易見,後現代焦點解決諮商師擁有獨特的工作「心理意向」(mind set),其人性觀以樂觀積極為核心,不僅彰顯人性本善的價值取向,也拒絕病理與標籤化,堅持當事人是其生活的主導者,並強調改變隨時可能發生。其重要觀點包括:

1. 人們都希望自己的生活是美好且能夠更好的,也希望別人過得好。
2. 當事人不等於他們的問題。
3. 所謂的問題常發生在當事人與他人的社會互動脈絡之間。
4. 每個人的經驗都是獨一無二的,無法被另一個人的觀點決定和建議。
5. 每位當事人都是獨特的,並帶著個人化的優勢進入諮商室。
6. 當事人常一時間忘記自己身上已有的資源,或尚未意識到已經手握解決之道。
7. 一個人雖然被過去影響,但不會被過去決定,因為人們擁有自然復原力,也會持續運用這個復原力來幫助自己。
8. 當事人之所以來晤談,是因為想要改變。當事人擁有選擇權,也因此將帶來實踐與力量。

9. 未來是可以被創造與協商的,而人們對未來的願景往往會影響當下的行動。
10. 諮商師需要鞏固並擴大當事人微小的進展與改變。這些微小的改變可能為當事人的生活帶來連鎖反應,甚至可能引發可觀的巨大轉變。

令人驚嘆但不意外的是,研究與實務已充分證實焦點解決短期治療的有效性與實用性,並給予高度肯定,其應用領域涵蓋了:醫院系統、社區心理衛生中心、心理和社會工作機構、學校輔導、牧師協談機構、兒童保護服務、收容福利機構與監獄司法系統、企業機構組織等場域;中小學生、青少年、成人、夫妻、家庭、青少年、偏差行為學生、中輟生、非自願個案、高關懷族群、特殊教育學生與家長等對象;情緒與創傷、藥酒癮、網路沉迷、精神疾病、家暴與虐待、親子關係、生涯、低自尊、人際關係等主題,以及危機處理、個別諮商、團體諮商、家庭諮商及督導、網路諮商、管理與教練等方式,範疇之廣,足可見焦點解決短期治療的獨特價值。

焦點解決短期治療技術

雖然建構解決之道的方式有很多種,但創始人茵素認為,最具成效的方式是協助當事人從個人經驗中提煉出精華,並透過語言,清晰而準確地表達出自己希望如何走向解決之道。為達此一目的,焦點解決短期治療非常強調諮商師需要專心傾聽

當事人表述的字字內容，尊重當事人願意吐露情緒到哪種程度，同時在當事人主觀知覺及推論架構中工作時，展現出尊重當事人決定的、充滿希望的、正向積極的態度，並保持著「去專家化」、不預設的未知之姿，努力與當事人建立團隊互動式的合作關係，進而建構與達成前來諮商的目標。尤其是當事人在諮商過程中，透過諮商師以「生命與生活的專家」的眼光看待自己，並在平等對話中獲得全新的體驗時，往往能更肯定自己、展現自己，進而更能提升接納現實、應對生活的自我決定（self-determination）能力。

所以，焦點解決短期治療可說是一種發揮「希望與尊重的語用學」（pragmatics of hope and respect）效用的諮商會談，其主要工作階段包括：正向開場、問題簡述、發展良好目標、探討例外、暫停與回饋，以及後續會談（含探討進展的開場）。其中常運用的重要技術可參考下表：

表1 焦點解決短期治療重要技術

技術	技術說明	例句
成果問句（outcome question）	常作為開場的技巧。詢問當事人希望諮商能幫上什麼忙，或是對諮商的最大期待是什麼。可幫助諮商更有目標導向的思維，同時也暗示當事人是晤談方向的主導者。	你今天來到這裡，希望我能對你有什麼幫助呢？

技術	技術說明	例句
假設問句 （suppose question）	以假設性問句邀請當事人想像比較好的未來情境，或偏好的未來（preferred future）生活樣貌，暗示困境有著轉變的可能性，進而讓當事人對建構解決之道更有行動力和信心。	如果你的情況好轉了，你的人際關係會有什麼不一樣？
奇蹟問句 （miracle question）	引導當事人想像如果一個奇蹟發生，突然間問題不復存在的美好願景，並探問奇蹟圖像中個人行動與人際循環的細節，以鼓舞當事人擁有希望與動力，發展可能的行動策略。	當今晚有個奇蹟降臨，明天早上醒來時你發現問題消失了，那麼你第一個會發現的改變是什麼？還有呢？
晤談前的改變 （pre-session change）	探討當事人在預約後到初次晤談之間的轉變，使當事人更信任自己的自發性力量，進而持續運用已證實有效的方法。	在預約晤談到我們見面的這段時間，情況有什麼不一樣？有比預約前更好一些的跡象嗎？這是怎麼發生的？
例外問句 （exception question）	詢問當事人當問題不存在或是比較不嚴重的「例外經驗」，何以能夠發生的重要因素及歷程細節，以便突顯當事人的優勢資源和有效策略，進而探討如何複製或擴大這些例外經驗。	什麼時候你的情緒比較穩定一些？或者，憂鬱的感覺少一點？
振奮性引導 （cheerleading）	利用鼓舞式的態度及語言，詢問當事人如何做到某個良好行為或如何使例外經驗發生，協助當事人更能意識到這些有效行動的步驟。	你說你偶爾願意和朋友聯絡？那時你是怎麼做到的？
因應問句 （coping question）	在當事人被事情困擾而處於低落的情緒狀態時，幫助當事人看到自己已經擁有的潛力和突破目前困境的方法，藉此鼓勵當事人多運用有效資源、支持力量或有效辦法，使現況得以改善或穩定、不惡化。	在這麼大的壓力下，你是怎麼撐過來的呢？
評量問句 （scaling）	假設以 10 分代表當事人的目標或理想狀態，1 分則是相反的情況，邀請當事人對當前所在位置以 1～10 進行評分，並說明評量分數的意義及其所包含的資源，進而帶領當事人思考如何出現提高 1 分的一小步行動。	如果以 1 到 10 來看，10 表示你最期望的樣子，1 表示最糟的情況，你認為現在是幾分的位置？為什麼能到達這個分數？如果需要再提高 1 分，你覺得需要發生什麼呢？

技術	技術說明	例句
關係問句 （relationship question）	詢問當事人猜想重要他人會如何看待自己或目前的狀況——特別是當事人的優勢、目標與進展——藉此幫助當事人擴大知覺，並建立與他人的連結或社會支援系統。	誰會注意到你這段時間的辛苦努力和改變？他會怎麼樣欣賞你呢？
讚美 （compliment）	對當事人做過的努力、優勢與資源給予直接的讚美，藉此鼓勵對方進行自我肯定。	我對於你的堅持不放棄，印象十分深刻。
重新建構 （reframing）	對當事人的陳述，從不同的角度反應其中的正向意義以及在乎的人事物，以此提升當事人的自我效能、改變意願和行動的動能。	從孩子這些反對你看法的表現，似乎也表示孩子長大了，很有自己的看法；而且因為你們之間的關係不錯，他才能這樣敢於表達自己的意見。
一般化 （normalizing）	將當事人的負向情緒或想法給予常態化的回應，降低當事人擔憂、焦慮或懷疑自己的程度。	很多人在面對人生重大抉擇的時候常需要一些時間慎重考慮，不一定很快就能做出決定的。
提議實驗任務 （suggestion / task）	每次晤談結束時給予當事人讚美、提議任務和執行任務的好理由（橋樑），鼓勵當事人回到日常生活時進行與目標相關的微小行動，使諮商中的討論得以落實在真實生活中並帶動改變。	• 讚美：在今天的談話中，我發現你對工作環境裡人際互動的敏感度很高，也能夠主動處理人際衝突，這讓我印象十分深刻！ • 橋樑：如同你所說的，工作中人際關係是否和諧，對於你能不能順利完成工作及未來的升遷很重要。 • 提議任務：所以，我建議你可以試試看採用我們在晤談中所提到的，你在前一個工作環境與人往來的那些效果不錯的方法，然後再觀察一下現在工作環境的同事會有什麼樣的反應？

特別的是,這些焦點解決短期治療的重要技術,一如焦點解決短期治療的重要理念,能廣泛應用於不同的社會角色與生活場域中,例如父母和老師與孩子互動時,若能經常讚美孩子做得好的地方,可以幫助孩子維持「對」的行為;而在需要指正孩子錯誤時,若能將目標重新建構為「這是引導孩子學習的好機會」,可幫助自己有意識地轉化身分為孩子的「教育引導者」。於企業界團隊建設(team building)討論中,則可藉由評量問句為架構,比如以 10 分代表期望業績的最佳表現,1 分代表業績表現不佳,那麼目前現況是幾分?這個分數在團隊及個人的既有的優勢、長期的努力上分別代表什麼?接著,可以共同腦力激盪,討論如何透過個人和集體行動在目前分數上再加一分,以及具體設定在到達 10 分前的每一級分的指標,作為進展的評估向度。而對於我們身邊需要支持的朋友,在同理之餘,不妨嘗試對他們的感受給予「一般化」,並且多觀察他們「比較好」的狀態是在什麼樣的情況下出現,以及提醒他們已經擁有的優勢資源和微小卻有效的應對方式。

在各種專業技術中,焦點解決短期治療最看重「提問問句」的效果,因為當事人在回答各種焦點解決代表問句時,常自然地接受了問句中鑲嵌的正向預設立場,比如:自己是擁有資源與自發力量的、改變是有可能的、目標是由自己決定的、生命是充滿希望的等等。順著各種問句的引導方向,當事人藉由口語表達把注意力從「問題」上移開,進而逐漸覺察到願景目標和優勢資源,認識了自己的邏輯推論與社會脈絡,並釐清了自己與現實環境的相對位置,如此一來,當事人自然產生正

向情緒，提高自我價值及自我賦能感，也能重新看待問題、談論自己和處境，並出現新的決定與有效行動。所以，無論是為哪種族群服務的助人工作者，只要碰上需要與人溝通的場合，都可以將焦點解決代表問句自然鑲入於對話中，在必要時作為自我督導的省思重點；甚至，這些問句也可以成為人們平日自問自答、自我提醒的反思方向。

本書案例主題與架構

　　故事常觸動人心，諮商室內的案例故事也是如此。案例故事能夠透過諮商師與當事人來來回回的對話，一字一句地勾勒出當事人的生活世界，逐句逐語地積累出心理諮商的療癒力，因此本書設計了18則諮商室內的案例故事，它們都是從現實生活改編而來，取材自社會新聞、電影小說、親朋好友、輔導案例、教育情境、職場人事等不同來源，期望透過各種組合編撰，力求主題的多樣與豐富。

　　諮商是一個流動的、不可預知的歷程，當事人在這趟「深度心靈之旅」中，也常隨著個人不斷的蛻變，轉換晤談的話題、諮商的目標或前進的方向。為了讓讀者對本書的各案例故事能有整體的理解，也為了方便讀者選取有興趣的案例閱讀，我們為每篇案例故事製作了一份表格，放入當事人前來晤談時的主要議題，以及各案例故事中涉及的重點主題（請見表2-1與2-2）。我們也在書中每篇篇名上方以小字清楚標示，便於讀者快速掌握。

表 2-1 各篇案例故事來談主要議題與相關主題

篇章	篇名	前來晤談主要議題	涉及的重點主題
案例 1	完美的媽媽	身心議題	親子關係、自我接納、知覺轉化
案例 2	我是他生命的示範	輕生議題	父子關係、危機應對、生命意義
案例 3	我該怎麼走下去	創傷議題	婚姻關係、自我賦能、邁向未來
案例 4	不要變更糟	親子議題	父子關係、危機應對、溝通技巧
案例 5	我終於看到我自己	親子議題	母女關係、自我接納、自我成長
案例 6	我是英雄	創傷議題	母子關係、知覺轉化、自我接納
案例 7	我要堅強	哀傷失落議題	師生關係、知覺轉化、情緒調適
案例 8	自由的機會	離婚議題	夫妻關係、自我接納、建構未來
案例 9	有人跟蹤我	精神疾病議題	疾病復發、危機應對、關係構建
案例 10	我要的，媽媽不要	親子議題	母女關係、自我決定、自我成長
案例 11	這次一定也可以	精神疾病議題	疾病復發、危機應對、心理韌性
案例 12	我也不想來	非自願個案	青少年、關係構建、溝通技巧
案例 13	面對無常的遺憾	死亡議題	父女關係、危機應對、知覺轉化
案例 14	回不去以前的自己	親子議題	親子關係、自我成長、自我決定
案例 15	無解的問題	輕生議題	母女關係、危機應對、心理韌性
案例 16	我是智慧的女人	婆媳議題	夫妻關係、知覺轉化、建構未來
案例 17	我是好主管？	職場議題	同事關係、溝通技巧、情緒調適
案例 18	不讓過去的命運，決定我的未來	愛情議題	親密關係、自我決定、建構未來

表 2-2 各篇案例故事來談主要議題分類與統計

親子議題	輕生議題	創傷議題	哀傷失落	死亡議題	精神疾病議題
案例 4	案例 2	案例 3	案例 7	案例 13	案例 9
案例 5	案例 15	案例 6			案例 11
案例 10					
案例 14					
身心議題	情感關係			職場議題	非自願個案
案例 1	離婚議題	婆媳關係	愛情議題	案例 17	案例 12
	案例 8	案例 16	案例 18		

此外，本書共有 18 個章節，每一篇章的撰寫架構相同：先呈現以焦點解決短期治療進行諮商對話的案例故事；之後是對諮商對話歷程的【回顧與反思】；第三部分的【生活踐行】書寫每則案例故事引發的生命發想；緊接於後的【練習】單元則是借用焦點解決短期治療的精神與技術，設計給讀者自行演練的活動。我們深深期盼，本書的架構及內容能成為引見焦點解決短期治療的媒介，也能成為一股靜謐的支持力量，陪伴著讀者在自己的人生故事中，照見希望，繼續前行。

案　例 01

身心議題：親子關係、自我接納、知覺轉化

完美的媽媽

　　社工說她的胸口痛應該是心理因素所致，極力要她見見諮商師。苦無他法後，她才願意來見我。

　　坐在我對面的她，十分消瘦。她說胸口的痛不時出現，有時，好像要吞噬了自己一樣。

　　我詢問她認為自己胸口痛是什麼原因。她態度配合地說，這十幾年來都有這樣的狀況，時好時壞，但是對於社工說的那些心理因素她聽不懂，也難以一一分辨。胸口的痛，讓她很不舒服，她來諮商，只是很想消除這個多年的「頑疾」。

　　在初步了解她的狀態後，我嘗試反過來問她：「什麼時候胸口沒有那麼的痛？」挖掘「問題沒有那麼嚴重的時候」，正是所謂的「例外時刻」，有時這能提供一些意料之外的可能性。

　　她一臉困惑又認真地詢問我：「這個問題是什麼意思？」

　　我盡量直白地解釋給她聽：「妳剛說，這些年胸口痛的情形時好時壞，那就是有比較好的時候，所以回想一下，『有時比較好一點』是在什麼時候？」

　　她皺著眉頭，百思不解，給出了一個讓我有些無可奈何的

答案：「就是晚上睡覺前，特別會痛喔！」

我不放棄地再次邀請她回答：「喔，晚上睡覺前會特別會痛喔。那麼，這些年來，有什麼時候是：胸口雖然會痛，但沒有像是晚上睡覺前這樣痛，甚至是胸口覺得比較舒服或比較不會痛？」

對於我的這次提問，她還是楞了一下。

聚焦「沒有問題或問題沒那麼嚴重時」的例外問句，需要深陷痛苦的當事人跳離原有的思維，這原本就不是一件容易的事情，當事人常需要有足夠的時間來探尋。所以，耐心地靜候回答，常是我需要提醒自己的。

但這次發愣的她似乎開始有在思索的樣子。於是我靜默等候。

當她再次回神看我時，終於想出答案的她，一個字一個字用力地說：「當三個孩子有飯吃、他們吃飽的時候。」

這下換我愣住了。這是什麼意思？當事人的世界，永遠超乎諮商師的想像。

我好奇地追問「孩子吃飽」何以能有這樣的「療效」。

她一如之前說：「不知道啊。」

難道小孩的溫飽問題正是造成她胸口痛的原因嗎？不過，她都已經說不知道了，代表這個想法並不一定會是她目前認可的解釋。我也再次提醒自己，記得擱置「分析病因」的思維，要讓自己不帶預設，努力貼近與進入當事人的主觀世界。

於是，我決定順著她的話接著問：「這十幾年，三個孩子常有飯吃，常能吃飽嗎？」

「要怎麼說呢，我也不知道怎麼講……就是，我一個人要養三個小孩，就很難啊。」她很慎重地想要回答我，開了一個頭，卻不知如何講下去。

在我們的對話中，不太擅長言談的她有問必答，但總是零零散散。我持續提醒自己，要專注於她所說的內容，珍惜著她給我的隻字片語。慢慢地，我一點一點地拼湊出她的人生經歷。

十幾年前，帶著三個孩子逃離了嗜賭如命的先生後，她開始艱辛地獨自撫養他們。她常常責怪自己只能靠臨時打工的微薄薪水過活，三個孩子老是得跟著自己餓肚子。經濟的拮据讓孩子根本買不起商店裡的零食，只能吃她自製的、粗陋的點心。她甚至覺得孩子們走路時，腿腳好像都沒有什麼力氣，都已經是初高中的孩子了，也沒能長得很高，她認為一定是營養不良的關係。每次望著孩子走遠的背影，或是看到孩子隔著商店櫥窗渴求的眼神，她就不禁陷入深深的自責：「我是一個多麼差勁、多麼糟糕的母親。」

當她回憶這十多年來養育孩子的點點滴滴時，眼裡流露出來的心痛是如此地深切，語言中的自責卻充滿著愛意。在那當下，我知道她熟悉這份痛徹心扉的自責，但是，我不確定她是否知道自己的強大力量，擁有著為母則強的愛與堅韌。

於是，在確認我對她的故事理解是正確的之後，我接著詢問：「這麼多年來，妳一個人帶著三個孩子，打著工、拉拔他們長大，這是相當、相當不容易的。而妳究竟是如何能撐著自己這樣走過來的呢？」

被她感動的我真誠地問著，不料，她一臉困惑地反問道：「不然呢？我根本沒有別的選擇，還能怎麼辦？當人家的媽媽啊，有三個孩子要養！」不過，她開始揉搓著自己的胸口。我關切地問她，是否提起這些會讓她胸口痛，她搖搖頭說還好。我尊重她的反應，沒再堅持追問，只是點點頭。

　　她的語氣平穩理性，幾乎不帶什麼感情色彩，這讓我著實有些意外。我反覆思索著她平實的回答，突然想到，孩子是她更關心的人，「媽媽」是她更看重的角色。我需要先貼近她最在乎的事情，修改提問的方式，於是我問道：「聽妳講到現在，我發現妳非常愛孩子，非常在乎有沒有把這個『媽媽』的角色做好。」她眼睛一亮，很用力地點頭，連坐在對面的我，都可以感到那份看重的力道。

　　我正欣喜於自己切中了她的在乎之處，不料她卻接著說：「在乎有什麼用。反正，唉，我就是一個很差勁、很糟糕的媽媽啊。」

　　她真的看不到自己是多麼難得。我苦思著如何讓她能認同自己的可貴。

　　我靈機一動，問她：「那我們來打個分數啊。用1到10分來打分，10分代表很棒、很完美的母親，1分代表很差勁、很糟糕的媽媽，妳覺得自己應該是在幾分的位置？」

　　「3分。」接著，她又重申了一遍她的自責。

　　我故意跳過自責的部分，直接問：「那麼，怎麼會有3分，而不是1分呢？」

　　她無奈並簡略地回答說：「就是做能做的啊。」

太好了,這正是我可以繼續前進的方向。「那麼,我們再打另外一個分數喔,還是 1 到 10 分,但這次 10 分是表示妳是一個很盡力、很盡力的媽媽,1 分表示妳一點都沒有盡力在養小孩,那麼,妳會認為自己是在幾分?」

她屏氣凝神地看著我,我不動聲色地用眼神鼓勵著她。

她終於會意地嘆了一口長氣說:「那樣的話,有 8 分吧」。

這個答案讓我如獲至寶,我一邊肯定她一邊繼續追問:「真的?為什麼會是 8 分呢?」

「可是 8 分就是沒到 10 分的意思啊。為什麼沒有 10 分呢,就是比如啊,我當年可以去跟一個單位接受補助什麼的,社工有帶我去啊,可是……可是……那個單位的人態度很差,好像我們是乞丐,還笑我小孩沒禮貌什麼的,我就生氣了……我就帶著小孩離開了。我後來就有想,如果我那時候可以忍耐下來就好,可是……可是……我那時候就是做不到啊。」她憤慨地說著。

「妳真的很有骨氣啊。不讓人看輕自己與小孩。」我肯定著她。

她不禁笑了起來:「骨氣又不能當飯吃。」她好不容易露出的微笑,代表著她收下了這個認可。

此時,千萬不可錯失良機。我再回到她對自己難得的肯定:「妳剛剛給自己的盡力程度打了 8 分呢,那可以再多說說 8 分是代表什麼嗎?妳盡力做了哪些事情?」我不放棄地鼓勵她繼續這個主題。

「我真的很盡力啊!」她害羞地搖搖頭說:「孩子都生

案例 1　完美的媽媽　　043

了,當然要盡力養啊。」

她似乎收下了一些讚美,但是,如何才能讓她更接納自己為孩子的諸多付出和全力以赴,進而放寬對自己的苛求?我持續思索著,一個人的痛苦往往在訴說著她的在乎,其中也常暗藏著她的力量。當她選擇為了孩子不顧一切地走到今天,其實,她早已經在告訴我:孩子,才是她的關注,而不是她自己的辛苦。我剛有提醒自己但後來又忘記了。我需要再回頭更專注在孩子身上。

「因為妳很盡力養小孩啊,所以我們一定要來問問妳的小孩,如果有機會請他們為自己的媽媽打分,就跟剛剛一樣,10分是表示妳的三個小孩認為妳是很盡力、很盡力的母親,1分是他們覺得妳是很不盡力的母親,妳想一想,以他們的角度來看,他們會給妳打幾分呢?」

她猶豫地思索著。

「要誠實喔!」我半開玩笑地鼓勵著。

她又微笑了:「好啦。那個……他們知道我很盡力,應該會有9分吧。」

我內心十分欣喜。

「他們知道妳很盡力?9分?為什麼呢?妳多講一點。」比她自己打的分數還高,我一定要邀請她更為具體地說明。

「他們知道我很盡力,因為他們常常說『謝謝媽媽』……我的小孩很乖,很懂事。」她的眼神滿是溫柔。

「妳的孩子常常會謝謝媽媽。他們知道妳很盡力地在養他們,盡力地當他們的媽媽。而且妳也把孩子教得很乖、很懂

事。」我複述她的話語，但嘗試重組著，想將功勞放回她的身上，因為這些事實才會成為她內心的力量。

我真心覺得，在她與孩子們這麼多年辛苦的日子裡，這些話語，真的是令人動容的感動。

「我真的很盡力。」她說著，「我也只能⋯⋯只能盡力啊！」她的淚水，默默地開始滑落臉龐。

我安靜地坐在她的旁邊，也默默地向這位母親送上我的敬佩。

我從沒發現，靜默可以是如此美麗。

「最後，我要問一個更難的問題喔。如果讓妳的孩子來評分，就跟剛才一樣，以 1 到 10 分來打分，這次，10 分指的是妳是一個很棒、很完美的母親，1 分是很差勁、很糟糕的母親，妳想，妳的三個孩子又會給妳打幾分呢？」我還希望有機會可以繼續推進。

她依然眼含著淚水，搖著頭地說：「我不知道⋯⋯我不知道⋯⋯」但是，她仍在微笑。

我想，我得換個溫和的方式推進。看著她飽含微笑與淚水的臉龐，我再次彙整地肯定她多年的盡力與深愛小孩的心，之後，我請她回去直接問問孩子們這個問題的答案，作為我們這次晤談結束時的重要任務。

當下次我們見面時，於開場寒暄後，她迫不及待地開口。她帶笑的聲音說著：「就是，上次妳說要我去問小孩的那個問題啊，我一回去就問了他們呢。然後他們就⋯⋯」她又害羞了起來。

「要誠實喔！」我又像上次一樣開玩笑似地提醒她。

「那個，我就說那個諮商師要我問你們，你們覺得我是幾分完美的媽媽啊，然後，他們三個就爭著說，100分、1,000分……，要幾分有幾分……就是，比妳說的10分，還要多很多啦。」她仍然還是害羞的，但是，這一次她露出了一個大大的、滿足的笑容。

孩子們眼睛是雪亮的，他們很清楚知道母親如何拯救了他們、如何支撐著這個家、如何盡力養大了自己。這份唇齒相依、相互感激的情感，讓他們一起勇敢地活下去。

我衷心希望，這看似微小的難得改變，能帶來更多的漣漪效益。「那他們這樣說了以後，妳有什麼樣的感覺？對妳有什麼影響嗎？」我好奇地問著。

「我很開心啊，就是……很開心啊，就是很開心，那個，就是很開心……」

當我還在構思如何幫她再更具體地分析這種開心的影響時，她竟然主動地繼續說：「對了，老師，還有啊，妳上次不是有問我什麼時候，胸口不會痛嗎？妳知道嗎，我這幾天胸口都沒有痛喔！我有跟小孩說，我小孩就說：『媽媽開心，就不會痛心。』他們還會押韻呢！他們說我就是要開心就對了。我也不知道他們講得對不對？」她更加喜形於色地說著。

真是一群體貼懂事的好孩子！他們對媽媽的了解與肯定，很可能就是緩解媽媽胸口痛的良方解藥。

「媽媽開心，就不會痛心」或許能成為我們後續諮商的目標，同時我也希望這能成為這位盡力又完美的母親一個改變的

契機,但是無論後續諮商發展爲何,我更確定了這一份血濃於水的情感連結,會是和這位母親繼續討論如何幫助自己時,一份無可替代的美好力量。

回顧與反思

　　焦點解決短期治療此一諮商派別,發揮著當事人中心（client-centered）的精神,十分尊重當事人對自己問題的界定與諮商目標的知覺。在諮商歷程中,諮商師需要保持在未知的位置或不預設的立場,時時覺察並放下自己心中形成的假設,如此才能與當事人步步同在。例如在這個案例中,諮商師先詢問了當事人認為自己胸口痛的原因,避免了自行分析或給予解釋;又例如在當事人回答不出諮商師的提問時,諮商師努力從中思辨與發現兩人思維的差異,包含諮商師想要肯定當事人自身的優點,而發現當事人更在乎自己身為母親的角色與孩子的感受。

　　焦點解決諮商師在晤談對話過程中努力的方向是:理解當事人當前的主觀知覺,並協助其擴大與轉移知覺,特別是讓當事人能夠開始關注到那些未曾留意的既有優勢和資源。比方案例中的這位母親雖有緩解胸口痛的動機,卻不是很清楚自己的情況,於是,配合當事人的描述,諮商師改為探詢胸口痛何時沒有發生或不那麼嚴重的「例外」,希望藉此讓這位母親覺察到她能認同的個人優勢,並找到一些能夠連結到解決之道的資源。

焦點解決短期治療相信：問題不會永遠存在，困境不會始終如一；這些「例外時刻」常能彰顯出當事人已經擁有的勝任能力與行動策略。當然，對於多數的當事人來說，要一下子進入例外思維並非易事，即使覓得例外時刻，它們也不見得是當事人已經意識到或能認同的成功經驗，因此諮商師需要耐心等待，配合著當事人的思緒和語言，引導當事人逐步覺察與反思：這些例外經驗究竟如何發生的？存在其中的成功要素及有效方法是什麼？又要如何善加利用？

　　當事人對問題的詮釋與現況的描述，常代表著當事人已經擁有的知識與經驗，通常能成為建構解決之道的重要元素。透過當事人述說故事的內容與方式，諮商師盡可能進入當事人整個生命歷程的脈絡，理解當事人在生活中的參照架構（reference frame）。此時，諮商師常會發現一些被當事人視為「理所當然」的人事物，在當事人眼中或許微不足道，卻可能是當事人的優勢與復原力之所在。所以，焦點解決諮商師需要擁有重新建構的眼光，才能從當事人的訴說中，聆聽出這些細小的難得之處。

　　例如，案例中的諮商師從這位母親諸多不得不的無奈中，窺知當事人為母則強的愛與堅韌。同樣的，當事人痛苦之點，常是他在意之處，而在意之處，也正是願意改變的動力所在，像案例中這位母親對孩子的深切關愛，以及她對自己作為母親是否稱職的重視，都成為觸動她開始反思的突破點。

　　再者，焦點解決諮商師常透過不同向度、向不同對象提出「評量問句」，期望能擴大當事人對事情的既有知覺，挖掘出

當事人存而未察的優勢。例如案例中諮商師先後以「差勁—完美」和「不盡力—盡力」的維度，邀請這位母親擴展並修正對自己的評價；接著，諮商師又以孩子的立場讓這位母親猜想他們的觀點，有意義地提升了這位母親對自己付出與努力的肯定。往往，當事人在種種限制下看到自己的盡力與難得之後，會大大提升對現實環境限制的接納度，同時也會對個人力有未逮的侷限更能釋懷。

焦點解決短期治療在晤談結束前，會給予當事人一份回饋，其中包含：對當事人的讚美、提議一個當事人可以嘗試執行的任務，以及執行這些任務的好理由，希望讓當事人在離開諮商室後，能於現實生活裡透過行動創造實際的改變。當事人直接影響生活的行動，常會帶來小小改變與連鎖效益，進而協助當事人更加認清目前的自己、他人、人際關係、現實等脈絡，此外同時也會影響當事人在後續晤談裡再次修正諮商目標，或者願意繼續深究可貴的資源優勢。

例如案例中孩子們對母親千萬分的欣賞，透露出他們深深的感謝與理解，讓這位媽媽開始嘗試重新定義自己於母親角色上是否稱職；而在這位母親真的去詢問小孩，並接受了孩子們提出的「媽媽開心，就不痛心」的觀點，諮商師便可順勢扣回這位母親一開始希望消除胸痛的諮商目標，接下來「什麼能讓這位母親開心？如何能讓這位母親開心？」在當事人認可後，也許就是可優先嘗試探討的諮商方向。

生活踐行

◆ 沒有完美只有盡力

看起來這位母親的胸口痛是因為深深的自責,她責備自己一直無法成為一位完美的媽媽。然而,現實中並不存在「完美」,在萬物生發的自然界中,從來沒有存在所謂的完美;完美是評價而不是事實,是標籤而不是實相。哪怕我們頭腦中想像出來的「完美」,依然是人類侷限心智的產物,從這點上說,它也並「不」完美。

即便如此,對完美的想像依然充滿了魔力,有人終其一生都在追求完美。當追求完美成為一種理想,可能會激發人們的動力,但是當完美變成了時時刻刻的評價標準,就會引發擔憂、焦慮和自責,因為這樣一來,任何不完美都無法被接受,都會被苛責。於是,無論我們有多努力、取得過多少成就和進展,依然會飽受「應該完美」的內向暴力折磨:「我應該做得更好」、「我應該更成功」或「我不應該犯錯」。

我們用期望中的完美挫敗了現實中的自己,用頭腦的想像否定了眼前的現實,用終極的目標抹殺了階段性成果,最終讓所謂「更好」(better)成為了「好」(good)的敵人。

想成為更好的自己,可能源自兩種截然不同類型的動機:一種是基於對不完美的恐懼和對自我的不接納,另一種則是對美好的嚮往和對自我的接納。前者就像一顆蘋果樹總覺得變成桃樹才夠完美,不僅從未喜歡過自己,還努力扭曲自己成為桃樹的樣子;後者則接受自己是一顆蘋果樹,不再企圖成為別的

樹種,能欣賞到自身的獨特性,舒枝展葉,不再糾結於完美,而看重真實和獨特。

害怕不完美會催生出基於焦慮的行動,對美好自我的嚮往則會引發源於熱情的行為。卡爾·羅傑斯(Carl Rogers)[1]曾寫道:「這是一個有趣的悖論,當我能夠接受自己的時候,改變才會發生。」從「自我接納」的那一刻起,我們才能成為自己的園丁和友伴,悉心地培育和陪伴自己,不再妄想自己是另一顆種子。

一位愛花的園丁不會對自己的花草挑挑揀揀,他做的只是因材施教,盡力培育。說到底,成為更好的自己並不意味著離完美更近,只是認清現實、接受現實,並邁向屬於你的生命旅程;所謂成為更好的自己,核心還是成為自己,而不是別人。無論是與他人比較,還是與「完美」比較,可能都不如以自己為參照,更能給我們自己帶來信心。

案例中這位母親認為「不夠完美的媽媽就是失敗的媽媽」,而「不是完美就是失敗」其實是一種非黑即白的二分法思維,也有人稱之為「聖徒與魔鬼」的思維方式,亦即要嘛是「正確」、「成功」,要嘛就是「錯誤」或「失敗」。一旦對人事物進行了非好即壞的分類,我們就會對其他面向和維度視而不見,就像把衣物分類放到標記為「乾淨」和「待洗」的

---

[1] 編註:卡爾·羅傑斯為人本主義心理學創始者之一,其所倡議的「真誠一致、無條件接納、同理心」是當今助人工作者執業的圭臬,「以人為中心」(Person-Centered)的工作取向更可說是美國版的存在主義哲學。(摘錄自心靈工坊《存在之道:人本心理學家卡爾·羅傑斯談關係、心靈與明日的世界》簡介)

兩個籃子內後，我們的腦中就只剩下這兩個籃子，而忽略了每一件衣服的顏色、質地，甚至是髒汙程度的差異。這種思維方式讓人只能看到兩個極端，看不到一個連續體的中間地帶，導致了對現實的「盲視」，好比在 0～100 分之間有無限的刻度，但完美主義者對 100 分以下的部分往往不屑一顧，甚至都視為 0 分。

如果用非黑即白的方式觀察周圍的世界，我們很容易做出過於主觀和簡單化的判斷，例如「他不是好人就是壞人」、「這不是好事就是壞事」、「不同意我的人就是反對我」；而採用這種雙極化的方式來評價自己，也更容易產生自我挫敗感，像是：「如果對孩子發火，我就是個不稱職的家長」、「不能事事安排妥當，就說明我能力不足」、「如果不能堅持運動鍛鍊，我就是個沒有意志力的人」等等。在這樣的分類過程中，我們很容易因為單一行為徹底否定自己，看似成為了自己的嚴師，實則變成了自己的敵人。因追求完美不得而生出的自我厭棄，不僅沒有幫我們做得更好，反而因其引發的內耗，成為壓垮我們自己的最後一根稻草。

要求完美還會導致人「視角受限」，因為「完美」是一部只關注「成果」的攝影機，它永遠在聚焦和捕捉缺陷與不足。觀察任何一件事物都有無窮多個視角，所謂「橫看成嶺側成峰」，變化視角也許不會改變事實，但是會讓我們看到事實更多的面相，換句話說，除了「成果」還有很多不同的攝影角度。比如關注「努力」角度的攝影機會觀察到：「雖然剛才忍不住對孩子發脾氣，但這不代表我就是不稱職的家長，我能馬

上意識到自己的問題並努力改正。」又比如關注「態度」角度的攝影機可能會發現：「雖然今天有些事出錯，但我一直都很認真地對待工作，只是事情的結果不是光靠努力就能決定的。」再比如從關注「堅持」角度的攝影機可能會看到：「雖然我沒有堅持運動，但是我在其他事情上有堅持下去，這給我重新開始運動的信心。」

也許有人會疑惑，這些看法會不會帶來自我放縱？其實比起成功，我們更需要「保護」持續面對挑戰的積極性、保有願意繼續前進的動力，才有可能到達目標，也就是「走著」比「走到」更重要。透過「努力」、「堅持」和「付出」等角度的攝影鏡頭，我們可以欣賞到自己的可貴、美好與力量；那些一時沒有換來成功的汗水，同樣值得肯定和尊敬。

很多時候，比起辛苦的付出，讓我們痛苦和絕望的是這些付出與堅持，既無人看見也無人珍惜。當這些付出與堅持被人看見和被欣賞時，是一種肯定也是一種激勵；而被「自己」看見和欣賞時，就是自我肯定和自我激勵，而不是自我放縱。在人生的馬拉松中，相比於「差評師」，我們更需要的是「啦啦隊」。

練習：發現進展的不同視角

在無人喝彩時，你是否仍然能看見和欣賞自己的努力？「評量問句」是一個很好的自我提醒工具，我們可

以用「十分制」的評分方式來衡量進展，只要放下使用贏／輸（或及格／不及格）的雙極化評價方式，就能讓人在努力的過程中看見自己的進步和成就。

不是只有到達終點時，才值得得到鼓勵和肯定。時時看到進展，可以讓我們不再用 100 分打敗 90 分，而是讓 60 分為 70 分加油；時時看到變化，可以讓我們不再用成功比照困局，而是用已經取得的進步及仍在堅持的努力，來鼓勵面對挫折的信心。俗話說「謀事在人，成事在天」，每件事的完成依賴於很多條件和因素，如果真有完美的結果出現，那也絕非我們一己之力所為；換句話說，無論面對何種挑戰與困境，我們能做的不過是：盡力而為。

1. 寫下一個你正在努力的目標。
2. 以 1 分（非常不滿意）～ 10 分（非常滿意）來對自己目前在此目標上的進展打分，你會打幾分？你是如何達成現在這個分數的？你已經取得了哪些進展？其中，哪些進展是一開始你沒想到自己可以做到的？有誰早已驚豔於你現在的表現嗎？
3. 想像一下，如果邀請你最好的朋友，以 1 分（非常不滿意）～ 10 分（非常滿意）來對你在此目標上的進展打分，你猜他會打幾分？如果好友給自己的分數更高，你覺得可能是因為什麼？嘗試以他人的角度來審視自己時，你會如何欣賞自己的付出？當你能看見自

己的付出與堅持時，你又會有哪裡不一樣呢？

4. 如果再讓兩位了解你的人對你的堅持、努力或盡力程度打分，他們會各自打幾分？為什麼是這個分數？他們又會從什麼視角看待你的堅持、努力或盡力？不同人從不同角度對你的「態度」所給出的分數，會帶給你怎樣的啟發？這些啟發又會如何影響你對自己的看法？

案例 02

輕生議題：父子關係、危機應對、生命意義

我是他生命的示範

　　一場嚴重的水災沖毀了他全部的財產。在這場水災之後，曾經是大老闆的他，腦中常會浮現求死的意念，這樣的想法，迫使他走進了諮商室。

　　「我知道我不應該這樣想，但是，我老是在想乾脆死了算了。現在欠了這麼多債，不知道什麼時候才能還得了啊。」滿臉腮鬍的他一邊歷數著各項債務細節、痛苦地訴說著眼前的種種生活壓力，一邊表示無法控制地懷念著水災前事業上的豐功偉業和生活裡的風光闊綽：「唉，我很難再回到以前了……妳都不知道，以前我們一家人買東西從來不問價錢……當然啊，或許，現在，生意場上可能還會有一些機會扳回，但是實在太難了，比中彩券還難。」他向後一躺，整個人陷進諮商室的沙發裡。

　　我一邊專注地聽他源源不絕的訴苦，一邊想給予他一份支持，希望我的回應能嘗試反應出在這些訴苦中透露的願望：「雖然有很多的辛苦難受，但是你很努力、很辛苦地在處理著工作上的債務，一直在做災後重建的工作，也一直在處理水災的種種影響，而且，你也很希望自己能讓家人能恢復到以前過

的生活。」

「對對,但是這很難啊,妳知道以前錢滾錢,財源滾滾,現在我欠的錢利滾利,債臺高築……」他用他企業家的頭腦向我大量解說商場上的挑戰以及翻轉現況的難度,雖然我不能全然明瞭,但我聽得出即使他這樣使盡渾身解數,現實依然骨感嶙峋,讓他覺得無力無助。

「妳說,這麼多的債我怎麼還得了呢?我怎麼能夠不想去死,我看我乾脆自殺算了。唉……」他彷彿做出結論一般,將手用力把頭髮撥到腦後,長長地嘆氣,流露出無限的懊惱。

我越聽也越陷於他的愁雲慘霧,雖然我一直思忖著如何幫他解套。

突然間我想起,有時想死的念頭只是一種「想結束問題或者了結痛苦」的象徵。這個想法立刻幫我跳脫出他種種糾結的情緒。

於是,我嘗試問道:「我聽你說了這麼多的辛苦、痛苦,我覺得,你好像認為需要優先解決的是債務問題。」

「是的,當然。」灰頭土臉的他,明快地點頭同意。

我繼續說:「那麼,我可以問一下嗎?雖然會有想死的念頭浮現出來,但是你是怎麼做到一直這樣努力地讓自己處理和面對債務呢?」或許讓他看到自己這份堅持應對困境的力量,能帶給他一些活下去的希望。

「有一些朋友、公司都被我連累,我怎麼能一走了之。」愁眉苦臉的他又長長地嘆了口氣。

「所以,你是很有責任感的人,也很重情重義,難怪你的

事業可以做得這麼成功。」我嘗試繼續推進，希望他能看到自己當下的珍貴之處，也想提醒他過去成就的難能可貴。

「對，大家也都這麼說。」他眉毛一挑，同意了我的觀點。但是我還沒來得及高興，他便接著說：「但是這真的很辛苦，很苦啊⋯⋯現在，我可能⋯⋯我可能也顧不了他們了，唉⋯⋯怎麼說呢⋯⋯我更在意的是，我的家人也要跟著我受苦，現在我們過得很拮据，跟以前很不一樣了。唉⋯⋯有一天，我算了算，即使我努力還錢，這輩子也可能沒有辦法留給我兒子半毛錢，我只有一個兒子啊。我的事業變成這樣，真的很影響他的未來啊。」

我努力消化他這段富有情感的話語，區分哪些是新的訊息，希望從中找到他在乎的影響力量。

我停頓了一下說：「你很在意兒子，很掛心他現在與未來的生活，你也想得很長遠，看得出來你是一個很愛孩子的父親。」他的眼眶一紅：「是啊，兒子對我很重要，我真的希望他能像以前一樣，過著好日子。」

他的反應讓我覺得這可以是一個很好的切入點，於是我鼓勵道：「所以，兒子，也是你一直繼續努力的原因，是你非常重要的動力。」

他點了點頭，帶著一份很深的傷感。突然間，他一改前面的滔滔不絕，吞吞吐吐說：「所以，我就在想啊⋯⋯除了妳，我沒有跟任何人說起過，就是那個，我有想過我要不要⋯⋯要不要假造意外死亡詐領保險金啊，這樣可以讓我的孩子過更好的日子⋯⋯」說完，他面有愧色地將自己的頭埋進雙手裡。

我心頭一驚。他自覺想要結束自己生命的想法越來越具體、強烈，這是一個危險的訊號。我必須先和他確認他目前的危險程度，也需要嘗試找到讓他安全的有用資源。

我還沒來得及開始，他就有些難過地表示：「我也被這些想法嚇到了，我知道我不能死，所以會掙扎，但是還是會想，乾脆死了算了，還有就是要怎麼死掉才能賺錢⋯⋯這些念頭會跑出來。我也知道，自殺是不能領保險費的，所以我又會罵自己到底在想什麼亂七八糟的事情⋯⋯我會來諮商，就是覺得不能這樣再下去了。我覺得我很累，很苦。我怕如果我一直這樣的話，會撐不下去。」

哇，太好了。我微微鬆了一口氣。他真的是一位有反思能力的人，我一定得趁機強化他的「正面」態度。帶著關懷的聲音，我刻意指出：「所以，你願意來諮商，代表你知道自己需要改變，也希望自己能活下去、撐下去。」他帶著又感動又難過的表情點了點頭，沉默了下來。

眼下他或許沒有危機，但我仍得幫他更堅定在掙扎中「活下去、撐下去」的決心。趁著他沉默的時候，我搜腸刮肚地苦思一番，然後突然想起對有輕生念頭的人來說，「找到活下去的理由」是一個重要的、可努力的工作方向。既然孩子的苦是他心頭的痛，是否孩子的看法和態度可以成為他重拾生命動力的關鍵？我在心中咕噥著。

基於目前情況緊急，我想大膽嘗試看看。跟隨他對兒子這份充滿在乎與眷戀的愛，我問道：「那麼，我們再回到之前的話題，你提到你很愛兒子，不忍心他過辛苦的生活。所以，如

果有可能，你希望你的孩子能夠過上什麼樣的生活？」

這一點真的是他關注的焦點。他開始激動地說起自己之前如何努力有成，為的是希望讓孩子日後擁有大筆的財產，可以確保孩子過上順遂無憂的生活。他對孩子的規劃十分長遠，還列舉了種種的心願。

「嗯，如果他以後真的可以過上你希望他過的那種日子，那麼在那時，你希望他能成為什麼樣的一個人？」順著他為兒子建構未來的動力，請他描述願景中孩子的理想樣貌，或許能從中找到化解困局的契機。

他將過去構思過的計畫一一列出，例如讓小孩出國唸書、長大後接手公司的生意等等。此時，他的眼神裡閃耀著關懷的慈愛與希望的光芒。

我點頭肯定著，從他的回答中，我再次確認孩子能擁有美好的未來是他莫大的動力。一份父親的愛在這些夢想中顯露無遺。

「喔，你想讓他做你的接班人，接手公司生意。當公司老闆很不容易呢，你最清楚不過了，所以，你本來打算怎麼栽培他呢？」

「這個我早就想過了，我需要讓他來我公司實習，然後還要培養他的領導能力、危機處理和理財能力……」他根據自己的實戰心得，滔滔不絕地羅列著。

我一一點頭表示讚賞，並且驚訝地發現，在他訴說這些規劃的時候，剛才的愁雲慘霧全都煙消雲散，他的眉宇間閃現著對自己多年累積的商業管理才能的強烈自信；這份信心與對他

兒子的愛，相互輝映著。

跟隨他為孩子的規劃，我借機慎重地問道：「那麼，日後，若當老闆的他遇到了意外的挫折與困難，你會希望他如何面對呢？」

「當然希望他要能冷靜處理、勇敢地堅強面對啊，人生不可能一帆風順的，尤其做生意、管公司啊。」他十分篤定地說著。

我猶豫著自己會不會推進得太快，但又不想錯失良機，於是，我小心翼翼地表示：「那你的孩子如何才能學習到這些領導力、危機處理和理財的能力？他又如何才能學會接受人生不可能一帆風順的事實，並且能冷靜、勇敢、堅強地面對人生的意外呢？」我歸納且重複著他的話語，想輕輕地提醒他。

他非常訝異，瞪大眼睛望著我。然後，他低頭陷入了沉思。

慢慢地，他用很低微的聲音說：「我知道妳的意思了」。

之後，他又默不作聲，過了一會兒又點點頭說了一次：「我知道妳的意思了」。

我感動又欣賞地看著他，並提示他是否可以分享一下自己的領悟。

他會意地說：「除了對孩子的栽培、訓練之外，我的親身示範更加重要。這就像我原來在公司當老闆，除了培養下屬、管理下屬，更重要的是以身作則，這樣下屬才能相信我說的，也會知道如何去執行。」

他真的是一個很有經驗、有智慧的領導者，也是一個很稱

職、很愛孩子的父親。

「我知道,他從小就把我當成榜樣,一直把我當成偶像。我實在是辜負了他……」他哽咽了起來:「所以,我才一直想給他有錢過好日子……而且他以後想自己創業也需要錢投資啊。」他又再次陷入了牽掛,想給兒子更好的未來。

有些擔心的我,不得已只好試著提出:「如果你的兒子後來知道,自己的父親是假造意外死亡、詐領保險金,就算他的日子過得無憂,你認為,他會從你身上學到什麼呢?別忘了,你一直是他的榜樣、他的偶像。」

他再次驚訝地看著我。突然間,他彷彿又再次恢復了理智一般:「這當然、當然對他是不好的示範啊。」

我點頭示意要他再多說一些。

「我知道妳的意思了……」他深深吸了一口氣,再次長嘆一聲。

我等待著他能具體說出「知道我的意思」代表著什麼。

「大家常說為母則強,我做爸爸的,也應該要如此。對吧?」他真的是一個很有能力的人,我希望也相信他真能「為父則強」。

「說說看,你的『為父則強』可能會是什麼樣子?」我需要繼續擴大與鞏固他難得的、自發的領悟。

他看著我苦笑著說:「怎麼說呢,一下子也講不出來。」

我心裡也苦笑了一下。當事人的在乎之處,永遠如航海中的指南針,為了幫助他拓展思維,我又扣回他之前的在意,再次試試看:「或許我們換個方式來想一想。如果你一直很負責

任地努力賺錢還債,就像你說的,生意場上或許還會有一些機會,這樣雖然你會很辛苦、很辛苦,也或許這輩子真的一毛錢都沒辦法留給他⋯⋯」我停頓了一下,確定他有在聽著我說,這才繼續:「但是,你是他的偶像、他的榜樣,你猜,這個過程,他又會從你身上學到什麼呢?特別是關於面對挫折與困難的態度,例如冷靜、勇敢、堅強地面對人生的意外?」

他若有所悟地回應:「父母如何過日子、如何過人生、如何面對逆境,可能是留給孩子最可貴的財產。是的,這些才是最可貴的⋯⋯」

我們兩個都一起點著頭。他繼續若有所思地想著,而我正雀躍於他自己得出的新結論。

可是忽然間,他開始啜泣了起來:「但是⋯⋯但是真的很辛苦,我每天、每天都堅持得很累,真的太不容易了⋯⋯一時半會兒也看不到出路⋯⋯真的很痛苦妳知道嗎?⋯⋯但是我得撐下去、得撐下去⋯⋯我得勇敢一點⋯⋯」哽咽的他,斷斷續續地說著。

這低聲的啜泣裡有著人生深深的苦楚,也顯示著他對這些苦楚的無奈「接受」,而且最重要的是,我還聽到其中蘊含著決定活下去的生命毅力。

「是的,這真的很不容易、很不容易。活著、撐下去,真的需要很多的勇敢⋯⋯」我回應著。希望我能傳遞出對他願意繼續撐下來的敬佩,也希望他願意讓我陪著他繼續探索:如何找到他的勇敢,如何穿越這份煎熬的辛苦,以及,如何開啟自己與孩子人生扉頁的另一章。

回顧與反思

　　面對有輕生念頭的當事人，諮商師需要提醒自己：即使當事人有輕生的念頭，但當事人現在依然活著、依然出現在諮商室內，這正是他最為可貴的決定，也是無法被否認的巨大力量，而且這也會幫助諮商師安定自己的內心。諮商師需要珍惜與深挖能夠做出這個決定的巨大力量從何而來、如何運作的歷程，並藉此找到可以立即用來穩定當事人狀態的人、事、物。

　　焦點解決短期治療相信，即使在非常困難的情況下，人們仍有應對困境的資源與力量。「因應問句」的邀請，能讓當事人在回答過程中主動覺察到個人自發的應對和可貴的資源，而「重新建構」技術反映當事人敘述中已有的優勢與在乎，可以幫助當事人對自己及困境產生寬容之心，進而帶來減緩痛苦的知覺轉變。例如在這則案例中，諮商師運用「因應問句」及「重新建構」，嘗試讓這位當事人看到自己持續面對意外挑戰的堅強意志，以及其中蘊含的深厚情義，這讓當事人回想起自己開創公司的領導能力、關心家人生活的良苦用心，使得當事人不斷墜落的心情能夠止跌回穩些。

　　努力傾聽當事人嘗試想訴說出來的重點，是諮商師在晤談中一以貫之的關注焦點；同時，焦點解決諮商師需帶著「建設性之耳」（constructive ear），並聽出當事人的所欲何求、當事人的優勢和力量。即便當事人有時回應焦點解決問句的答案令人出乎意料，諮商師仍要嘗試理解當事人持續在頭腦中思索的重點是什麼，因為只有在聽到當事人的回答後，諮商師才能得

知自己提問的問句究竟發揮了什麼效果。

當然,對於當事人透露出的輕生念頭,不管程度為何,諮商師都需要予以正視,除了進行危機評估外,更要收集如何幫助當事人能夠存活及保持安全的安全性評估,必要時,還需要採取相關措施,建立當事人周圍的「安全網」(safety net)。有時當事人出現的輕生意念,代表的是想結束特定問題帶來的痛苦,而不是自己的生命,所以順著這個方向思考,能幫助諮商師找出當事人真正重視的人、事、物,甚至還可以使其成為當事人「活下去的理由」(reasons for living)。正如案例中,諮商師發現這位男士活下去的理由是他的兒子、兒子的未來以及他對兒子的榜樣作用,而這也激發了這位男士面對困境的勇氣。

焦點解決短期治療認為,諮商師需要緊扣當事人敘說中的脈絡,用他在乎的「看重」或活下去的理由來強化其繼續活下去的力量,並提高當事人面對困難、承擔痛苦的意願。當然,發現了當事人在意之事或活下去的理由,未必能立刻促發所願的變化,但是在當事人願意開始討論自己看重、想要的或偏好的未來時,這些對話能輕敲他們內心蟄伏的希望,增強當事人心中那些可抵擋輕生念頭的可貴力量,進而讓當事人離死亡更遠,或提升當事人活下來的可能性,這些都是值得諮商師嘗試的重要介入。

此外透過「關係問句」,常能引動當事人與重要他人之間的情感連結,也常會提醒當事人,不同角色的人總有各自不同的立場、需求、目標與看法,期望能幫助當事人察覺到自己因在乎而萌生應對困境的力量,成為活下去的一個好理由。在案

例中,諮商師緊扣著父親對兒子的人生規劃及未來生活的重視,透過「關係問句」讓這位父親再次思考:若以兒子的角度來看,父親自殺詐領保險費與繼續盡力還債,兩者分別會對他的人生產生怎樣不同的示範作用?若父親能堅強地活下來面對困境,兒子可能會從中獲得什麼?學到什麼?又會因此有怎樣不同的人生?

有時,帶著澄清意圖的「輕微挑戰」(gentle challenge),可以讓當事人再次檢視,他決定的行動是否有助於完成期望中的願景,還是會適得其反;而這份檢視的結果,通常能引發當事人再次修正原有目標,或讓未來的行動方向變得更加具體。當然,推進這一進程並不容易,諮商師需要善用當事人回憶中點滴的生命經驗,以及逐漸浮現的力量與智慧,慢慢協助當事人積累出足以面對困難挑戰的意願和決心。一如案例中,當這位父親慢慢道出對兒子深深的愛、具體說出期望兒子能勇敢冷靜面對人生不可預知的挫折與挑戰,以及明確承認希望自己能對兒子產生積極的示範效應後,這些心中的領悟也同時激發出他繼續承擔現實痛苦的勇氣與意願。即使現在及可預見的未來並不容易渡過難關,但這份難能可貴的勇氣和意願,將會激勵著這位父親願意為開啟嶄新人生而開始努力。

焦點解決短期治療強調,諮商是一種「知覺轉移」(perception shift)的工作,需要讓當事人只從關注負向焦點,轉而能同時看到已存在的積極面向,不過對當事人的知覺轉移工作,需要一小步、一小步慢慢推進,特別是對自覺身陷泥沼的當事人來說更需如此。也因此,諮商師需要留心觀察當事人在晤談

中正在發生的知覺轉移狀況,例如案例中這位男士能夠開始談論他希望的願景、回溯起對兒子的種種人生規劃、重視自己在兒子心中的榜樣地位,以及後來想到必須繼續面對痛苦的哭泣等,不同語言與情感的表露都是在一點一滴地告知諮商師,當事人的知覺一直在發生的可貴變化,諮商師要捕捉這些訊號,密切同步(pacing)地跟隨當事人,並繼續推進諮商對話。

生活踐行

◆ 不在場的重要他人

卡爾・馬克思(Karl Marx)曾提出:「人的本質是一切社會關係的總和。」簡單來說,人類不能離開關係而單獨存在,就連所謂的「獨立」也是在社會中的獨立,孤立地存在於社會之外是罕有的事情,因為沒有關係的支撐,人類嬰孩就無法成長和發育。作為關係中人,我們很多的期望、動機及行為都與我們擁有的社會關係息息相關。

社會關係不僅關乎到生存,它還關乎我們能否過上自己想要的生活。身為社會動物,我們不僅會在乎別人如何看待自己,還會因為想像別人的評價和看法而產生相應的情感與行為;比如夜深人靜時,妳從冰箱裡拿出一大桶冰淇淋,但剛拿起湯匙就想到下個月自己將以伴娘的身分出席朋友的婚禮,於是妳默默地放下湯匙,因為妳希望別人看到更苗條的自己。再比如,人的道德感部分來自我們內化了一些社會標準,所以在四下無人時我們也不會肆意妄為,而想像中的那些別人的眼光

與看法,也會在這個當下發揮作用。

他人會在不在場的情況下影響我們的情緒和行為,特別是生活中的重要他人會透過影響我們對自身的認知,發揮強大的影響力;有鑑於此,當我們坐在一個人對面凝視著他時,我們必須提醒自己眼前的人,不是一個孤立的個體,他身上凝聚著無數的社會關係,是諸多系統(社會、職場、家庭等)中的一員。這些關係及其對當事人的影響,有些我們知道,有些我們並不知情;而對這些重要關係的認知,也會建構起我們對這個人所處生態系統的樣貌。

任何生物的行為一定與其生態系統息息相關,但我們往往只看到作為關係節點的人,看不見節點所連結的關係網絡;我們常只見到有形的行為,卻看不見激發他出現這種行為的系統。例如某位母親抱怨青春期的孩子表現出強烈的叛逆行為,甚至用退學來要脅她,然而在與這位母親詳談後我們才發現,孩子叛逆是因為覺得媽媽的關注和控制讓他感覺窒息。在他們家裡,爸爸長期缺席,而他的缺席恰恰是由於和媽媽的教育理念不同,為了避免爭執,他選擇逃避到工作裡;落寞的媽媽只好投注全部的注意力在孩子身上,一方面是想證明自己的教育理念,另一方面則是不自覺地用親子關係填補親密關係的空白——難怪對這位想高飛的青少年孩子來說,會覺得媽媽的愛是過於沉重的枷鎖。

在家庭關係的系統中,每個人的行為都可能受到系統影響,會有哪些行為也都常與系統有關;同時,對有機生物連結系統來說,任何一個要素的改變都有可能帶來系統性的改變,

因此這也意味著問題的解決方式，絕不是只在處理問題發生之處，系統的各個環節都可能產生「牽一髮而動全身」的影響。換言之，當事人與重要他人的關係可以成為改變個體行為的無形推手，當引發出「借力使力」的效果時，甚至能推動整個系統的波動或改變。

雖然當事人的「重要他人」不一定總能出現在晤談室內，但是邀請那些「不在場」或「不可及」（如已經去世）的重要他人到場並不難。藉由簡單的關係問句，我們就能從關係系統中其他人的新視角來觀察自己、回顧脈絡、思考現況，比方：「你的朋友（愛人或同事）會欣賞你身上的哪些優點？他們又是如何看出你有這些優點的？」、「你的家人如果知道你做的這些付出，他們會說什麼？」、「也許現在你的生活算不上稱心如意，但是猜猜誰會羨慕你所擁有的這一切？」、「誰對你，比你對自己還更有信心？」

甚至我們還可以邀請現實中暫時還未出現的人到場表態，像是：「如果有一天出現一個能了解妳辛苦的人，他可能會對妳說什麼？」、「如果你遇到了一位知音，他會如何欣賞你孤獨的堅持？」意義療法創始人維克多・法蘭可（Viktor Emil Frankl）從醫生淪為集中營的階下囚後，不僅身心備受折磨，還失去了至親，但在感到絕望的至暗時刻，他反而找到了戰勝苦難的意義：他常常設想自己重獲自由後向別人講解「集中營心理學」的景象，這成為支持他堅持下去的力量。若我們把法蘭可想像的畫面轉換成「關係問句」，大約會是這樣：「你在苦難中的堅持，除了對你自己，還有可能對誰產生意義？」、

「如果有一天他們能聽到你的經驗分享，他們會獲得怎樣的啟發？」正如本例中的父親，他並非找到解決債務問題的良方，而是從不在場的兒子眼中，看到了自己堅持下去的意義。重要他人常是一個人生命意義與戰鬥勇氣的來源，我們可以為了他人捨棄性命，也為會為了別人而珍惜生命。

練習：從失望到期望

人之所以會失望，是因為心中有所期望，從這個角度來說，透過每一個失望，我們都可以發現一個未被滿足的期望，而且往往失望越強烈，表示期望也越強烈。案例中的父親初來諮商室時充滿了絕望和自責，甚至想一死了之，這種絕望雖然來自極度的失望，但失望背後的期望是想「了結問題」而非「了結自己」。換句話說，如果有別的方法可以滿足這個期望，也就不用自尋死路，所以他想輕生的意念可以理解為急著想找到解決方案卻未果，而解決方案才是期望中的關鍵所在。

當期望落空時，我們經常會抱怨：「為什麼我想要的就是不能如我所願？」或「老天為何如此對我？」然而這樣的「咒語」即使重複一萬遍也無法幫助我們實現心願。如果你真正想去的是北極，那麼不斷抱怨自己正身處的南極，顯然毫無意義，因為這樣的思維只會讓我們更關注困境和限制，而不是資源及機會；不僅讓我

在這封閉的思維循環中耗散自己的能量，還會變得越來越無助和無力。

其實，我們可以透過兩個步驟走出失望和抱怨。首先，藉由審視失望或抱怨，發現藏在它們背後的期望，這些期望才是我們真正的需要，比如「我不想做這份工作」是抱怨，「我渴望一份有意義感的工作」便是需要。從失望中看到期望，就是把「我不要」的思想包袱轉換成「我想要」的行動指令；前者會壓制想像力，消耗行動力，而後者有可能引發更多對可能性的擴散思維，像是「我該如何在工作中尋找意義？」

第二步，是用腦力激盪的方式列出所有可能的行動方案，不要限制想像力，也不需糾結這些方案是否馬上可行，只管天馬行空地想像。光是設想各種方案的過程就可以催化正向的情緒體驗，而情緒狀態的轉化也有助於讓我們從專注限制，轉為專注於可能性。

例如對「如何才能得到一份自己渴望的工作」這個需要，答案可以是「想盡一切辦法聯繫上自己的職場偶像，向他（她）求教」、「積極拜訪三家自己有興趣的公司，即使以前不認識」、「發動朋友幫自己尋找工作機會」或是「用心自製一段求職影片，在社群平台上發表」等。先不論結果為何，這些腦力激盪的想法都指向新的行動，行動本身會讓我們不再原地踏步，讓人走出自怨自艾、怨天尤人的困局。

下面的表格中分別列出了一些失望和抱怨，還有它們背後隱藏的正面需要（期望）。邀請你先讀讀那些讓人「失望」的議題，並在閱讀時感受一下出現了哪些情緒反應？接著再閱讀轉換後的「期待」，這時你的感受會不一樣嗎？為什麼呢？

　　通常在閱讀轉換前的「失望」時，由於關注於失敗、缺失和限制，我們會感覺情緒低落、缺乏改變現實和困境的動力，因為這些內容的焦點都在他人和環境，超出了我們的控制。相反的，在閱讀「期待」時，我們會感覺不再那麼深陷於負面情緒中，甚至再次擁有了一點希望和動力，因為那些內容關注的是我們的「需要」。內心的渴望，往往是人們最強的動機來源；當然，動機本身還不足以解決問題，無法轉化為行動的動機反而可能加重痛苦與挫敗感，所以還需要接著思考具體的行動方案。

　　行動方案的重點之一是：聚焦於自己，而非他人或環境。比方「我想擁有一份幸福的感情」是很強烈的動機和需要，但涉及到他人，往往不是只靠自己努力就能實現。在這種情況下，行動方案可以設定為「我想擴大自己的社交範圍」、「我想認識更多有共同興趣愛好的人」或是「我想學習如何更好地表達自己」等，這些行動方案因為可行性更強、可控性更高，更能為我們帶來樂觀、希望與成就。

失望（轉換前）	期望（轉換後）	行動方案
我欠了很多債，沒辦法給孩子很好的未來。	我希望能向兒子好好示範，如何因應未來的人生挑戰。	• 不斷提醒自己堅持下去的意義。 • 聚焦當下的行動和每日的生活，不再總是糾結於未來。 • 經常與孩子談心，分享自己的人生經驗。 • 照顧好自己，尋找適合自己的紓壓方法或尋求專業的協助。
在工作中，沒有人賞識我。	在工作中，我渴望得到肯定。	• 了解工作環境中的評價標準。 • 學習如何展現自己的特點和優勢。 • 學會自己鼓勵自己。 • 在工作中，找出能帶來內在成就感和意義感的連結部分。
我很難過，因為老公最近很忙，都不關心我。	我希望和老公更親近，有更多互動。	• 主動詢問老公的情況，比如最近是不是壓力很大。 • 試著不用抱怨和指責的方式跟老公溝通自己的需要，同時回想一下對方比較能接受的溝通方式。 • 找到兩個人都覺得放鬆和愉快的休閒方式。 • 老公忙碌時，做一些讓自己開心和舒適的活動，學習自我照顧。
我很憤怒，因為他聽不進去我說的話。	我渴望他認真傾聽、理解我的心聲。	• 想一想自己可以做些什麼，讓對方更有可能靜下來聽我說話。 • 換一種溝通方式，像是用電子郵件、簡訊等，或者換一個溝通的時機，比如大家都比較放鬆的時候。

		• 試著思考他可能也有一些希望我能傾聽或理解的事,例如他有什麼需要沒有被滿足,或有什麼情緒沒得到抒解。

邀請你寫下感到失望或經常抱怨的事情,嘗試看看在它們的背後,有哪些未被滿足的期望?針對這些期望,你又能想出哪些具體行動方案?

失望(轉換前)	期望(轉換後)	行動方案

案例
03

創傷議題：婚姻關係、自我賦能、邁向未來

我該怎麼走下去

坐在我對面的她，才剛要張口，淚水就如斷線的珍珠，撲簌簌落下，悄然無息的。

我們無聲地坐著，這也是一種陪伴。

我望著她，示意她可以慢慢地、按照自己的速度，想說話時、能說話時再開口。

她點了點頭，閉上眼，任由自己的淚水一直流下來，那些靜默的淚水，透露著她的傷痛。

過了好一會兒，清瘦的她終於開始說話：「這三個月來，我人生簡直跌到谷底。我發現我的先生外遇、我的胸部有腫瘤，然後我們家族的公司又周轉不靈。我都不知道自己到底該怎麼走下去⋯⋯」

她開始描述著每件事情的經過，而淚水還是一直陪伴著她的訴說。

我專心聽著，不斷點頭。我知道，講述生命中這些艱難的故事，需要勇氣與承擔的毅力。

毫無疑問，她的故事樁樁件件都是十分難解的困境。「這些事，每一件都不容易面對，更何況還是同時發生。」我嘗試

表達出我的理解和支持。

果不其然,接下來一連串生不如死的痛苦從她口中傾吐而出,彷彿一切仍歷歷在目,她還不時反問:「妳說,我該怎麼辦啊?我根本走不下去了啊!」言語間處處流露著錐心的痛,臉上的淚光也一直不停閃爍。

她坦白地告訴我,正是這些止不住的淚水讓她知道應該來見諮商師了,但是她也不知道諮商對這種種天災人禍可以發揮什麼作用。說真的,我也不知道她希望我可以如何幫忙,以及我又能從何處幫起。

不過,我決定先用傳遞著同理的語氣輕聲詢問:「雖然一時還不知該如何走下去,不過我實在很好奇,在這三個月裡,妳是如何熬過來、能夠撐到現在的?」我衷心希望她能看見,就算自己承擔著這沉重的一切,她仍匍匐前進著。

令人意外的是,她的傷心一下子變成憤怒。她語速飛快地講述自己如何查到小三的住宅處並數次逼宮,在情感糾纏中勸退了小三;接著又憤慨地訴說她不敢告訴娘家這些,也猜想先生不會在乎,所以早早安排好胸部手術時照顧自己的看護人員,一個人在醫院接受治療;然後她又變得慷慨激昂,大聲說著如何單槍匹馬地說服銀行經理,讓銀行同意再次貸款給家族公司。最後,她的結語是,她實在不好意思讓朋友知道任何一件事情,因為她覺得太丟臉了。

聽完她的講述,我不禁瞠目結舌,除了被這如電視劇情節的故事所吸引,更驚訝這位看似清秀柔弱的女子,怎麼能在短時間內,一個人同時完成這麼多艱巨的任務?

我直截了當地問她：「在這三個月裡，妳怎麼有辦法一個人同時做到這麼多艱難的事情呢？」

她眨了眨眼睛，睫毛上的淚珠驟然落下，驚訝地說：「我也不知道啊！就是去做啊，每件事都不能等啊！」她明快回答的聲調裡，顯示出對我這個提問的困惑。

我讀到了她的不解，也讀到這不是她原有的思維的方向；不過，讓當事人用不同的視角看待自己常是很有意義的事情，所以我還是想沿著這個重要的方向再試試看。

帶著由衷的讚賞，我換了一種方式，認真地再次提問：「我的意思是，妳提到的這三件事情都非常、非常的困難，但是在這三個月裡，妳都一個一個解決了呢！特別是，妳都是一個人獨自面對的，很勇敢，真的很了不起。」看著她專心聽著的眼神，我繼續說：「所以，我很佩服也很困惑的是，妳是怎麼能夠『一個人』又『同時』做到這麼多事情的呢？」我故意在「一個人」和「同時」這兩個字眼上加重了語氣。

看著我認真的態度，仍然疑惑的她似乎願意開始認真思考：「怎麼說呢……但是，我真的不知道……就是一直趕快去解決啊。」她停止了淚水，誠懇地望著我，她知道自己沒有提供我新的訊息，卻相信我這個提問一定有特別的用意。

她還是說不知道，這真出乎我的意料之外，但因為她的誠懇及困惑，我仍不放棄地決定再換一種方式提問，希望能喚起她對自己「如何成功應對」的覺察：「那麼，我換這樣問好了，我知道妳有提到『不想讓別人知道自己經歷了這些事情』，但是妳想像一下喔，如果誰後來知道妳一個人在三個月內，堅強

案例3 我該怎麼走下去　077

地、高效率地、一個人同時處理好這些困難,對方一點都不會覺得驚訝?」

她想了想後說:「有幾個要好的朋友吧,還有一些常合作的同事。」她終於不再說不知道,還開始顯得有些不好意思。

我當然不能放棄這樣的機會,希望她真能悅納這些自發解決重大挑戰的特質與能力,所以我立刻邀請她繼續多說一些。

她表示無論在工作或家務上,大家一直說她很能幹、很能處理危機,對她佩服有加。我繼續請她具體說明這些別人稱讚過她的實際事例,說著說著,她的眼睛開始變得炯炯有神,殘淚的光芒讓她的眼神顯得更加澄澈幹練。不過說完後,她卻喃喃低語著:「說了這些又怎樣?」

我低聲重複著:「所以,請一邊回想妳的朋友、同事們對妳的危機應對能力和才幹有多肯定,一邊再想一想,這三個月裡妳覺得自己到底是怎麼做到了——化解這幾個大挑戰的?」雖然剛才她描述了平日的自己,但是還沒有回答這個問題。

已經停止哭泣的她陷入沉思,諮商室裡的我們沉入靜默。我連呼吸都很小心,不想打擾她正在整理的思緒。

終於,她開口了:「妳都不知道,三個月前,當我發現這些事情的時候,我真的覺得我的生活完蛋了,我什麼都沒有了。但是,現在跟妳這麼一聊,聊到現在,我發現……我發現自己其實並沒有那麼脆弱。我已經很盡力了,妳知道嗎?」

我透過眼神與點頭回應,用力地讚許著她的發現,並鼓勵她繼續說下去。

她輕輕地吐了一口氣:「三個月前,我一定想不到我可以

做這麼多事，居然可以把這些棘手的事都處理完，或者說，其實也處理到一個段落了。」她的身體放鬆了一些，讓自己斜靠在晤談椅上。

「發現妳很盡力，沒有自己想像中的脆弱，甚至超出想像地可以處理完這些棘手的事情，這些對現在的妳來說，有什麼意義？」注意到她描述時，改變了使用的語言和方式，我摘述著她難得的發現，希望能再鞏固和推進。

她依然斜靠著說：「我也不知道怎麼說。」姿態依舊是放鬆的。

任何微小的差異都是可貴進展的線索。我不願放手，但我得換個方式再提醒她的改變與難得。我回想了一下，發現了她一個有趣的變化，於是追問道：「不過，妳有注意到嗎？我們一開始談話時，妳用『這三個月來』做開場，說了妳發生的這些故事；但是剛剛，妳用的是『三個月前』。妳有注意到這個變化嗎？」

她瞇起眼睛思索著我的話。然後一瞬間，淚水再次湧出眼眶。

接著，她開始嚎啕痛哭了起來。

我有點驚訝，但又不敢貿然打斷她。我想，「一定有個重要的理由」讓她的眼淚肆意地流洩出來，所以我選擇耐心地等待，不過心中的困惑，讓時間似乎也變得漫長了起來。

在她平靜一些後，我用安慰的語氣問道：「能不能告訴我剛才發生了什麼事情？」

她抬起頭看著我，緩緩地說：「老師，謝謝妳，謝謝妳剛

才這樣一連串地問我這些問題,這些問題讓我知道,原來我『已經』走過來了,而不是『走不下去』。」我很訝異她有這樣的體悟,相信我的眼神裡充滿了對她驚豔的讚許。

在吐了一口氣後,她繼續說:「我哭是因為,我想哭,也是因為……我突然覺得一切都該結束了,或者,至少,該告一段落了。嗯,怎麼說呢,就是,我想為我之前受的苦,痛痛快快地哭一場……這算是一種自我療癒吧……」於是,她開始「專心」地又哭了起來。

這突如其來的進展讓我愣住了。不過,對照她之前果斷的勇敢作為,似乎也不足為奇。我還是只能驚歎地繼續點著頭、望著她,讓她繼續著她的自我療癒。

一會兒後,晤談椅上的她坐直了身體,堅定地說:「老師,我覺得,我看到自己其實是『已經走過來了』,所以,我現在要想跟妳談談的是,我應該『如何往前繼續走下去』?」

然後,她又再次簌簌落下淚,淚水仍如斷線珍珠;只是,這珍珠的光澤,似乎更加晶瑩溫潤,而我也好像「聽到」這淚水在為她喝采的聲音……

回顧與反思

在諮商歷程中,當事人的任何情緒表現都有其重要理由或生命脈絡,因此,諮商師對當事人要一直抱持開放、同理、保持同步的基本態度;即使如案例中的晤談開場,諮商師的沉默也是一種重要的陪伴,讓這位女士可以依照自己的速度進入諮

商。再來晤談一開始時，諮商師對當事人遭遇的苦難，以「對多數人來說常是高度困難的挑戰」來回應，或是將當事人的反應視為人們歷經這些困境時，自然而然都會出現挫折感，這樣的「一般化」技術能促使當事人接納各種衝擊，對自己的狀態更加寬容，進而緩和內心的自責、焦慮或羞愧感。

有時，面對一時無法說出諮商目標的當事人，提升對方的能量可以是優先的選擇。「因應問句」常能幫助深陷痛楚的當事人轉移對困境與痛楚的注意力，漸漸看見自己「已經做到之處」的成就，無論這些成就有多麼細微，例如案例中諮商師多次向這位女士提問，她如何能僅憑一己之力同時處理這幾大挑戰，使得這位女士逐漸積累起心中的能量。因應問句能幫助鬆動「視一切付出或成就為理所當然」的舊有框架，也能幫助當事人正視那些無法否認的自發力量與有效策略，進而提升自我賦能感（sense of self-empowerment）。

為了協助當事人更能意識到自發應對中「已經做到之處」，具體討論「如何做到」的步驟與方法是重要做法，諮商師可以採用諸如「你是怎麼做到的？」這類「振奮性的引導」（cheer leading）來幫助當事人增加覺察。有時，當事人不見得馬上就能答出「因應問句」或「振奮性引導」等這些看似簡單的提問，因為這不是他習慣的思維方式，所以諮商師需要調整詢問方式，從不同的角度切入，並且反覆邀請、持續展現出誠意和欣賞，以便激發出當事人的反思與覺察。在這裡，「關係問句」是引導當事人從另一個角度進行思考的有效技巧，而結合關係問句的讚美方式「間接讚美」（indirect compliment），

即是透過他人角度對當事人做出肯定，這能擴展當事人的知覺，並幫助他對自己的現況、過去與現在的種種，產生新的認識與肯定。例如案例中，諮商師邀請這位女士從朋友和同事的角度想像，如果他們得知她獨自妥善處理這些挑戰，會有多麼驚訝和欣賞，這麼做便進一步鼓舞了當事人。

焦點解決短期治療相信，改變一直在發生，而且諮商師也需要在晤談中時時關注當事人的微小、可貴的變化。觀察變化的方式之一是特別注意當事人對同一事件的說法，比如當事人改用不同的詞彙描述，或使用不同的語句時態，像是案例中的女士在描述處境時，一開始說「我怎麼辦？」後來則改為「我已經盡力處理好這些棘手的問題」，這顯示出當事人對自己應對困境的表現更為包容與諒解。

當事人對同一件事的述說內容與方式有所改變時，往往其內在經驗或主觀詮釋也會隨之改變，這種新產生的敘述及其帶來的不同體驗，本身就具有療癒作用。例如對於遭遇和處理困境，當這位女士改以「三個月前」代替「三個月來」，這些困境儼然也變成了「過去式」，「已經走過來」的釋懷與自我肯定油然而生，而這也轉變了她原本認為自己「走不下去」的主觀詮釋，進而提出「如何往前繼續走下去」這個與未來相關的新目標。

因此，焦點解決諮商師需要敏銳辨認當事人的細微轉變，並在徵得當事人的認同後，予以深究擴展，好讓當事人能覺察、珍惜與運用任何細小的正向變化帶來的啟示。當這些當事人原來不以為意的正向變化及其蘊含的智慧、優勢、策略，能

被納為自己的一部分時,他們常會更有力量地繼續面對挑戰,並帶出後續的連鎖改變與突破。

生活踐行

◆「為了什麼」(for what)比「為什麼」(why)更重要

在這則案例中,這位女士提出的問題是:「我該如何走下去?」這其中有對如何走下去的疑惑,也有對生活為何如此艱難的叩問:「為什麼我的人生會遭遇這麼多劫難?為什麼命運對我這麼不公平?對於這樣的人生,我還有什麼好期待的?」

也許很多人都在心中問過類似的問題,遺憾的是這樣的問題經常無解,命運的奧祕凡人無法參透,可是這個答案又對我們非常重要,因為沒有緣由的苦難就像沒有理由的懲罰,讓人難以接受。不過,即便不知道這些「天問」的答案,我們依然可能找到面對多舛命運的勇氣,因為比起「為什麼」(why),還有一個更重要的問題,那就是「為了什麼」(for what)。人在困境中想放棄,未必是真的堅持不下去,而是看不見撐過來的價值,也找不到撐下去的意義,換句話說,就是無法回答:「我為了什麼還在堅持著?」

面對難題與挑戰,除了不知道它們為什麼會發生(why),我們還可能手足無措、不知如何是好(don't know what to do),但越是在這樣的迷茫時刻,越需要明確知道所做的一切究竟是「為了什麼」。尼采說過:「一個人知道自己為了什麼而活,就可以承受隨之而來的任何難題。」哪怕一時

不知道「怎麼辦」，如果明白了「為了什麼」，我們就能堅持下去，而人生往往就在堅持的過程中，慢慢找到解決方法，甚至問題最後或被時間化解，或隨機緣而滅。也就是堅持下去，不是因為搞懂了人生，而是因為搞定了自己；無論是「不忘初心」還是「以終為始」，都是在提醒我們一切是在為了什麼。

「為了什麼」之所以如此重要，因為人是需要意義感的動物。我們會對生死進行反思，包括活著的意義和苦難的意義，因此比起痛苦本身，我們更不能忍受沒有意義的痛苦。意義感可以改變我們對痛苦的解釋、感知和態度，例如「為了家人辛苦付出」而生的「甜蜜的負荷」；相反的，就算一個人取得了莫大成就，擁有了許多東西，如果從中找不到任何意義，對他來說一切很可能都毫無「價值」。人們放棄生命不一定是因為一無所有，而是生無可戀；人生的破產不一定是在金錢財務上，也可能是意義感上的破產。我們會用自身認可的意義來解釋體驗或擁有的一切，意義感是審視這個世界的透鏡，它可以縮小或放大我們看到的一切。

意義感是如此重要，一旦缺少它，人生會被虛無感充斥，所以建構個人的意義感是人們面對生活、面對苦難時不可缺少的心理應對機制。法蘭可在《活出意義來：從集中營說到存在主義》（*Man's searching for meaning*）一書中，提出人們可以運用三種不同的方式來發現生命的意義：

（1）透過創立某項工作或從事某種事業，即行動的意義。
（2）透過體會某件事情或面對某個人，即體驗的意義。

(3)在忍受不可避免的苦難時採取某種姿態,即態度的意義。

在暫時無法做出行動或改變、而體驗本身又很痛苦時,選擇人生態度是人們最後的自由,而這種建構意義的方式,指的是當我們面對無可改變的厄運時,依然能透過選擇面對困境的「態度」,將個人災難轉換成彰顯人類潛力極限的機會,例如人生中難免有被卡住的時候,「不放棄努力的態度」就是一種有意義的成就。

正如案例中的當事人一樣,沒人喜歡「別無選擇」,但「接受『別無選擇』」也是一種選擇。選擇接受痛苦或失控本身也創造了一種掌控感,因為那至少是我們「主動而為」,至少表示我們還沒有徹底放棄。有人在憂鬱之中仍然堅持每日的生活,也有人為了養家糊口而放下個人夢想,在看似沒有選擇的情境中,人們需要更大的勇氣和毅力才能「選擇面對」,這種直接面對苦難的態度本就是一種意義,它讓被動的承受成為主動的選擇,而生命的力量也彰顯於此。

對個體來說,有說服力的意義建構一定要與個人的精神內核(比如我是誰、我需要什麼、我看重什麼)產生共鳴,所以,只有我們自己才能回答關於生命意義的提問。換言之,我們擁有對生命意義的創作自由,即使暫時沒有答案也不必氣餒,尋找生命意義也是一種有意義的人生歷程,就像英雄不斷追尋他的聖杯,進而成就了傳說中的英雄之旅。

◆ **沒有進展不等於沒有成長**

有這樣一個小故事：從前有個人特別希望虛弱的自己變得健壯有力，他每天向老天爺祈禱：「老天爺求求你，讓我變得更有力量吧！」老天爺被他的誠意打動，在某天晚上現身對他說：「我答應了你的請求，不過你要先完成一件任務。在你家門前的山上有一塊大石頭，從今天開始你每天去推它，直到把大石頭推開。」這人十分開心，每天都去山上認真賣力地推大石頭，日復一日，直到好幾個月過去了，大石頭依然紋絲不動。每天夕陽落下時，渾身酸痛的他都感覺自己一事無成，虛度人生，不久後他開始懷疑老天爺是在開玩笑，所以他再次祈禱：「老天爺，請告訴我，您的承諾什麼時候才能兌現呢？難道我還不夠努力嗎？為什麼我一直都這麼失敗？」話音剛落，一道閃光中老天爺再次現身，祂語重心長地說道：「你覺得盡了全力卻一無所獲，然而真的是這樣嗎？你低頭仔細看看自己吧！現在，你的手臂變得強壯有力，你的雙腿變得非常結實，你的夢想早就實現了。事實上，你已經比自己當初想像的還更有力量！」

每段經歷都有著無數的故事情節和資料訊息，用不同的角度解讀能找到不同的意義，如果我們總是著眼於「大石頭」被推動的那一刻，那麼很多的付出都會顯得毫無價值。這就像加熱一塊零下三十度的冰，在達到熔點之前我們看不到任何變化，但這不意味著加熱的過程沒有意義。沒有可見的進展和變化，不等於沒有意義和價值，因為在看似沒有進展的時刻，成

長其實也在一直累積。

比如案例中這位當事人經歷的一切，在她的眼中是一連串的人生打擊和挫敗，毫無成就或成長可言，然而在諮商師的引導下，她從「過來人」的角度重新看待自己走過的路，同樣的經歷就有了不一樣的意義。又比如，這位當事人面對一個又一個困境時，她逐一應對，歷險過關，原本充滿無奈與悲傷的故事，最後成為襯托這位女主角力量與成長的舞臺，她以更強大的姿態迎向未來——也許這也是命運的另一種「眷顧」。若以東方的生命哲學觀來看，人生中來來去去的人事物都是所謂的身外之物，一切的人生際遇都是修煉的道場，我們真正能擁有的不過是修煉後的成長。這種「修煉觀」本身就是一種意義建構，它提供了一種視角和向度，讓我們在看似沒有變化的痛苦與折磨中察覺到積極的變化。好比經歷生離死別後，有人更珍惜與家人的關係，有人更能感受生活中微小和平凡的美好，也有人更能夠活在當下，或更勇敢地活出自己。失落是事實，從這事實中我們可以感到生命的無常，也可以領悟如何更好地面對接下來的人生，於是一場劫難也是一次學習。

人們常說老天送人禮物時會用重重困難來包裝，我們總想快點拆開，卻往往忽略了打開包裝的過程本身，可能就是珍貴的禮物——因為我們正是在這個歷經重重困難的過程中變得更有力量也更有智慧。所以，當我們在生活中與困境僵持時，不妨像案例中的女主角一樣認真地思考一下：「我是怎麼走過來的？」、「我是如何堅持到現在的？」、「我有了哪些收穫？」

因此，哀傷不一定只是一種創傷或壓力反應，也可能是深

刻的生命轉化，甚至標誌著蛻變成長的歷程。這種成長的隱晦之處在於，它往往掩藏於失落之下，所以人們不太容易發現它可能是另一種意義上的「得到」。當我們能夠發現苦難歷程的意義，也許就能從「失敗者」與「受難者」的角色中跳脫，那些被厭棄甚而被憎惡的「已經之路」便顯出珍貴的價值。

成長不等於成功，它時時刻刻都可能發生，包括在生命中的至暗時刻。

練習：成為自己的啦啦隊

我們經常對別人的不幸遭遇充滿同情，但能否把這樣的同情或慈悲用在自己身上呢？如果相信眾生平等，那麼我們又何嘗不是眾生中的一員。美國奧斯汀德州大學克莉絲汀・娜芙（Kristin Neff）博士，首開先例提出「自我關懷」（self-compassion）觀點，她提出的相關練習能幫助減少自我批評與苛責，成為自己的陪伴者──在感覺撐不下去或者一籌莫展時，我們更需要成為自己的啦啦隊。

1. 想一想，當你看到好朋友感覺很糟或在困境中掙扎時，你會怎麼回應他？你會做些什麼？或者會說些什麼？你會用哪種口氣和語調？
2. 現在回想一下，在感覺很糟或於困境中掙扎時，你會如何對待自己？你在頭腦中又是如何與自己對話的？

你會用什麼樣的口氣和語調？

3. 你有注意到上述兩者之間的差別嗎？你覺得自己在多大程度上，能夠把困境中的自己當作你最好的朋友？如果 1 分是完全不能，10 分是完全可以，你會打幾分？為什麼是這個分數？如果提高了 1 分，你會有哪些不同的變化？

4. 如果嘗試把逆境或痛苦中的你當成是自己最好的朋友，你會如何安慰和陪伴他？你會欣賞到他的哪些不容易？會發現哪些他已經取得的成就？又會如何欣賞他難能可貴的堅持和力量？接著，再請你猜一猜「他」如果聽到了、知道了這些，又會有什麼不同？

案 例 04

親子議題：父子關係、危機應對、溝通技巧

不要變更糟

十四歲的他離家出走，後來被父親在網咖找到，把他帶回了家。父母多年的爭吵、糾纏、離異及父親倉促的再婚，都讓他憤怒不已。當我們在諮商室裡談了好一陣子後，他憤恨地站起來對父親大吼：「你要我怎麼再信任你？」

他的肩膀因憤怒而顫抖。但是，從他的話裡，我感覺他似乎對父親還有深深的期盼，我試著回應：「雖然或許很難，但是，如果有機會，你會願意再次信任你爸爸嗎？」

聽到我的話以後，有些愣住的他，用力地把自己摔在椅子上，一語不發。

氣得冒煙的父親也跟著站起來大聲說：「外面不安全啊！你不回家要去哪裡？你就是要氣死我你才甘心？你針對我是吧？你不信任我是吧，不然，你回家，我去睡辦公室！」

我一方面想緩和這種各說各話的針鋒相對，一方面想把父親的苦心「翻譯」給兒子聽。我用著舒緩平和的聲音說：「所以，對爸爸來說，孩子能回家，是平安、安全的，就是最重要的事情。」

接著，父親重重地坐在椅子上，嘆了一大口氣，擺出了一

副「不然還能怎麼樣」的無奈手勢。然後一語不發。

他們兩個的樣子，還真是一對父子。

雖然父子內心積怨已深，但是在晤談室內，兒子慢慢從父親憤怒與擔憂的語氣中，感受到了父親仍然很在意自己。最後，看似不情不願的他，也願意與爸爸協商。他們倆當面約定，他每天都會去上學和按時回家，不過，條件是父親不可以再要求他的成績像小學時那樣優秀頂尖；而愛子心切的父親也表示，只要兒子願意先回家，一切都好說。

平靜了數個月後，灰頭土臉的父親帶著再次離家出走、連續蹺課的他來到諮商室，希望我能讓兒子再次答應回到學校讀書。在這位父親的心裡，我是他性格執拗的兒子心中少數幾位願意尊重的人。

但是這一回，兒子卻像渾身是刺的刺蝟，擺出高度警戒的姿態，面對我詢問他的任何問題，一概報以不以為然的聳肩，不然就是東摸西看地玩弄諮商室裡的各種小裝飾。我心裡有些著急，但又不是那麼著急，因為這孩子還願意與父親來到這裡，哪怕態度消極、防禦，但對「青少年」來說，已經是一種值得珍惜的難得了。

眼看三個人的談話難以進行下去，依據之前有效的方法，我試著邀請父親能多說說對這孩子的關心，結果天不遂人願，父親一開口卻是抱怨照顧兒子的種種辛苦。此時，這孩子一改方才的漠然，十分生氣地瞪一眼父親，然後面露鄙視地說：「你又要講這些了是嗎？」

他的反應變化提醒了我，他們之間的互動，在這幾個月好

案例 4　不要變更糟　　091

像有了變化。或許，我需要先請父親暫時離開，創造我與孩子單獨對話的機會。父親只好無奈地同意起身，兒子則繼續露出不以為然的態度，沒有表示任何反對。

在父親離開諮商室後，我關切地問：「好久不見了。這段時間過得如何？」我想在我們之間重新開場一下。

還好他開口說話了：「還沒被氣死啦。我命硬得很。」一如之前，用的同樣是諷刺的口吻。

「發生了什麼事情嗎？」我追問著。至少他開口了，這是很重要的訊號。

他翻了個白眼，一副無從說起的無奈表情——還好，他對我的提問還有所「反應」。

我試著繼續傳達出我的理解、欣賞與善意：「我想，你再次選擇離開家、離開學校，一定有一個重要的理由，我知道你是一個說話算話的人。」

他大剌剌地往後躺在沙發上，不屑地說：「有人說話不算話，憑什麼還要我說到做到啊！」他開始放開了些，我也舒了一口氣。

「你指的是誰？爸爸嗎？」我問。

「還會有誰？自己說的都沒做到，還敢講自己有多辛苦，真不要臉！」他仍然相當氣憤。

我本能地想糾正他表達中不雅的用語，但是想到這反而可能會弄巧成拙，於是我深呼吸地嘗試控制住自己，然後順著他的立場，捕捉他生氣背後的在意，小心翼翼地問：「他什麼地方說到沒做到，讓你這麼在意、這麼生氣？」

「妳都不知道，他有多過分！他在這裡明明答應不會再要求我什麼，只要我回去上學就好，結果我回去沒多久，就要我把作業寫好一點。我照他說的做，誰知道他後來就一直要求說：『你小學是全校第一名，要不要把成績再搞好一點？』真的是得寸進尺、食言而肥、厚顏無恥！」他越講咬字越用力，但也越講越多。

　　原來是父親的要求漸漸提高，打破了之前的約定。但是，聽上去父親的期待似乎也有他的道理，為什麼會讓他如此激憤？

　　面對他激動的情緒，我試著開玩笑地說：「你剛用了好幾個成語，語文造詣很高喔！」

　　他哈哈大笑了起來。幽默與讚美，是與青少年工作時，最重要又最容易忘記使用的工具。

　　「哼，這算什麼？我小學可是全校第一名畢業的呢！那時可風光著。」他說。

　　「怎麼樣的風光法，可以多講一點嗎？」他也在意他的風光，而我想開啟他的話匣子。

　　他笑著回答說：「就是很風光啦！」

　　他的微笑讓我覺得這是一個好機會，我緊追不放地問道：「是啊，你是第一名畢業的啊！所以現在讓自己成績再好一些，好像也沒什麼不好？反正可以風光一點嘛。」

　　結果，他突然沉下臉看著我：「老師，妳不知道成績好的人，過得是什麼樣日子嗎？」

　　「什麼樣的日子？」我感到很困惑，也想多了解他好不容

易願意吐露的想法。

「每天都在補習、讀書、考試,成績少一分打一下。我爸以前就是這樣對我的!這是人過的日子嗎?」原來他對成績的反感,一如對爸爸的怨懟,早就在內心累積多年。

「可是,成績不好的人,不是也很辛苦嗎?例如會被老師罵?」我好奇地順著這個「辛苦」的話題繼續探問。

「那妳就錯了。」他得意洋洋地糾正我:「妳知道嗎,成績不好的人,像我現在這樣考零分,老師反而不會說什麼,因為他知道那完全是白費口舌。而且我每天晚上還可以上網打遊戲啊!即使大人罵一罵,也不痛不癢。」哇!原來他是這樣想的啊!這和很多人努力追求好成績的心情,距離真的很遙遠。

但我還是不想輕易放棄關於好成績的話題,於是繼續說:「嗯,可是成績好不是也會很風光嗎?像你剛剛也很開心自己小學第一名畢業?」我們兩個像說相聲一樣,一唱一和著。

「我剛已經講了啊,我後來終於明白了,為了當別人心目中的第一名,要付出很大的代價。老師,難道妳從小到大都是按照別人的期待過日子的嗎?」這孩子真聰明,一語道出人類世界的矛盾。

看到他對我十分敞開,我不放棄地再次嘗試:「如果,只是如果喔,如果有一天你願意再一次像小學那樣學習,讓自己成績好、名次好,那可能是因為發生了什麼事情?」

「我哪知道啊?想做的時候就會做,不想做的時候就是不想做,沒有為什麼。」他顯得有些不悅。我驚覺到,這個主題不是他想談的,而且我已經開始想對他說教。晤談速度推進得

太快，我得及時剎車。

「這麼說來，對於上學、成績這些事情，你目前暫時有了一些決定，是嗎？」我再次提醒自己要回到好奇、不預設的立場，這是與青少年工作時，另一個常被遺忘的重點。

「也可以這麼說啦。就是跟之前講的一樣，每天上學、寫寫作業，這我一定做得到，但要我成績變好，我就會離家、蹺課！老師，妳也別再勸我了，妳去勸勸我爸爸還有機會。」他一臉堅決地說道，然後站了起來，又繞著諮商室轉圈，很隨意地詢問我那些小裝飾的來源，不願意再談論剛才的話題。

我思忖著還要不要繼續推進，但我感受到他的堅決，而且也想和他保持著友好的諮商關係，所以最後決定還是先和父親再商議看看，另外找尋突破的方法。

當我再次單獨與父親見面時，父親也說：「他上次回去後，跟我說的就是要回到之前的約定，可是他的態度實在很差⋯⋯」

我聽著他的訴說，試圖用不同角度的解讀安撫他：「至少，他還會想跟你說這些。」我心想，這孩子真的堅持到底，但也很一致、可愛地願意與父親直接說明白。

父親無奈地笑著：「是啊，不然之前連話都不講。」

接著，我與父親商討了一些可能的辦法，卻都被一一否定，他不是覺得難度太大，就是之前嘗試過卻沒有用。父親長籲短嘆地說：「我也不知道還能怎麼辦⋯⋯」

我一時也有些不知如何是好。這位努力的爸爸說的也都是實情，但是我真心希望能給這位關心小孩的父親一些鼓勵與希

案例 4　不要變更糟　095

望。

這時,我突然想起「先求不要更糟」的原則,不如試試這位父親能否接受「先求止跌,再求回升」的方向。我問道:「在我們剛剛討論的過程中,你很清楚這些方法都沒有用,這代表你對孩子有著一定程度的了解。」他無可奈何地點頭同意。

我繼續說:「那麼依照你對他目前種種條件和情況的了解,如果暫時在這個階段,他願意繼續住在家裡並平安上學、完成作業,雖然一時之間成績不會像以前那樣好,但他至少願意做到這些――那麼,先維持這樣的情況,對你會有什麼樣的意義?」我想先求維穩現況,也是一種可能的選擇。

父親用力地閉上了眼,過了一會兒才睜開眼無奈地說:「妳知道嗎?他這次又離家不見的時候,我就跟老天爺說,只要我能夠找到他,讓他平安回來,我什麼都不再求了。」

他繼續說:「孩子平安、不學壞,我想就是最重要的事了。」在他辛酸的眼神中,滿溢著對孩子的擔憂與愛。

真是天下父母心。我說道:「這真的很不容易。其實,聽起來,你早已有心理準備接受類似這樣的結果了。」

父親再次又無可奈何地點頭:「我想……我想……我之前太希望孩子成龍成鳳,所以常常因為成績打他……也許是打得太厲害了……」他自責著,哽咽地說:「我把他對讀書的興趣徹底搞砸了,所以他不想再讀書,也不再相信我是為他好了。再加上我跟他媽媽之間的問題、他和繼母之間的問題,都搞得他一直很煩躁。」

我帶著關切,輕輕地肯定了他帶著懊悔悲傷的覺察,以及

對孩子的深度理解:「聽起來,你現在很了解這個孩子目前不想讀書的原因,還有他現在的心境。」

「幾個月前,我們來諮商過後,我有一直在觀察他,也在反省自己。這次,他又因為我對他成績的要求才離家出走,我就更確定了。」我點了點頭,對他的坦誠表示認可。

與此同時,我想到雖然孩子故態復萌,但是除了這位父親已有的變化之外,還有其他地方和以前不一樣嗎?甚至會不會有哪些地方出現了好轉的跡象?因為有很多改善,常常都被再次發生的問題淹沒了。

於是我好奇地問:「因為你也一直在觀察、理解孩子,也一直在回想這些年管教孩子的方式,所以在這次找他回來的過程中,你有注意到自己、孩子或者其它方面,和上次他離家又找回來的時候,有什麼地方不一樣嗎?」

「這次啊,嗯⋯⋯這次是我現在的太太告訴我,小孩那天跟她說,他不要回家,要去他的死黨那裡,說死黨會收留他。」

我不禁微笑地說:「他主動說?而且還跟你現在的太太說?」

父親發覺了我的笑容,他眨了眨眼睛,會意地接話說:「對,這次很快就找到他,也知道去哪裡找他。然後,對⋯⋯我找到他時,他也立刻就跟我回家了。」他不禁又點了點頭,雖然仍是無可奈何的表情,只是這次的無奈中隱隱有一絲笑意。

「你回想一下,這段時間你做了什麼,讓他願意主動告訴

案例 4　不要變更糟

你們，甚至主動跟繼母說他會去哪裡？或者，是什麼讓找他回來的過程變得快一些？」我鼓勵著這個感到挫敗的父親，希望他能肯定自己已經付出的努力，也能從中找到行之有效的好方法。

父親向後一靠，躺進了沙發，放鬆了一些，接著說：「哇，妳這樣一問，我還真是得好好想一下。」

他開始回顧這幾個月的努力，包括他會撥出時間陪孩子閒聊，而且還請現在的太太主動與孩子建立關係，同時也沒有再因為成績打孩子……而我就只是不斷地追問：「你是如何做到的？」、「還有呢？」

我心想，他改變的意願和累積的行動，真的讓他們這個新家庭的每個人都有了變化，也讓這次處理孩子離家的問題變得更容易些。

「談到這裡，你認為，你的這些努力，對你兒子產生了哪些影響呢？這或許能了解孩子看重的是什麼，或者是他需要的是什麼？」

「可是想這些有什麼用，孩子還是不了解我的苦心。」他嘆了一口氣。看來對於我上一個提問，他並沒有接招，這說明我得跟進他剛提到的「他的苦心」。

「是啊，這年紀的孩子很難了解父母的用心。」我微微予以「一般化」。

他點點頭。

我繼續說：「但是，如果有一天，或是很多年後他長大懂事了，你希望他會了解你哪些苦心呢？」我繼續一邊支持，一

邊鼓勵他，希望能敲開可能性的大門。

這位父親看了我一眼，先是笑了一下，然後說：「這年紀的小孩真的很難了解大人的立場啦……」這一般化的回應，好像讓這位他鬆軟了些：「嗯……其實他是否了解我的苦心也許沒那麼重要，我想……我想……其實，重點是就像妳之前提醒我的，先讓他願意再次『信任』我。我這些努力就是想讓他知道，我很希望恢復我們的關係，還有我真的、真的很在意他。當然，我還是希望他以後可以好好讀書，他真的很聰明。」

他停頓了一會兒，一邊思考一邊繼續說：「我想，我們兩個之間總要找到相處之道，這個新家也要變得再融洽些，這樣，或許我才有可能再多影響他一點點。所以要用鼓勵的方式，不能再打他，還有……」他繼續說了一些計畫，像是他會去上家長課程，學一點與小孩的溝通技巧等。

父親的用心與悟性，讓我由衷地發出讚美：「你知道嗎？我一直不知道你孩子怎麼能這麼聰明，現在我終於知道，他是從誰那裡遺傳來的！」

這位父親終於露出了燦爛的笑容。他眼神中的堅定，跟他孩子一模一樣！

回顧與反思

情緒是生命的核心。不管是開心、喜悅，或是憤怒、憂傷，在情緒的背後，常蘊含著人們在意的人、事、物，也因為這些在乎或期望，人們才會產生相對應的情感。焦點解決諮商

師會尊重當事人展現的情緒，帶著不預設的好奇態度，依據當事人的表述，貼近當事人的生活經驗，再透過精準、易懂的「重新建構」，讓當事人覺察到自己情緒背後的看重與心意，如此一來，當事人常會更能夠發展自己真正想要的目標或者願意採取行動向前邁進。例如案例中，諮商師從兒子的憤怒裡捕捉到他對父子間能相互信任的渴望，並從父親的擔憂裡，看出了他很在意孩子的安全，進而使雙方由原本的衝突，轉化為彼此合作的機會。

在晤談時，焦點解決諮商師會持續展現出一種態度，也就是尊重與理解當事人對世界、對難題的主觀知覺和詮釋，這同時也是諮商師專業素養的重要體現。對於青少年當事人看似拒絕的種種抗拒，諮商師不僅需要以「一般化」的態度來看待和對待，還要相信當事人各種不合作的言行背後必有其緣由。帶著一般化和重新建構的細膩眼光，諮商師可以透過持續的觀察，發覺青少年當事人當下最在意的事情或最願意談論的主題，這些話題可能正是對話破冰的起點。

焦點解決短期治療認為，對於當事人任何不投入的態度，諮商師不應予以負面評價或視為抗拒，反而應該將這些表現當成有意義的提醒：提醒著諮商師不僅要關注當事人如此表現的理由，還要辨識他們願意接受的合作方式與推進的速度。例如案例中，諮商師抱著開放的心態理解兒子再次離家出走的原因，沒有立即糾正或評價兒子對父親發火的言行，以及暫停推進父親希望孩子成績更好的期待。換句話說，諮商師需要不斷提醒自己，切莫陷入與當事人的爭辯或企圖給予教育，這是與

青少年當事人建立和發展諮商關係時的不二法則。當然，在青少年的諮商工作裡，十分需要持續讚美當事人微小的優點及難能可貴之處，並適時將幽默與輕鬆帶入晤談。

面對暫時無法突破的困境（包含遭逢危機）時，「先求不要變得更糟」此一原則是諮商中值得優先嘗試的方向。在先維持現況或求不更糟的工作方向中，諮商師仍可繼續協助當事人看到曾經出現的例外或已經發生的改變，這些都會讓當事人更有信心，並願意吸取這些例外或改變的經驗，優先多做有效的方法，等情況穩定後再謀求突破。

例如於案例中，在與父親探討孩子第二次離家的過程與處理時，諮商師對照了第一次離家出走時的情況，幫助父親看到其中的差異與轉變；此外諮商師還透過「關係問句」，讓父親從孩子的角度進行思考，使他更能理解孩子的渴求，因此不再執著於要孩子立刻回到從前的樣子。這位父親一方面意識到孩子能維持在校求學對孩子來說已是難得之舉，另一方面也發現了繼續減小來自家庭的各方壓力以及持續改善親子關係的重要性。肯定當事人願意努力和已經做到的地方，不僅能幫助當事人以平常心看待挫折，還能提醒他們要對現況抱有合理的期待，進而強化繼續堅持下去的意願與決心。是以，先「多做有效之處」（work on what works）才能持續醞釀和積累改變的可能性。

生活踐行

◆ 誰的需要，誰改變

想像一下，逛商場時有人過來向你推銷產品，在這位推銷員百般勸說之後你依然不為所動，於是他惱羞成怒地威脅道：「如果你再不買我就要動手了！」此時的你會作何感想？很多人都會很生氣吧，這種蠻橫的態度簡直就是無理取鬧：「明明賣東西是你的事，買不買是我的事，你憑什麼強迫我？」

是的，按照常理，如果推銷失敗，推銷員首先應該自我反思，比如銷售技巧是否得當、產品對客戶有沒有吸引力，或者自己是否了解客戶的需要等等，而不是把怨氣全部發洩到客戶身上。在本篇案例中，父子的互動在需求層面上，就像一位「一廂情願」的推銷員和一位「憤憤不平」顧客：讓孩子好好學習是父親的需要和期待，當孩子未能如父親所願時，父親並沒有想要去了解孩子目前不好好讀書的原因，也沒有想過自己對待孩子的方式可能有問題，反而是讓自己的言行變得越來越暴躁，使得兒子越來越抗拒配合父親的期望。

很多時候，人際互動的邏輯也類似於推銷員與顧客的關係，期望和需要是誰的，誰就應該主動做出調整或改變。或許有人會說，我們又不是要賣東西或利用對方，我們是為了對方好，比方父母想要孩子好好學習，或者妻子希望丈夫能戒菸，都是出於關心和愛護。這樣的需要或期許並沒有錯，但即便我們的初衷是為了別人好，這依然是我們自己的心願，一旦我們將自己的期望變成別人的義務，用我們的期許去勉強別人時，

往往會適得其反。這不僅是因為每個人都希望改變是出於自主的決定，還因為迫於外力的改變不僅不易持久，還會破壞關係、引發對抗，就像沒有人喜歡被強迫消費，哪怕商家賣的是貨真價實的好東西。

人際互動中有一個容易被忽視的事實是：「我們才是自己的情緒和需要的擁有者」，在現實生活裡，我們經常認為別人理應為我們的情緒和需要負責，於是我們就會透過改變別人、控制他人，來緩解自身的痛苦。例如一位母親因為兒子沒有選擇穩定的工作而感到焦慮，她總想改變兒子的生涯選擇，一方面是為了兒子有一個「好前途」，另一方面也是為了緩解自己的憂慮不安。

有時，人們固執地想要改變別人也許是因為堅信「只有改變了對方，我才不會那麼痛苦」或是「讓我痛苦的人就該為我的痛苦負責」。可是實際上，別人最多也只能對他們的行為負責，無法對我們感知到的痛苦負責，因為這些內在感受發生在我們的主觀世界裡，沒有人能夠直接觸及或影響我的所思、所想、所感。這一事實聽上去有些無奈，但它也帶來了一種自我解脫和自我負責的可能。

例如有一對經常吵架的夫妻，妻子給自己的痛苦指數評分是 10 分（1 分代表一點也不痛苦，10 分代表非常痛苦），由於先生對他們的矛盾不以為然，她認為先生的痛苦指數是 1 分，於是這位妻子整天都在苦惱如何才能改變自己的先生。但是誰的痛苦越強烈，也說明誰想解脫痛苦的需求越強烈，從這個角度來看，關係中更痛苦的那一方應該更主動做出改變。

這位妻子希望先生改變的想法就像自己餓了卻強迫別人吃東西一樣很難實現，因為對方缺乏需求和動機，因此與其問：「如何才能改變他？」不如問：「我要怎麼做才能讓我們夫妻的互動方式發生改變？」或是「我要如何做，才能讓自己不那麼痛苦？」這兩個提問指向了一種自我負責的態度，帶來了新的選擇和行動，而不是讓自己一直困在別人製造的痛苦裡。

如果我們一直等待別人如己所願才能快樂滿足，那麼我們可能永遠也無法快樂，永遠也無法過上自己想要的生活。退一步說，即便錯誤和責任都在別人，我們也可以做出某些改變，用行動為自己的需要買單，而不是用悶悶不樂來為別人的錯誤付上代價。

◆ 改變是一扇從裡面打開的門

我們常聽見這樣的抱怨：「如果你愛我，就應該多陪我！」、「媽媽為你這麼操心，你為什麼就不能乖一點呢？」在人際關係中，我們總想讓別人按照自己的期待改變，卻經常忘記檢查「關係的『本身』」有沒有問題。有經驗的推銷員不會一上來就賣東西（只是強調著自己的需要），而是先了解客戶的需求；讓客戶先接受、信任甚至喜歡上自己，往往是銷售的第一步。可是親密關係（如對孩子或配偶）裡，我們更容易反其道而行，總是先站在評判者的角度給對方差評，一遍遍地用各種方式重複「你這樣會讓我不喜歡你！」、「我對你不滿意！」甚至是「我鄙視你！」然後還想讓對方主動滿足我們的期待或要求，這樣不是緣木求魚嗎？

換個角度，如果想讓對方聽進去我們說的話、理解我們的需要、接受我們的影響，不如先了解一下自己在對方心目中的位置。在抱怨別人屢教不改時，不妨先照照鏡子，猜猜對方會給嘮嘮叨叨、氣急敗壞的我們打幾分？對於我們之間的「關係」對方又會打幾分呢？因為這些分數可能決定了，我們是否能拿到走進他們內心的入場券。

　　在人際關係中，我們處理問題的態度與方式，可能比問題本身更具破壞性。如果總是要求別人改變，自己卻依然故我，最終周圍的人也會越來越頑冥不化，同時還成為彼此的鏡像：我們的攻擊或防禦也激發了對方的攻擊、防禦甚至是逃避，更遑論願意合作了。急迫且生硬地讓別人改變，只會進一步破壞關係，不僅讓改變難以發生，還會製造更多的難題，而且一味地要求別人改變，等於告訴對方：「你還不夠好！」、「你還不配得到我的愛！」、「你不是我理想中的孩子！」就像案例中父親的期待最後成為兒子眼中的壓迫，得到的只是兩敗俱傷的結果。

　　人們經常忘記一個簡單的道理：發自內心的改變，就像一扇只能從裡面打開的門，取決於對方是否自願打開。捫心自問，我們會為什麼樣的人「開門」呢？是動不動就喊叫威脅、砸門踹門，還是讓我們感受到安全、接納和關愛的人？遺憾的是當別人聽不進我們的話時，我們往往不自覺地提高音量，不斷重複自己的訴求，甚至惡言惡語相向，然而這些都只是企圖把對方強行拉進我們的期望，而不是想進入對方的世界，難怪他們的心門會關得越來越緊。

一段關係陷入僵局的原因之一是：「既然你都不在乎我的感受，我為什麼還要在乎你的想法！」因此雙方越是僵持不下，越要努力去「好奇和了解」而非「說服和控制」。只有先去好奇地了解別人，我們才能得知他們究竟想要什麼、在意什麼。良好的溝通不是以表達為開始，而是以傾聽為起點，只有這樣才能知道自己是在對誰說、又該如何說。

　　無論是夫妻還是親子關係，除非性命攸關的緊急情況，否則建立、恢復與培養關係，經常比解決具體問題更重要。比起積極有為，親密關係有時需要「無為而治」，放下要求對方如己所願的期待才是理解和接納的開始，這既不是放縱，也不意味著認同，理解和接納是嘗試去了解對方行為背後的動機及需要，並且欣賞對方已經做到的「難得」。這樣做，有時反而會引發意想不到的改變，因為這份理解與接納傳遞出最深切的愛：「我愛的是真實的你，而不是期待中的你。」、「我在乎的是我們的關係，而不是輸贏。」或是「我關心你在乎的事情。」沒有誰能完美地符合我們的期待，反之亦然；也沒有人願意被改造成別人想像中的「完美」，而是希望對方如實接受我們的本來樣貌。

　　一個人願意打開心門，往往因為先感受到了愛、察覺到了別人的理解與接納。為此，我們也要珍惜與感謝別人的愛、理解與接納，而不是視為理所當然。

練習：改變關係滿意度

　　回想一下在工作或生活中的人際互動，選擇一個你期待有所改變的人際關係，然後思考和回答下面的問題：

1. 以 1～10 分來評量你希望這個關係發生改變的程度（1 分是無所謂，10 分是很希望），你會打幾分？你猜對方會打幾分？為什麼是這個分數？思考兩個人各自打的分數後，你的想法是什麼？
2. 以 1～10 分來評量對你們之間關係的滿意程度（1 分是很差勁，10 分是很滿意），你認為你和對方會各自打幾分？為什麼是這個分數？看到兩個人各自打的分數，你的想法又是什麼？
3. 想一想，你欣賞哪些對方已經做到的事情（無論是態度或行動）？如果你能更常想起並欣賞到他已經做到的，你對你們關係滿意度的分數會改變嗎？
4. 如果你能告訴對方你欣賞他的部分，對方會對你們關係滿意度的分數有所調整嗎？想一想，他會欣賞哪些你已經做到的地方（無論是態度或行動）？
5. 你認為他會希望你有何改變？他又會如何欣賞你的這些改變？你如何才能跟他確認你的答案？

案例 05

親子議題：母女關係、自我接納、自我成長

我終於看到我自己

一位清秀且聰穎的博士生主動來到諮商室。她面帶苦楚，直接道出自己的困境：「我今天來就是因為每次打電話回家，就聽到我媽媽一直在哭，不斷地哭訴這幾天我爸又做了什麼對不起她的事，像是拿了家裡的錢、喝酒、罵她、亂摔東西……」

她嘆了一口氣後繼續說：「從小，這就是我們家裡不斷上演的劇情，我也都一直在幫著我媽處理我爸。我媽最近一直說，我已經唸到博士了，怎麼還沒有辦法幫她改變我爸爸，唸這個博士有什麼用，乾脆回家好了，不要再浪費時間。」

她又嘆了一口氣，哀怨無力地說：「我媽媽在電話裡一邊講一邊哭，我好像只能聽著……這麼多年了，我做什麼好像都沒有用！我爸還是沒有改啊！」

對一個女兒來說，這真的是一種很無奈的痛與苦。

她已經做了這麼多努力，那麼，諮商又可以幫上她什麼忙呢？幫助她改變爸爸？改變媽媽？還是自己？我想，我得先回到此時此刻她尋求諮商的最大期望，藉此先確認晤談的方向。

我審慎地回應她：「家裡的情況真的是一個很大的挑戰

啊,尤其是這麼多年了。而且,聽起來妳已經很盡力、很辛苦地幫著媽媽在處理爸爸的事,但好像爸爸一直沒有能改變,這種情況,讓妳媽媽和妳都很挫折、難過。」我把她說的話做了摘要,希望她能接收到我的同理與理解。

她點點頭表示同意,露出了不知該繼續說些什麼的樣子。於是,我直接詢問:「所以,我可不可以先了解一下,妳今天來到這裡,最希望諮商能夠幫上什麼忙?」

她毫不猶豫地說:「我想要改變我爸爸,解救我媽媽。但是⋯⋯我怎麼做都沒有用。我媽說,我不應該在離家這麼遠的地方唸博士,我應該立刻回家幫她忙。」她咬了咬嘴唇,堅定地說道:「所以,老師妳可不可以幫幫我,告訴我到底要怎麼做,才能改變我爸爸?」

我知道,對她來說,這是一個非常重要的願望,但這也經常是個非常難以達成的願望。然而,秉持著「尊重當事人目標」的原則,我得試著先擱置自己的想法,於是我先問她:「如果有可能,妳最希望爸爸可以變成什麼樣子?」

「就是讓他變得『正常』啊,我只要他能像人家家裡的那種爸爸而已啊!上班、賺錢、不喝酒、不亂發脾氣之類的。」她一字一句、認真懇切地說。

對很多孩子來說,她所謂的「正常的爸爸」是一種理所當然,但對這位女兒而言,卻是一個遙不可及的夢想和渴望。我真不知承受這麼多的她,從小到大到底是怎麼熬過來的?當我想好奇地問她時,她卻接著說:「我就是一直很努力,一直很努力!我實在不知道還能做些什麼?老師,妳是專家,妳教教

我。」

母庸置疑地，改變父親是她的目標，目前她對改變父親和滿足母親期望的關切程度，遠遠超過對自己的關注。在跟隨她這些關切的同時，我還想輕輕地提醒她關於改變實際現況有多困難，並且想突顯那些她已經付出的諸多努力：「就像妳說的，改變妳父親是一件很不容易的事，尤其是妳已經試了很多方法——可是，妳一直沒有放棄。可不可以先跟我多說一些，妳之前都用過哪些方法來幫助媽媽改變爸爸？」

她眉頭緊鎖：「以前在家的時候，看見媽媽一直哭罵時，我就乖乖去做些家務，盡量分擔她的辛苦。小時候我得幫媽媽一直去跟爸爸說，要他不要再這樣做了、不要讓媽媽再傷心了；爸爸口頭上都會答應我，但是一直都做不到。」

她激動地繼續說：「現在我只能常打電話回家，聽媽媽訴苦，但是一聽到這些我就會很擔心、很激動，然後得努力讓自己冷靜下來，再去安慰我媽媽。我媽就一直哭啊，然後，我就會說我一定會努力幫忙的……然後，我也只能打電話給我爸啊！然後，我爸跟之前一樣，只會一直說很抱歉，說他對不起我們，要我一定要好好照顧媽媽，然後，他一點兒也不改，繼續惹我媽媽傷心。然後……就一直這樣，已經很多年了，他從來沒有改變。然後……」在很多個「然後」之後，她的聲調越來越低微，與越來越紅的眼眶形成強烈的對比。

我猶豫著是否要更多肯定她對父母的在意與付出，但又怕這份肯定會更加深她目前的糾結和痛苦，因為越在意，就越不容易放下、也越容易自責。然而，她的堅忍懂事又是如此可

貴，所以我還是決定先支持她一下，看看可否讓她更諒解自己一些。

「雖然還不知道如何改變妳的父親，也不知道這願望是不是一定能實現、何時能實現，但是我很好奇妳怎麼會這麼懂事？妳是如何能這麼堅強地承受這一切？」

她露出了茫然的樣子。於是我又多說了些：「尤其是從小到大，這麼多年了，妳怎麼能一直堅持做這麼多的努力與嘗試？」

她並沒有回答我的問題，只是無奈地說：「可是，沒有能改變爸爸，這一切又有什麼用！」

如我所料，她沒有接受我暗示的讚美，依然深陷於自己應該要能夠改變父親的強烈期待中。

要如何才能緊扣著她想改變父親的目標，又讓她能夠接受自己已盡力而爲的事實呢？

我嘗試將兩個方向組合在一起，問道：「我知道妳一直在努力幫媽媽、想要改變爸爸，他卻一直依然故我，所以我想知道，如果以 1 到 10 分來打分，10 分代表妳很盡力在幫忙改變爸爸，1 分是一點都不盡力，妳覺得自己是幾分？」

「當然是 10 分啊！」她一下子就知道了我的意圖，果然是聰明的孩子。她的眼神中透露出些微的感動，看著我，卻又繞回方才的重點：「但是，我已經這麼盡力了，還是無法改變他。」

啊，我心裡一嘆。不過，至少，她能接受自己十分盡力，這已經很不容易了。

案例 5　我終於看到我自己　111

顯然我還是得順著她一直在意的目標，只是我也想確認實際的情況並發揮一點提醒的效果：「是啊，他一直沒有改變。在嘗試了這麼多年後，如果用1到10分，10分是爸爸改變的可能性很高，1分表示不可能，那對爸爸改變的可能性，妳會打幾分？」

　　她毫不猶豫地脫口而出：「1分。不，0分！我知道他不可能改變了，但是我媽媽不能接受啊！她希望我爸爸改變……我不希望媽媽一直難過。」

　　太好了，捕捉到她話裡的體悟，我趁機進一步：「妳怎麼知道爸爸是不可能改變的？」

　　她隨即開始流淚說著母親多年來一直重複但又不斷累積的痛苦，並像答錄機似的，記下所有母親哭訴的字句。我聽著她傾吐出淤積多年的塊壘，持續對她表達理解與接納。

　　她邊哭邊擦著淚水：「但是我就是改變不了爸爸啊，我真的很盡力了。」

　　我知道這些淚水裡有媽媽的痛，也有她作為孩子的苦。對她而言，這些都混在了一起。這個結，究竟要如何解開？

　　忽然間，我想起她剛才說過的一段話，那是一段充滿解決訊號的智慧之語，我竟然忽略了。

　　「我想再回到妳剛才說的，這麼多年下來，妳的努力、妳的盡力，其實讓妳已經能接受爸爸不可能改變了，雖然這一定是很不容易的過程。但是，媽媽卻不能接受，因為媽媽不能接受爸爸無法改變，所以她才會繼續難過，而妳也因為媽媽的難過而痛苦。」她驚訝地看了看我，沒有表示反對，但有點好奇

我會接著說些什麼。

於是我繼續說:「妳現在最在意的,其實是不希望媽媽一直難過,是嗎?」我重複她剛剛說的話,想強調她因痛苦而獲得的成長,同時也再次與她確認目前最在意的目標。

她愣了一會兒,想了想後點頭說:「對,我媽媽就是沒有辦法像我一樣。我之前也曾經跟媽媽說了很多次,不要再想去改變爸爸了。」

她又停頓了一會兒,思索著,然後接著說:「老師,妳說得很對,後來我去勸我爸,都是為了安慰我媽、做給我媽看而已,然後啊我心裡早就不期待爸爸能夠改變,就是盡人事而已。然後……我希望媽媽能覺悟,爸爸是不可能改變的,她何必自己找自己麻煩呢……然後,我曾經跟她這麼說過,結果她大哭大罵我,說我詛咒她一輩子過不了好日子……所以後來,我也不敢再提了。」在多個「然後」中,可以看到她歷經了許多痛苦掙扎,卻同時擁有超乎年齡的智慧。

因為她同意了我的觀察與歸納,我便順著她對母親的在意以及已萌芽的解決方向,繼續問道:「那麼,如果有一天,媽媽突然覺悟了,不再希望爸爸會改變,或者媽媽變得和妳一樣,就是盡人事地去勸爸爸,但心裡並不期待他改變。那麼,媽媽她可能會有什麼不同?」

她瞪大眼睛看著我,彷彿我用外語提出了一個她似懂非懂的問句。不過認真又聰明的她,馬上開始皺著眉頭努力思索。

幾分鐘後,她認真地對我說:「我不知道。」不過,隨即她又陷入了另一次的沉思。當事人說不知道時,常表示她開始

在反思。我需要等待。

於是，我就欣賞地看著盡力在思索的她。

當她回過神來後，動容地說：「老師，我真的覺得，現在我其實最在乎的是我媽媽。我已經不想管我爸爸了。我已經長這麼大了，他對我來說沒有那麼重要了，我只是看到媽媽一直活得很辛苦，就真的……真的……很捨不得媽媽。」

這孩子的領悟力真讓我讚佩。「所以，妳很關心媽媽、很希望媽媽不要再這麼難過辛苦，希望她能夠改變。」我複述著她感人的在意之處。

「對，我想要影響我媽媽，改變她對爸爸的期待，希望她可以放棄改變爸爸。換句話說，我希望媽媽可以過得更快樂一些，不要再那麼受到爸爸的影響。」

其實，這個「新目標」也不見得有多簡單，然而這個澄清、整理的過程和成果非常重要，而且她的血淚經驗更是可貴。

順著這個方向，我嘗試好奇地問：「之前妳花了很多努力，才慢慢能接受爸爸是不可能改變的，那麼，現在是什麼讓妳覺得，改變媽媽是有可能的？」

她流露出的眼神告訴我「這是一個很重要的提問」，但她淡定地回答我：「我從來沒想過要她改變，也從來沒試過。所以，我想要試試看。」

她的盼望自然流露。真是一個勇敢而執著的孩子。

我將她所訴說的願望，再次進行了摘要和重新組合，希望她可以再次想像可能性：「那麼，我想再修改一下我剛剛的問題。我們來假設一下，有一天妳媽媽『真的』改變了，例如接

受爸爸是不可能改變的,或者不再那麼受爸爸影響了,那麼,她會有什麼不同?會變得快樂一點嗎?」

我知道這對她來說,依舊是一個困難的問句,不過她還是努力地埋頭苦思了好一會兒。

當她抬起頭時,再次淡定地說:「我覺得,我媽媽應該需要了解到,每個人都只能負責自己的生命。我們都很已經盡力了,可是有很多事情,我們就是沒有辦法做到。」

這段話真是出自一個二十七歲的年輕人嗎?我面露驚訝,讚嘆地看著她:「妳怎麼能夠有這樣的領悟啊?」

她以沉默不語回應我,似乎這段話對她來說並不是一份驚喜的領悟。我只好再嘗試地接著問:「如果媽媽真的能知道『每個人都只能負責自己的生命。我們都已經很盡力了,可是有很多事情我們就是沒有辦法做到』,那她會有什麼不一樣?妳又會有什麼不一樣?」

她睫毛低垂,嘆口氣說:「其實,我媽媽已經很能處理爸爸的狀況了。但是,如果媽媽能夠改變她的心態,那麼,她處理完爸爸惹出的那些麻煩後,就不會還要花很多力氣在那裡哭,一直怪自己嫁錯人,或者怪我沒改變爸爸⋯⋯那樣,我⋯⋯我也會輕鬆一些,我就不用再安慰她、擔心她⋯⋯」雖然她有些感慨,但仍能回答出重點。

依著她提到的媽媽的狀況,我繼續推動:「如果在一把尺上,用10分的位置代表妳真心希望媽媽變成的樣子,1分代表離妳的期望相對比較遠的位置,妳覺得現在媽媽在幾分?」

「4分。因為⋯⋯媽媽其實也知道爸爸很難改變,不然不

會要我去幫忙。」

「那麼,發生什麼事情,會讓這個分數加1分呢?」

本來很順暢的對話突然間停住了,她望著我說:「我也……我也不知道。」

我試著鼓勵她:「妳在媽媽身邊這麼多年,陪著她、看著她,妳是最了解她想法的人……」

「可是我不知道啊。」她又陷入思索。我認識到,當她說不知道的時候,表示她開始在反思。我只是需要等待而已。

過了一會兒,走過許多辛苦歲月而變得早慧的她,緩緩地說:「要怎麼加1分啊,我想,我是不是可以跟媽媽說一說我剛剛的那些想法,就是那些領悟……然後,然後,就是,我從來沒有跟她說過,因為之前我怕她難過,而且我也一直想要幫上忙。現在我想試試看,她或許會聽進去,因為……我們相依為命。」

這實在是非常不容易的答案。我緊追著她主動提出願意嘗試的這一步行動說:「那妳會怎麼跟媽媽說呢,怎麼說她會比較容易聽得進去?」我想透過具體化的預演,幫她這一步走得順利些。

看得出她想回應我,但是,似乎又一時詞窮。

我望著她,耐心地等了一會兒後說:「一下子不知道怎麼說,是嗎?」

她努力感受著自己想說的話,突然哽咽地回答:「我就是想跟她說,我一直很辛苦、很痛苦啊……我也沒辦法改變爸爸啊……我就是沒辦法啊。」我看到她的眼淚,但她卻用力地擦

掉淚水。那份用力是我前所未見的力道。

我繼續點著頭，鼓勵她多說些，哪知她忽然間說：「我不想說了。」

我困惑地看著她，鼓勵著她為我解釋一下。

她聲音突然大起來地說：「我不想跟我媽媽一樣⋯⋯那樣愛哭。我不要變得跟媽媽一樣，總是一直在哭訴自己的痛苦。」

我整理著思緒，回顧著我們的對話，思忖著她現在是怎樣的一種心境。雖然我還不是很清楚，但我知道這對她十分重要，是一個很重要的、關於自己的發現。於是我先重複：「妳不想和妳媽媽一樣愛哭。妳不要變得和媽媽一樣，總是在哭訴自己的痛苦。」

不知為何，聽到我的複述，她突然抓著裙襬開始哭了起來。

她哭得很傷心、很傷心。

我不知道實際上發生了什麼。然而對這個聰明的孩子來說，一定是一個非常有意義的歷程。

等到她停歇時，我問她：「想到什麼才哭了起來？」

「我不知道，就是覺得很難過，真的覺得自己好辛苦。」她的眼神中，堅毅裡透著辛酸，辛酸裡透著堅毅。

她激動地接著說：「我還要跟媽媽說，我已經試了這麼多次，我真的很盡力了。我真的很辛苦了，我不想再這樣下去。這麼多年，我看著她痛苦，我也很痛苦。爸爸沒有改變，而痛苦的卻是我們⋯⋯」

案例5　我終於看到我自己　　117

她又用力擦拭了湧上來的淚水：「我希望，我這樣說，她就能夠明白，能夠改變一點。然後，然後，我也知道要改變媽媽是很不容易的。」她又繞回改變媽媽的目標，但是，語言表達中已經吸收了前面對話中的進展。

　　想了一下，我決定還是先配合她的話題主軸，這樣她可能會比較容易接住，於是我問：「先不管媽媽會有什麼反應，我想問的是，妳怎麼能夠想到要這樣跟媽媽說呢？」

　　「這是我這些年的心得啊。」眼淚再次湧現，她咬著牙說：「就像大家常說的，透過痛苦，常可以讓人看到真相，然後才學會放手。」她的領悟力總是讓我驚訝。

　　眼眶依舊漲紅的她繼續說：「這些年，這些痛苦的經驗讓我知道，人都有自己的侷限，就是有做不到的時候。然後啊，做不到，妳也只能放下啊⋯⋯」

　　即使她是這樣痛苦地走過來，我還是忍不住想讚美她：「痛苦讓妳看到真相，而看到自己的侷限，讓妳能放下。」

　　我略微修改地重複了她的領悟，把「她」這個人加了進去。

　　看著她點點頭，我便接著追問：「妳是怎麼透過痛苦的經驗學到這些的？學到了妳媽媽還沒有領悟的這些智慧？」

　　她望著我的大眼睛又開始奔流出淚水。我知道，她收到了我對她的肯定，也明白了我話語中暗示著她與媽媽的差異。

　　她再次傷心地大哭了起來。

　　這次，哭了許久⋯⋯許久。

　　我還是坐著、陪著、等著。

　　從始至終讓我感動的是，她與媽媽那份深厚的愛與連結，

以及她的負責、努力、聰慧和認真,這些都讓她得以在如此難熬的困難痛苦中,靠自己發展出很多難得的能力、力量與領悟。尤其,她還能為生命中的痛苦賦予「學習」的意義,即使學到的是一個人的能與不能。

當我再次開口問她剛才發生了什麼時,她平和地說:「我只是想到,我總是看著媽媽哭。妳的話讓我剛剛……真的感覺到我好辛苦……我也好不容易啊,畢竟都這麼多年了……」

「所以,妳剛剛,終於是『為自己』而流淚?」我回應著,跟上她當前的重要覺察。

「對,這麼多年了,我終於、終於能『為自己』而哭……」然後,她蜷曲在沙發上,穩穩地抱住自己。

她能為自己的痛苦而哭、她能給自己擁抱,這些都是她能認識和認可自己可貴之處的重要一步。

坐在旁邊陪著她的我,覺得接下來最能幫上她的,就是讓她更珍惜走過從前、走到現在的自己。因為,她終於看見了她自己。

回顧與反思

在晤談開場時,諮商師可以直接向當事人提出「成果問句」(outcome question),也就是使用「希望從這次諮商中有什麼收穫」這類方向的提問句型。「成果問句」不僅可以明確了解當事人前來諮商的目的,同時也能協助對方進入目標導向的思維,並暗示著困境中的當事人仍能擁有企盼改變的心。

當事人前來諮商的目標,是諮商師在對話中感到迷惘時的行動圭臬,即使諮商師主觀上認為當事人的目標難以達成(例如案例中的女兒希望改變父親),諮商師仍需先尊重並嘗試理解當事人堅持這個目標的理由。當諮商師能持續以當事人的諮商目標為對話的方向,就能幫助自己保持在不預設的立場,同時這也會讓當事人感受到尊重,從而更為開放地吐露心聲。

　　然而,引導當事人釐清自己真正想要的目標並不是一個簡單的歷程。常見的做法是構想目標達成後的理想圖景,這能幫助當事人擴大知覺,再次思索自己究竟在乎的點是什麼;另一種做法是對當事人想突破的困境或想達成的目標,先多詢問之前嘗試過哪些方式與結果,這常能幫助當事人覺察與肯定自己鍥而不捨的努力,並且對目標達成的意義及可能性進行思索與評估。

　　例如本篇案例中,諮商師使用「因應問句」讓當事人覺察到自己的優勢與努力;接著透過回答「評量問句」,讓當事人再次評估父親改變的可能性,進而促使當事人意識到自己已盡全了力,並且更加確定父親真的很難改變;然後到最後,她發現內心真正的目標,其實是希望母親能接受父親難以改變的事實。

　　焦點解決晤談歷程是跟隨當事人的目標不斷展開的,比方案例中,依據這位女兒的目標,諮商師想引導她集中思考著:如何才能讓母親接受父親難以改變的事實。諮商師先透過「假設問句」邀請她勾勒出母親如她所願後的變化,接著再激發她探尋後續可以努力或行動的方向——因為需要先有想要的目

標，才知道如何到達的適合方式。緊接著，諮商師使用「評量問句」推動女兒進一步確認她眼中的母親目前與理想狀態之間的差距，最終找出提高母親改變可能性的一小步：嘗試與母親溝通。當然，這一小步的新行動不僅需要具體化，還要進行演練，特別是當事人之前從未有過此類的嘗試行動經驗時。由於每位當事人的目標與資源都因人而異，將一小步具體化的過程也需要量身定制，而且這一小步的行動還要符合當事人當前的能力與意願。

除了持續傾聽當事人的渴望與痛苦外，諮商師也要從中採擷當事人不經意道出關乎解決之道的細微線索。焦點解決短期治療相信，人們能從過去的痛苦經驗裡長出各種應對的智慧與勝任力，比如案例中的女兒，在多年的歷練中已經逐步接受了自己的限制，並放下改變父親的期望，因為她明白每個人都只能為自己的生命負責。焦點解決諮商師常幫助當事人知曉並善用「已擁有卻不自知」的知識與智慧，而關注當事人已經做到或改變的地方，常是發掘當事人既有智慧與知識的重要方法之一。此外，當案例中的女兒開始欣賞之前未被自己看見的盡力與能力時，便將目光焦點從母親身上轉回了自己，同時她也開始承認自己多年的辛酸，給予心中沉重的痛苦一份重要的支持與接納。

焦點解決短期治療認為，生命中的種種問題不一定都能被消除，但人們依然能建構出解決之道。如果當事人能更加肯定過去經驗的價值，並認同自己在成長歷程中的蛻變，當事人的自我決定、自我賦能感及自主性（autonomy）將得以逐步發

展,此時,之前覺得難以撼動的生命難題,將不再是當事人生活中唯一關注的主軸。

生活踐行

◆ 接受不是放棄而是放下

人們常說時間能夠治癒一切,很多時候,被「治癒」的不是痛苦,而是我們對痛苦的那份「不接納」,而所謂的「釋懷」也常是從「抗拒」到「接受」的轉變。阻礙我們接受現實的其中一個原因,是心中有所執著的期待。多年來,案例中的母親期望丈夫改變,女兒也一直期待父親成長,這些無法實現的期望加重了她們所經歷的痛苦,因為,期望越大,失望也越大。

每個人對生活都懷有這樣或那樣的期待,這些期待多半來自我們對理想生活的構想或希望過得更好的企盼。抱有期待並沒有錯,但認為這些期待都必須全部實現,就有可能與現實為敵了。「我希望」是美好的願望,若執著地認為「生活必須如何」或「你應該如何」就未必理性了,畢竟頭腦中的構想不能代替現實的運作;我們可以為一個目標用盡全力,卻無法指定結果必須是什麼或主宰他人順遂我心。換句話說,讓我們失望痛苦的未必是別人或現實,而是對他人或生活一廂情願的期待。

對生活,我們往往能做的只有「因上努力,果上隨緣」。接納現實及放下不切實際的期待,並不等於放棄努力或任由事態發展;恰恰相反,它讓我們得以從與現實的對抗中解放,將注意力與精力放在我們能改變的向度和控制的層面——也就是

說，即便想努力實現心願，選對努力的方向也很重要，例如停止執著於改變他人，轉而關注如何讓自己感覺更好；不再只是抱怨環境，而是思考如何讓自己的情況好轉等等。

死死扼住厄運的咽喉，我們也會被厄運拖下深淵；只有鬆開雙手，自己才能重新浮到水面。當我們能接受現實，包括接受自身的侷限，並認知到很多事情都不在掌控之中，我們面對困境的心態也會隨之發生變化：我們依然努力解決那些老問題，但採取的行動不再是不斷製造挫敗和絕望的「強迫性重複」。

內心的開放性與彈性，會帶來嶄新的思路與多元化的行動。比方一位妻子想讓吸菸多年的先生戒菸，但先生一直拒絕放棄自己最喜歡的放鬆方式，於是兩人經常發生爭執，最後妻子不得不接受：吸菸是丈夫的事情，自己無法控制對方的行為；而且，她也覺察到每次看見先生吸菸的焦慮和挫敗感是屬於她自己的情緒，丈夫的行為或許是「扳機」，但不是真正的「子彈」。最重要的領悟是，她意識到當初勸先生戒菸的目的是為了健康，而為了健康，除了戒菸還有許多其他事可做。後來她不再強迫先生戒菸，而是經常拉先生下樓散步，結果意外發現先生在散步時不會抽菸，原來他怕會影響到別人；而且由於妻子不再像以前那樣嘮叨先生的菸癮，丈夫反而更願意和她一起散步聊天，這成了兩個人都喜歡的放鬆和運動方式。最後，丈夫的吸菸行為沒有完全消除，但他的生活習慣發生了變化，而妻子也找到了問題之外的「解決之道」。

我們都知道，不斷投資於註定慘跌的標的金融產品，只會

讓自己兩手空空，甚至負債累累、失落不已。當放下對別人不切實際的期待、不再做「無用功」，就等於放過了自己。一如案例中女兒所說的：「如果媽媽改變了，那麼她處理完爸爸惹出的那些麻煩後，就不會一直怪自己嫁錯人。」假使我們總是想改變自己「看不慣」的人，這些人就會越來越成為我們關注的焦點，他們的「頑固不化」逐漸成了另一種負面提醒，不斷提醒著我們自己的無能和失敗。

其實，這種挫敗感帶來的不甘心，才是很多人不停想改變他人的動機——「我為什麼老是失敗？」正如那位總想讓先生戒菸的妻子。可是，沒有人是為了成全我們的心願而出生的，每個人都有自己的生命軌跡，更重要的是，每個人的生命都同時存在著很多面向，我們不必非要在難以改變的向度上耗盡全力。

從執著於「為什麼不能改變」轉為好奇「何處有可能改變」；從「哪裡有問題」變成思考「哪裡有希望」；從關注「缺點是什麼」改為發現「優點有哪些」，放下關注問題與失望的執念，才能欣賞到生命的風采及生活的全貌。接受現實，放下不可能，為的是更好地尋找到更多可能性。

◆ **從最容易的那件事開始**

在解決問題時，可以嘗試努力的方向經常不只一個，因為問題不會只有一個面向。比方有座老建築裡的電梯十分破舊，上下速度很慢，進出大樓的人都抱怨不迭，身為大樓管理者的你會怎麼辦呢？面對這種情況，大多數人首先想到的是改造舊

電梯或安裝一部新電梯,但如果資金有限暫時無法安裝新電梯,但住戶又不斷投訴,你又會如何處理呢?

這個問題至少能分成兩個層面,一個是舊電梯速度慢,一個是住戶們心生不滿。對於前者,解決辦法似乎只有加快電梯速度,但對後者,則可以從改善電梯乘客的感受入手,想出更多解決方案,例如在等候處加裝大一點的鏡面,或安裝能播放幽默短片的螢幕;或者在電梯裡用一些有年代感的老照片做裝飾、播放懷舊音樂,把乘坐電梯變成充滿懷舊感的體驗;又或是鼓勵住低樓層的住戶將爬樓梯當成健身,並適當減少租金或管理費來當誘因等等。這些雖然不能把電梯速度變快,卻可以讓乘客「在等候時有事可做」或「在乘坐過程中心情愉悅」,又或者「找到一個可接受的『慢的理由』」——有時,解決方案可能看起來與問題本身無關,甚至比問題簡單多了。

在審視人生的痛苦和問題時,我們習慣選擇最嚴重的問題或最困難的挑戰來當首要目標,可是那些問題之所以讓我們痛苦不堪,可能正是因為它們難以解決的「難度」太高,假使長期與難題對峙,可能會讓我們充滿挫敗感而身心俱疲。所以不妨換個思路、另闢蹊徑,暫且放下「攻堅克難」的策略,改從「容易一點」的事情開始著手。

就好比初次去健身房,教練不會讓我們從最重的杠鈴開始鍛鍊,因為力量還不夠時,那樣做只會拉傷肌肉,所以會循序漸進地安排輕一點重量的杠鈴作為練習的起步。一個小目標達到了,就能帶來源源不斷的動力和信心,幫助我們實現更大的目標,而且不僅如此,任何一個行動都可能帶來意料之外的連

漪反應。例如手上的工作遇到了難題，你的心情有些沮喪，但你沒有選擇坐在電腦前苦思冥想，而是去樓下散步，也許不經意間突然有個新靈感便湧入腦海。每個微小的行動時都可能引發意想不到的蝴蝶效應，這就是系統的力量。問題的解決，有時正在問題之外。

案例中的女孩為自己設定了三個目標：改變爸爸、改變媽媽和改變自己，一開始她選擇了難度最高的兩件事作為目標，不僅步履維艱且沒有進展。當我們替這三個目標的難易程度打分數（見下表），就會發現她最看重的目標最難以實現，但她卻無意間完成了其中一個目標：改變自己，而且這個成功經驗在未來還可能幫助到媽媽。換言之，實現一個比較容易的目標，有助於未來實現更難的目標。

這位女孩當初若能按照從易到難的順序設定目標，也許就不會有那麼強烈的挫敗感和內疚感；而且「改變自己」雖然看似相對容易，卻是對當事人最具意義的目標——自我成長。從這個角度來看，小目標的意義和價值也不可小覷，真可謂「小中見大」。

目標	達成目標的困難程度（10分最難，1分最容易）	原來的目標優先順序	調整後的目標優先順序
改變爸爸	10分	第一	第三
改變媽媽	8分	第二	第二
改變自己	5分	第三	第一

練習：從最容易的開始做

列出現在面臨的難題、困境或挑戰，按照難度打分數，然後將它們轉換成你想實現的目標，並為每個目標設想出幾種可能的解決方案，接著再按照解決方案的容易度打分數。無論是困境或解決方案，你都可以先選擇最容易的開始著手，從「易」入手可能會有意想不到的收穫，因為人是一個整體且生活是一個系統，任何一個小的行動都可能產生「牽一髮而動全身」的效果。

難題／困境	困難程度（10分最難，1分最容易）	目標	解決方案	困難程度（10分最難，1分最容易）
依然單身	9分	認識新朋友	1. 參加興趣小組 2. 請周圍人介紹 3. 主動與人搭訕 4. 在社交網路徵友	2分 6分 9分 8分
收入太少	8分	如何增加收入		
工作壓力大	6分	如何緩解壓力		

案例5 我終於看到我自己

案 例 06

創傷議題：母子關係、知覺轉化、自我接納

我是英雄

當這位媽媽坐進沙發時，身後的小男孩像「小士兵」一樣，挺直地站在她身後，一隻手抱著藍色的哆啦A夢。他面無表情，和哆啦A夢的俏皮頭形有著一種可愛的反差。為了表示歡迎，我嘗試問候他，並表示想多認識他的哆啦A夢，但對我的每一次邀請，他都只是用簡單的搖頭、點頭來回應，之後便安安靜靜地站在那裡。媽媽忙著補充說，他手上的哆啦A夢是地震後特地買給他陪他的，因為他最愛哆啦A夢。媽媽也有注意到他不像地震前會亂丟玩具，這個哆啦A夢他一直都帶在身邊。

我猜想，或許他是被母親強迫來的，先別把太多注意力放在他身上，以免他有壓力。於是我轉向母親，詢問她決定前來諮商的原因。

早已迫不及待等著開口的她說：「我是為這孩子來的。之前那個大地震啊，很可怕，他在地震後就不願意上學了，否則本來現在要讀小學四年級。我們當爸媽的當然很擔心他的學業，也有請過一些心理相關的老師幫忙，但都沒有用，只知道他受到了很大的驚嚇。」

這位母親越說越激動：「唉，說起來都是我的錯，地震那天實在搖得太厲害了，我嚇得就……就很本能地一個人往外跑，在大馬路上尖叫。好像過了一、兩分鐘吧，我……我才清醒過來，然後想到小孩還在家裡，我就立刻衝回去了。結果我到家時，房子已經不搖了，但是他在三樓的房間裡一直尖叫。我聽著他的尖叫聲找到他，他看到我才停了下來，不再叫了。」

她自責的眼淚奪眶而出：「所以有的心理老師說他一定是覺得被我『拋棄』了，覺得沒安全感什麼的……我真的不是故意的……都是地震害的……」她身後的孩子一動也不動，但是，他的目光未曾離開過母親。

我企圖將之前她所描述的予以同理，於是謹慎且關懷地說：「看來，地震的經驗影響了孩子，也給你們的生活帶來了很大的改變。」

她聲音更為激昂地說：「他爸爸是軍人，一直都不在家，地震的時候只有我們兩個人在家，現在也只有我帶著他。我實在不知道該怎麼辦才好……妳都不知道地震後他不去上學，我先生工作時也都沒辦法專心，還有啊……」她繼續訴說著小孩因為地震沒上學的事，以及這件事帶給他們的衝擊。我一邊傾聽著，一邊點著頭。

她慌張無措的言語中充滿著爸媽心疼孩子的愛意，但也閃爍著他們為人父母的堅強。

這份堅強也讓我靈光一閃：「除了地震帶給你們這樣大的影響之外，能不能先讓我了解一下，地震發生後，妳覺得對

案例6 我是英雄　129

孩子、對妳和妳先生來說，在你們的生活之中或你們的關係之中，哪些地方並『沒有』受到地震的影響？」

她驚訝地微張著嘴看著我，整個表情似乎在說：妳怎麼會問這樣的問題？我心裡一緊，難道這個問題問得太心急了？但是，我仍一語不發，因為當事人經常只是一時有些困惑，他們之前沒有沿著這樣的方向思考過。所以，我依然目光堅定地望著她。

果然，因為我如如不動的態度，她抿了抿嘴，側著頭，開始認真地思忖著：「怎麼說呢，那個……就是孩子不上學的這件事特別讓我們擔心……其實其它事情都好解決，也都已經解決了，畢竟已經過去半年了啊。」接著她竟然開始說了一些與先生及小孩一起重建房子、恢復日常生活的辛苦細節，然後回頭望了小孩一眼：「當然，我們和孩子之間，感情還是很好……」她的臉部表情似乎輕鬆了些。

於是我積極地跟進：「所以，除了孩子目前還沒有恢復上學，其他事情都已經慢慢走入正軌，你們跟孩子的感情也沒受影響，這些都很不容易啊，在地震這樣大的影響之後。你們是怎麼能做到這些的呢？」我希望幫她從愁苦與擔憂之中撥雲見日，於是繼續肯定這些難得的進展，好讓她覺察他們身上已經存在且能有所發揮的可貴力量。

不過，她的反應並不如我所願，她反駁道：「話是這樣說沒錯，但是老師，我心裡一直過不去的是地震當天，如果我沒有失心瘋似地跑出去，他就不會這樣了。老師妳看，要怎麼樣才能消除地震那天對他的影響？」她的回答提醒了我，她仍然

陷在那天經歷的影響裡。我需要改變自己預設的策略，靠近她看重的問題，同時，也看看能否緩解一些她的自責。

「很多人在遇到強烈地震的時候，都會自然地衝到房子外面，因為這是來不及思考的反射動作啊。就像妳說的，這是一種非常『本能』的反應。」我故意重複她前面提到的詞，也想輕輕地「一般化」這個讓她自責的反應。

「可是別人的孩子不見得會受到這麼大的影響嘛！」她無奈地嘟起了嘴。

她這個回應與表情，是在告訴我什麼嗎？我需要更深入她思路的脈絡。

我一邊傾聽一邊思考：雖然她仍在意孩子那天受到了自己行為的影響，但好像已經接受了對自己當天行為一般化的觀點。

我讓自己停頓了一下，快速回想她所描述的地震當日情景，還好我發現了一個具體的正向證據，或許，我可以先試試突顯她在災難中的勇敢表現。

我故意將發問的速度變得更慢，希望邀請她專心進入後續問句的情境當中：「是的，妳很重視孩子被影響的結果，妳真的很愛妳的孩子。」她點頭。我繼續說：「那麼，我想先多了解一點，就是在地震當時，很多人會本能跑出房子外，但是，很少人『敢再跑回房子裡去』。大多數人都是在房子外面喊家人趕緊出來而已，妳一定也看到了吧？所以，我很想知道的是：在妳本能地跑出來、清醒之後，是什麼讓妳『敢』再跑回房子去，甚至還跑到三樓？」

她比前一次更驚訝地看著我。然後，她的表情靜止了。一會兒後，她開始皺眉。我想這說明她在思索著我的問話了。

之後，她非常堅定地做出了回答：「他是我的孩子，我當然要救他啊！這有什麼好猶豫的？」

「但是，跑回房子可能會發生意外喔！」我強調著。

「要死就一起死啊，因為他是我的孩子啊！」她的語氣中充滿了為母則強的力量。

我在心裡忍不住說了一句：「太好了！」她毫不猶豫地回答，也讓我敢毫不猶豫地跟進。

我故意用很慢的速度說：「所以，妳在告訴我的是，妳並沒有要『拋棄』妳的孩子？」我一字一頓地，想讓她從我的話裡看到自己的勇敢無畏。

此時，孩子與她的眼神中似有領悟，心有靈犀般的淚水，同時從他們的臉龐滑落。她不禁再次回頭望了望孩子，孩子則對她微笑著。這是我第一次看到孩子臉上出現表情的變化。

我等待了一會兒，希望他們能消化這份領悟，也期待他們的回應。不過他們只是看著我，於是我便強化著剛才的「領悟」，繼續說：「而且，妳還把孩子帶出了房子，是妳『救』了自己的孩子。」

結果，一瞬間，母親的釋懷又變成了糾結：「不是的，當時我就是看到了他，兩個人就抱著一起尖叫了一會兒啊。我當時傻住了，根本不知道該怎麼辦。妳看，我是一個多糟糕的母親啊！」

她出乎意料的回答，再一次提醒我，不應該預設當事人的

經歷。

我停了停,整理了一下思緒,立即修正腦中的理解,謙虛地再次詢問我看到的「成功」以及我不知道的細節:「那麼,你們最後是怎麼逃出來的呢?」

她大聲地說:「是我的孩子說:『媽媽,我們是不是應該趕快出去啊?』然後孩子他用手錶上的冷光燈——就是我地震前買給他的新手錶,手錶上也有那個哆啦Ａ夢——然後硬拉著我逃出去。不然,我還不知道怎麼辦呢!」

「真的?」我簡直不敢相信自己聽到的。

我覺察自己驚訝的心中有著一份感動,我直接說:「嗯,這麼說,我剛才漏掉了一個人,原來勇敢的不只是媽媽,孩子也很了不起。他能夠在那種情況下冷靜下來,還救了媽媽。」於是,我轉向孩子,對他說:「哇!你是小英雄啊!你是怎麼做到的?你救了媽媽耶?」

這孩子竟然笑了,雖然依舊十分靦腆,但是終於開口說:「我爸爸有告訴我喔,說我們是男生,要保護女生,要保護媽媽。」說完,他將頭微微抬起,上揚的嘴角露出小小的得意。

媽媽示意他坐下。這次,他順從地坐到媽媽旁邊。

我想趁勝追擊,希望能成功轉化他被眾人認為的受害者角色:「你再多說一點,那天地震,你是怎麼能夠那麼冷靜又勇敢地把媽媽帶出房子?」我特意加重了「冷靜」和「勇敢」這幾個字的語氣。

他又靦腆地笑笑說,「我爸爸說,他不在家的時候,保護媽媽就是我的責任。」

雖然他有接收到我的肯定，但他的答案怎麼跟剛才說的一樣？很顯然，我得換個方式來推進。

於是我自動地回想一次他剛才說的話，這才再次意識到：原來，保護母親正是他最在意與得意的事。

為了肯定與擴大這份在意與得意，我說：「喔，原來如此！那我很好奇喔，除了地震當天你冷靜、勇敢地把媽媽救出來，你還做了什麼事情來保護媽媽呢？」

「我有陪媽媽出門買東西。」

媽媽微笑著。

「還有呢？」我鼓勵著。

「我有幫媽媽做家事啊。」

媽媽點頭著。

「還有呢？」我繼續鼓勵著。

「嗯……嗯……我媽媽在地震以後，常常在房間哭，一哭就哭很久，尤其是晚上。那我就……我就會站在門外面等她睡著後才會去睡。」

媽媽愣住了。

同樣出乎意料的我，也只來得及重複著他最在意的地方：「所以，保護媽媽，真的對你很重要呢。」

他看著我，用力點了點頭：「我想陪在她身邊，保護她。」

原來，這些事情環環相扣。一個家庭裡，家人總是這樣彼此影響著。

我停頓了一下，理清自己目前所知的訊息，再將孩子與母親各自最在意的事情相互連結，希望能建構出行動方向，所

以我試探著問他:「我知道地震後,你想陪在媽媽身邊保護媽媽,但是,爸爸媽媽因為你不上學的事情很擔心難過。」

他有些歉意而不知所措地點點頭:「我也不希望爸爸媽媽難過。」他又偷望了媽媽一眼。媽媽的眼眶再度溼潤。

「是啊,你也不希望他們難過。那你覺得可以去上學嗎?」我想確認他的意願。

他想了想,慢慢地點點頭,小聲地說:「我也應該要去上學。」但他看起來還是有些猶豫。此時,他換了一隻手抱哆啦A夢。這個動作一下子給了我靈感。

我指著哆啦A夢說:「我們來玩一個想像的遊戲喔。如果啊,這個哆啦A夢可以送給你們家一個禮物——因為它是地震後來到你們家的,它最知道你們家地震之後需要什麼了——所以,假如這個哆啦A夢可以送給你們家一個禮物,讓你們家裡發生一些變化,像是誰做了什麼事啊,或者,爸爸、媽媽、你啊,可以有哪些不一樣,然後,你就真的能夠去上學了?」

孩子認真看著手上的哆啦A夢,想了一會兒,接著又望了望母親。母親也看著他,殷切地希望他能回答。於是,他支支吾吾地說:「那個,如果,媽媽……媽媽可以,可以……晚上不要再哭的話……」

在這一刻,媽媽情不自禁地緊緊抱著她的孩子,孩子輕輕靠在媽媽的胸懷。媽媽的啜泣聲,透著一份了解與感動。他們對彼此的深厚情感,在安靜的諮商室中交織在一起。

媽媽平靜下來後,對著我說:「我終於知道原來不只是孩

子的問題。除了孩子沒上學的事情,地震其實對我的影響也很大。不只是因為他沒上學對我有影響而已⋯⋯」

媽媽有些不好意思但誠懇地接著說:「看來我的心情要快點好起來⋯⋯我得先把自己的心情平穩下來。」那孩子仍然緊緊盯著母親,臉上露出了似懂非懂但有些喜悅的表情,還不禁用手搖了一下哆啦A夢。看來哆啦A夢還真的帶給這個家庭一份神奇的禮物呢。

我剪裁與組織著媽媽的語言及孩子的觀點,認真地注視著孩子,一字一句慢慢地對他說:「媽媽說她會努力讓自己的心情好起來。你開心嗎?」他眼神中含著些許笑意的看著我,輕輕地點點頭。

我繼續說:「你一直都很想要幫媽媽、要保護好媽媽。那麼,你能夠上學的話,媽媽的心情也會好很多,這也是一種保護她的方式喔。你和媽媽都一起繼續努力讓媽媽的心情好起來,好嗎?」

這次他聽懂了,很用力地點了點頭。

此時他眼神裡流露的堅定,正像一位「小士兵」。

回顧與反思

「知覺」是焦點解決短期治療的工作重點。焦點解決短期治療認為,所謂的知覺包含了一個人的情緒、認知、行動以及它們互動的總和;若當事人對同一個事件的認知有所不同時,其知覺中的情緒也將有所變化,而後續的目標與行動也會因此

修正。生活中，所謂的「事實」並不只有一面，當諮商師從不同的角度觀察、發現和強調那些被當事人忽略的面向——尤其是優勢、力量、目標和支援等——常能擴大及改變當事人原先的知覺。

同樣的，想幫助當事人從災難或創傷經驗中復原，常需要拓展與轉換當事人的知覺，其中最重要的是讓當事人體驗到自己其實是一名有「復原力」的強者。例如在這篇案例裡，當母親提到地震當天的經歷和後續影響時，諮商師先詢問經歷了這些後生活有哪些變與不變，以此來催化母親覺察在災難中，自己的復原力已然開始發揮作用。之後，諮商師使用「一般化」和「因應問句」，逐步幫母親舒緩地震時出於本能逃離的自責，並且透過母親衝進房子救孩子的行動，讓她認識到自己自發表現出了為母則強的極大勇氣，轉變她之前視這為理所當然的主觀知覺。

在協助當事人擴大與轉化知覺的過程中，諮商師要特別注意當事人「已經說出」及「還沒有說到」的內容述之處，特別是對後者，切莫自動想像、填補或分析當事人尚未提到的故事情節。諮商師需要秉持「身後一步引導」（leading one step behind）的提問精神，持續對當事人訴說的內容展現出尊重、信任和傾聽的態度。

在傳遞資訊時，諮商師也需要在當事人的語言系統和溝通模式裡工作，注意當事人的語言習慣，盡可能貼近當事人的詮釋模型和主觀立場，在語言中借用與嵌入當事人的用詞。換句話說，焦點解決諮商師會將當事人在訴說當下的期盼、思維的

角度、生命的脈絡以及世界觀時所使用的詞彙納入考量，同時關注當事人組織文字或講述的方式，並隨時與當事人表達的速度保持同步的節奏。因為，諮商師需要跟隨並貼近當事人描繪的故事情節和展現的價值系統，才能精巧地以重新建構或提問來影響當事人的主觀詮釋，也才能在合宜地「轉向」過程中帶入新的正向觀點。在本案例中，諮商師如何動搖了母親所謂「拋棄小孩」的看法，以及諮商師將小孩放在「拯救母親的小英雄」的位置，轉變了其受害者的角色並大大提升母子低迷的能量狀態，都是很好的例子。

焦點解決短期治療認為，若當事人能與周圍的重要他人擁有長久的良好關係、持續被重要他人接納肯定，並時常與他們進行對話，且這些對話是涉及個人優勢、資源、勝任力、希望、樂觀態度、正向期望的內容，將大大激發當事人的復原力。本篇案例裡，諮商師不斷同理與認同母子艱辛的復原歷程，同時持續突顯著母子之間深厚的愛，這些都成為啟動兩人正向循環、帶動正向改變的重要元素。這其中，以哆啦A夢為媒介提出的「假設問句」更是關鍵重點，它將母親對小孩上學的關切及小孩想保護母親的責任感進行連結，構建出雙方一致的目標，同時激發出母子願意各自努力的共識。正如善用當事人自身的優勢一樣，諮商師若能善用家庭成員間的相互影響力，就能透過「借力使力」的方式，逆轉當事人生活中的惡性循環並使之轉為正向，而這也正是焦點解決短期治療中常見的重要「創造」歷程。

生活踐行

◆ 沒有恐懼就無所謂勇氣

案例中，有兩個原因讓這位母親不停苛責自己：一是自責身為母親在地震中「失職」，二是不能接受自己在災難發生時的「慌張怯懦」。在她看來，一位勇敢的母親應該臨危不懼，時時刻刻都鎮定自若，永遠把孩子放在第一位；然而勇敢的人並非心中沒有恐懼，恰恰相反，勇敢的定義是即便心存恐懼，依然選擇去做自認正確或必要的事。從這個角度來說，這位母親明知危險還衝回去救孩子的行為，說得上是勇氣可嘉。

我們總是對人性的「光明面」充滿欣賞和敬意，而對所謂的「陰暗面」充滿否定和排斥，但它們都是完整人性的一部分，而且「陰」與「陽」的對立，也是它們存在的基礎，比如沒有恐懼就對照不出勇氣，沒有仇恨也就無所謂寬容。美德的彰顯，不是因為我們消除了強大的本能反應，而是因為「超越」了它們，所以恐懼越強烈，勇氣就越可貴。也因此，勇敢永遠是相對的，它與每個人主觀感受到的恐懼的強烈程度有關，即使一個人當眾發言時看起來很怯懦，事實上他可能是一位勇者，因為他十分努力地應對自己內心強烈的焦慮和恐懼。所以，不了解一個人內心的恐懼，也就無從評價他的勇氣。

再進一步來看，把某些情緒貼上「正面」或「負面」的標籤，同樣是主觀的評價，比方恐懼感就不是絕對的負面。正如案例中諮商師對母親反覆進行的「一般化」，恐懼是人遭遇威脅時的自然反應，它激發我們保護自己，這本身就具有正面意

義。同理，內疚感也一樣，內疚推動我們採取積極行動彌補錯誤，看似負面的情緒也有正向的一面。追根究底而言，情緒是自然的身心現象，這些情緒是正面還是負面，需視情境和我們的主觀標準而定；換句話說，情緒是一種無關對錯的自然現象，但是各種情緒可能在不同的情境中帶來正面（我們想要的）或負面（我們不想要的）的結果。

用黑白二分法看待情緒有時會阻礙我們充分地體驗、接納它們，因為這容易讓我們對所謂消極或負面情緒採取敵對態度。一旦對抗所謂的「負面情緒」，等於向它們投入更多的關注，就像作用力與反作用力的關係，用多大力量壓抑情緒，情緒就會有多大的反彈，比如要求自己盡量不要去想一隻長頸鹿，那麼腦海中通常會更頻繁地跳出一隻隻的長頸鹿。不接納情緒不僅會讓情緒的反作用力更強，還會陷入自我否定，例如「我為什麼會這麼害怕！我真沒用！」、「我怎麼對孩子這麼沒耐心，我真是一個糟糕的家長！」當我們把負面情緒與自我否定建立聯繫，從「我討厭焦慮」到「我討厭焦慮的自己」，便會衍生出更多的負面情緒，甚至最終將「人」等同於「負面情緒」，也就是「我＝焦慮」、「我＝恐懼」。

要知道情緒只是一種「發生」。如同廣闊的天空會烏雲密佈也會彩霞滿天，這些來來去去的現象與變化都不是天空的本質；情緒也只是我們身上正在發生的現象，並非我們的全部或本質。只是，強烈的負面情緒經常感覺如此的真實，以至於我們把它們當作了事實，並據此做出後續種種推論，比如從「我感到心碎」跳轉到「我再也不會愛任何人了！」從「我胃痛」

跳轉到「完了！我是不是得了絕症？」或者從「我很緊張」跳轉到「我一定會當眾出醜的！」

這些對情緒和感受跳轉式的推論與詮釋，讓痛苦或擔憂的情緒加倍。我們不如反其道而行，無論那些推論和詮釋在頭腦中如何喧嘩，先試著只是簡單地觀察情緒，還原它們的本來面貌，就像抬頭看雲時不去想雲朵像是什麼，也不去命名和歸類，只是單純地觀察它們的顏色、質感及變化。情緒就像雲朵來來去去，一切有生就有滅，它們會來也會走。

此外還可以把負面情緒當成正在哇哇哭鬧的嬰孩，雖然不知道它何時會停止哭鬧，但我們嘗試給予安慰關懷而不是怒罵喝斥，這些負向情緒就有可能安靜下來。如此應對時，就是不再把「負面情緒＝敵人」，也不再認為「我＝痛苦」或「我＝無能」。當我們與情緒合作而不是對抗，才會擁有平靜；真正的平靜並非波瀾不興，而是對任何波瀾都充分接納。每一次情緒風暴來襲，都是練習接納與合作的機會；不過記得，既然是「練習」，就不用總要求自己要做得很完美。

◆ 從受害者到倖存者，再到興盛者

毋庸置疑，在經歷創傷後，受害者（victim）角色是一個事實，但如果只以這個視角看待自我，可能會忽略自己作為倖存者（survivor）的生命力量。「受害者」視角讓人感到痛苦和無助，而「倖存者」視角則暗示每個經歷災難活下來的人身上都蘊含著了不起的資源和力量；前者使人感到「衰弱」，後者讓人體會「賦能」。或許並非所有的創傷親歷者都能找到對

倖存者身分的認同感，但是這不失為一種轉換視角看待自己人生經歷的方式，這種轉變雖然改變不了創傷的性質與影響，但可以幫助我們看到自己──「我們活了下來」的事實，早已說明我們的生命「大於」創傷。

根據創傷後成長（post-traumatic growth，PTG）理論，在經歷創傷性事件或環境後，人們仍有可能體驗到積極正向的心理變化，這不僅意味著能從創傷中恢復，甚至還能讓個人生命體驗得到提升，就如同鳳凰涅槃。「創傷後成長」的出現有賴於一些因素，比如能從創傷經歷中有所學習、獲得來自他人的支援，以及用積極的態度重新建構創傷經歷的意義。

案例中的母親曾自認是「地震中只顧自己逃難的母親」，卻沒意識到她也是一位「為了孩子冒險衝回房子的英勇母親」；而案例中的孩子，人們都以為他在地震中受到驚嚇，卻沒想到經歷災難的他成了保護媽媽的小英雄。透過諮商師的引導，我們不僅發現了不同敘事的過去，更看到了飽含力量的現在和充滿希望的未來。這對母子，他們不僅是地震的倖存者，還能夠基於這份愛和力量構建更好的未來，成為擁有創傷後成長的「興盛者」（thriver）。

如果說從「受害者」轉為「倖存者」的視角，是從關注傷害轉而關注應對傷害的力量，那麼從「倖存者」到「興盛者」，就是要把生命中因為創痛獲得的力量與經驗予以發揚光大。興盛者的表現包括但不限於：更加珍惜生命、能更好地享受生活、追求精神信仰、人際關係加深、發現人生新的可能性，以及發現和使用個人的優勢。若受害者指向過去受傷和無助的經

歷，倖存者聚焦過去帶給現在的成長和力量，那麼興盛者更著眼於未來，更關注如何運用現有的資源、經驗和力量，來實現對未來生活的期許，即使過去傷害的陰影偶爾仍會光顧生活。

從「我受到了哪些傷害」到「我擁有哪些力量」再到「我還能創造怎樣的未來」，隨著思考向度的轉換，我們會越發認識到生命的韌性與生活的廣闊。

練習：受害者、倖存者和興盛者的視角切換

下表中列出了受害者、倖存者和興盛者之間的簡要區別，包括各自常見的信念及行為。在現實中，三者的過渡是一個連續的歷程，有些人也許會在某一階段或兩個階段的交界處停留，每個人的進程都需要被尊重。請回想你曾經歷的一件生命中的挫折或創傷事件，並試著從表格最後一行中提供的三種不同角色的思考向度來回答問題，看看在回應這些問句時，會產生什麼樣的不同感受。

	受害者 (Victim)	倖存者 (Survivor)	興盛者 (Thriver)
信念	創傷決定一切	人生大於創傷	生命是個奇蹟
行為	反芻痛苦／指責對抗	接受過去／解決問題	感恩當下／創造幸福
思考向度	• 如果過去不再影響我，	• 我是如何撐過來的？從	• 目前的生活中，有什麼是值得感謝的？怎

案例 6　我是英雄

	受害者 (Victim)	倖存者 (Survivor)	興盛者 (Thriver)
思考 向度	我會做些什麼不一樣的事？ • 在目前的生活中，做哪些事情時我比較不會受到過去的影響？ • 哪怕都是別人的錯誤（或責任）造成的，但我能為自己做些什麼？	中我看到了自己的哪些優勢、力量和資源？ • 這段經歷讓我在哪些方面變得更強大、更堅韌、更有力量？ • 我從裡面獲得了哪些人生經驗或智慧？	麼說呢？ • 如果能比現在生活得更幸福一點，我還可以嘗試做些什麼？ • 如果創傷過後是劫後新生的開始，那麼在接下來的人生中，我可以選擇哪些不同的活法？我還能賦予生命哪些意義？有哪些事情我一直想做卻沒付出行動？我還可以如何發揮自己的優勢或熱情？

> 案例 07

哀傷失落議題：師生關係、知覺轉化、情緒調適

我要堅強

「是什麼讓你今天決定來這裡？」我如平日一樣地開場。

他眼神渙散，整個人無力地望著地面。

看到他的樣子，我不禁向前探身，關切地問：「如果可能，你希望我能幫上什麼忙？」

他開始慢慢地、慢慢地交代事情的來龍去脈：「其實……是我們新來的……班導師，他……很……擔心我。唉……」面對他時有時無的停頓，我叮囑自己要安下心來，耐心聽他的講述。

雖然談話的進程很緩慢，但我漸漸地了解到，原來前一陣子深受學生愛戴的原班導師驟然病逝，全班同學都無法再專注上課，甚至有些同學不願意走進這所大學的校園，而他的飲食睡眠與精神狀態也深受影響。但是，在班上同學已逐漸回穩後，他的狀態卻依舊低迷，所以新任班導師轉介他來接受心理諮商。平日裡一向懂事的他，也順從地接受了新導師的安排。

我暗自思忖著是他自己想來？還是因為他在意繼任的班導師？

我好奇地問：「是什麼讓你願意接受新導師的意見來諮商

案例7 我要堅強　145

呢?」

他小聲地回應:「我也……自己……嗯,那個……需要改變。」

「是什麼讓你也覺得自己需要改變?」我盡可能自然地跟隨著他。

他抬起頭看我一眼,便低頭不語。

我等待了一會兒,想換個方式想嘗試突破靜默:「如果可能,你希望自己能夠有哪些改變?」我盡量讓自己的聲音平穩、溫暖。我提醒著自己,能夠前來諮商,這個決定已象徵著人們願意改變、能夠改變的力量。

又等待了很久。

終於他低聲地說:「我也……不知道。」

這下換我語塞。不知道是他真的不知道?還是不願意前來諮商?雖然他給出了看似否定的回應,但他的表情透露出正在思索著我的提問。他在思索什麼呢?這也只有問他才知道。

我決定摘要一下方才對話中不多的重點來回應,也想藉此再次突顯他願意前來諮商的意義:「雖然暫時還不知道希望自己改變成什麼樣子,但是,你已經覺得自己到了需要改變的時候?」

他竟然點了點頭,接著,無奈地抿了抿嘴。

讓我觸動的是,一個想要改變的人何以如此無奈,他的世界究竟發生了什麼?我不禁心生許多猜想。然而,當我覺察到自己的猜想多過了他的回應,我馬上提醒自己放下猜想,回到此時此刻他與我的對話中。

我試著轉換到轉介者，也就是新導師的角度，看看能否從這裡協助他更清楚地說明自己希望改變的願望：「既然今天你是因為新導師的建議才來，如果他看到你有哪些改變，就不會再這樣擔心你了？」

　　這次他抬頭與我對視，眼眶有些泛淚地說：「我知道，他……很擔心我。」

　　他開始和我有更多互動了，即使有些答非所問，不過他的回答永遠會比我的問句更重要。我心想，他是否在告訴我，他在乎新導師的憂慮？

　　「你很在乎新導師對你的擔心。」我嘗試提出。

　　「我不是在乎他……嗯……我跟他不熟。」

　　我猜錯了。我困惑地看著他。

　　他會意地繼續說：「我不應該讓別人擔心的……那個，嗯……我現在這樣子，讓人很擔心。」他的話再一次證明我的猜想錯誤。

　　我需要跟上他目前的述說：「你現在這樣子，會讓誰擔心？他們又會擔心什麼呢？」

　　他又再次抿嘴，越來越用力。我告訴自己，這也是他的一種回答。

　　我察覺到他正在思索和感受著什麼。無論那是什麼，看著他，我都可以感到他深切的痛苦。我不想打斷他，我選擇沉默地陪伴著，等待著。

　　靜默的空氣中，逐漸聽到他急促的呼吸聲，他的肩頭開始上下聳動。

他哭了嗎?好像沒有,我沒看到他的淚水啊。

我輕輕地用關懷的語氣問:「現在,你在想些什麼?」

他深深地吸了一口氣,聲音中透露著哽咽,然後才斷斷續續、慢吞吞地開始訴說,他無法接受人生何以如此無常,原來的班導師是那麼優秀的好人,怎麼會就這樣突然離世了。

「是啊,人生常是不可預期的。」我呼應著他:「人生的無常,似乎是唯一的常態。」

他點了點頭。眼眶中的淚水忽隱忽現。

突然間,他把頭往後仰。

再坐正時,又無奈地抿起嘴。

方才眼眶裡打轉的淚水,「好像」被忍了回去。

我這才發現,他一直都沒有落下淚水。突然之間我想到,我何不讓他藉由回憶恩師,痛快地哭泣哀悼一番?經歷重大喪失時,這對一般人通常是重要的宣洩過程。

「你原來的導師是怎樣的一個好人,可以讓我再多了解他一些嗎?」這不只是出於好奇,我也想讓他知道,我聽到了原來的班導師對他的重要意義。

出乎意料,他開始滔滔不絕地講述起心中尊敬、崇拜的這位班導師,他在平日裡如何悉心傳道、授業、解惑,也不斷列出同學們對他由衷地愛戴和敬佩的諸多事例。

我一邊聽,一邊點頭如搗蒜。這位班導師真是大學教授的表率。但是,不知道對他個人來說,這位班導師獨特的意義是什麼?

「對你呢?你的班導師有沒有什麼對你特別重要的地方,

或讓你特別懷念的地方?」我仍想暖化他對悲傷的「阻隔」,依然沒有放棄讓他宣洩哭泣的企圖。

「很多啊。他常個別指導我、說我是可造之才啊、要我要繼續努力啊,甚至未來可以考慮唸博士班。」原來班導師給他種種稱讚,他都牢記在心,他如數家珍地一一回憶著。看到一位老師在學生生命中留下的烙印,我也深為敬佩。

但是,一般哀傷輔導的原則仍在我的腦中徘徊,於是,我嘗試再問:「當你想起這麼好的導師過世時,你還有什麼特別的感受呢?」

他停止了訴說。又仰頭,忍住淚水。再抿嘴。

我發現他只願意講述記憶中的班導師,而對班導師離世的淚水,總在仰頭抿嘴的瞬間,消失得無影無蹤。

這樣往返了一陣子,徒勞無功的我不得不透過深呼吸穩住自己:到底發生了什麼?他怎麼了?

猛然地,我心中一驚:唉呀!我竟替當事人預設了「應該先哭泣」的這個哀傷療癒目標。這是否讓我無法貼近他目前的狀態呢?

我讓自己再次深呼吸,希望能鎮定地迅速回顧、整理到目前為止的談話歷程。其實我發現自己並不知道他想要如何哀悼這位班導師,也不了解他不讓自己流下淚水的原因。

只能向他求教的我立即詢問:「你如此看重這位班導師,他是這麼棒、這麼優秀的好人,對你又是如此重要。就像你說的,很多同學在想起他的時候都會忍不住哭了起來,但是我發現你沒有哭,或者說,好像每次你要哭時,都努力不讓自己

案例7 我要堅強 149

哭。是這樣嗎?這其中有什麼特別的理由嗎?」

這次,換他一愣。在這片刻的沉默中,他的淚水又一次即將滑落,他又再次仰頭。

不過,他清了清嗓子,掙扎地說出:「我答應過他,不會再哭了」。

這究竟是什麼樣的一段故事啊?我雖然困惑,但也知道不應該再有臆測。我溫和地邀請他多加解釋,幫助我了解。

他猶豫了。在他痛苦的表情中,我看到他有其實有分享的意願。

我堅定地望著他,靜候他做好準備。

於是,他閉上了眼睛,緩緩地說出這段故事。

這位班導師在自知不久於人世後,曾在病床前與學生們一一道別。輪到他時,班導師緊緊握著他的手說:「你是這班裡我最欣賞的學生,你真的很優秀,跟我也很像。但是,我唯一擔心你的,就是你這麼愛哭。一個男孩子這麼感性已經很辛苦了,如果再這麼愛哭,對自己不好。答應老師,別再哭了。」他當時發誓般地做出了承諾。

他說完後,眼睛閉得更緊。仿若身歷其境一般。

我被這位班導師的用心以及他們之間的情誼感動著:「原來如此。你很珍惜老師對你的欣賞關懷,也非常重視你對老師做出的承諾。」他雙手改為握拳,用力地點點頭。

「剛聽你說到關於他的點點滴滴時,我感覺到你也很想念他。」他再次用力點頭,換了一個坐姿。

但是這次,我學習著尊重他不哭泣的承諾,而且反而想知

道他運用了哪些應對方式，幫忙自己度過這段如此難熬的日子。於是我問他：「那麼當你想念他時，你都會做些什麼事情，讓自己好過一點呢？」

「我不知道啊，只要醒著的時候我都很想念他⋯⋯」

他又低下頭：「我一想到他，就想哭⋯⋯」

他又仰頭：「可是，我一想哭就覺得對不起老師，所以我不知道該怎麼辦才好⋯⋯所以，我不想讓自己清醒，我只能一直昏睡，可是又一直做惡夢⋯⋯」

他又低下頭：「我也沒有辦法上學。一上學看到大家，就又會想起老師⋯⋯」

他又仰頭：「我也知道自己這樣是惡性循環，可是我也不知道怎麼辦啊。」

原來如此。他的深情與無措，都是因為和班導師情感的緊密連結。那麼，班導師會不會是能幫助他突破的資源呢？即使他已經離開人世？我捫心自問著。

「既然你這麼看重自己對班導師的承諾，所以，我想了解一下，班導師希望你不要再那麼愛哭，那麼，你猜，他希望你變成什麼樣子？」我一邊組織自己的問句，一邊希望能將重要他人的期許轉化成他願意努力的方向，或許可以從這裡找到突破的方向。

他不加思索地回答：「他當然希望我能變得堅強。」

他立刻給出這樣的回應讓我確認能再向前一步：「你可否再多說一些，他希望看到的，那個『堅強的你』是什麼樣子？」

他驟然地坐直了身體，好像我問了一個奇怪卻又很關鍵的問題。不過，處於思索中的他，還是沒有馬上回答。

　　我繼續堅持著問道：「或者，換個方式問，如果你能夠變得像他期待的那樣，不要哭了、變得堅強了，那麼，你會有哪些不一樣呢？」

　　他竟然願意開口了：「妳知道嗎，老師他是性情中人又很有男子氣概。」他說話的語調上揚了。

　　我不禁皺起眉頭思索，他又在告訴我什麼？

　　我一邊猜測一邊與他確認：「你的意思是，這位老師是一個很堅強的人，你喜歡他的那種堅強？」

　　「對，一直以來他都是我心目中的偶像。」對，他剛有提到，我又漏掉了這個訊息。

　　「他是你的偶像，嗯嗯，所以，你喜歡他那種堅強：既是性情中人又有男子氣概？」

　　他頻頻點頭表示同意。隨後，他便如之前那樣，滔滔不絕地描述著這位老師「堅強」的樣貌。

　　我帶著尊重與好奇繼續傾聽他的訴說。等他說完後，我也試著認可地摘述一下，這位既是性情中人又有男子氣概的老師何以成為他所認同的堅強典範。

　　他先是點頭同意，接著又嘆了一口氣。不過，此時低垂的眼睛裡，露出放鬆的神情。

　　或許，這是一個契機，因而我接著問道：「這樣說來，我就很好奇了，如果堅強中包含有男子氣概與性情中人這兩部分，那麼一個所謂堅強的人，對於自己心愛的人、事、物的逝

去都不能再哭了嗎？如果想哭的時候，一個既是性情中人又有男子氣概的堅強的人又要怎麼辦呢？」我試著引用他的邏輯向他悄悄發起挑戰，希望能擴大他原有的思維。

接下來，又是一片靜默。

他牙根緊咬的臉龐告訴我，他正在認真地思量著。

一會兒後，他徐徐地說：「我想起了班導師知道自己得絕症時，他也把自己關在研究室裡傷心了一陣子。但是，後來他就很勇敢地面對治療，面對生命的盡頭還希望我們同學祝福他⋯⋯」他依然在用描述事件的方式回應我。我選擇尊重他的方式，我頻頻點頭，也由衷佩服這位老師。

然而，他接下來的話卻讓我大吃一驚。他如解釋名詞般地自言自語著：「所以，一個堅強的人，應該不是不會哭，而是在盡情哭泣後，仍然能夠⋯⋯勇敢堅韌地走下去；前者如性情中人，後者是男子氣概。」

忽然間，他低頭避開我的視線，肩膀開始不斷抖動，淚水大滴大滴地落在膝上。

接著，他站了起來，徑直走到我身後的牆邊，開始大哭了起來。

我背對著他，沒有回頭。

我的驚詫中混合著感動，但我讓自己的身體靜止如牆壁一般，生怕驚擾他難得的、發自內心的深刻頓悟。

或許，能陪著他好好地緬懷他的班導師，是我此刻唯一能做的事。

再次得到他的消息時，是他的新導師轉給我一封他請托的

案例 7　我要堅強　153

短信:「老師,我終於知道,要多麼堅強才能承受人生的無常。這種堅強才是對人心的考驗,我終於知道我班導師要我不哭的意思了。現在,我以班導師的言行作為我生命的示範,正堅強地活著。我還有去他的墓地向他報告,要他放心。真的很謝謝您。我想先自己試試看,自己往前走一段……」

我在心裡誠摯地祝福這位性情中人的聰明學生能早日體會到:雖然歷經了人生無常的變化,但是他並沒有全然失去班導師,只是換了另一種方式與這位可敬可佩的班導師繼續連結著,而班導師也將會在他的生命中一直傳道、授業、解惑……

回顧與反思

焦點解決短期治療相信,當事人擁有自我協助的優勢與資源,只是當事人不見得能清楚覺察到,這些已經在發揮功能的優勢與資源究竟是什麼。當事人能夠前來諮商,常代表著當事人願意改變的決心,甚至代表著他已開啟復原之路的訊號,是一個值得珍惜的、涉及自我決定(self-determination)的可貴力量。

案例中的諮商師,在開場階段肯定了當事人認為自己需要改變的決定,這樣的認可更加鞏固了當事人改變的決心。有時,當事人不見得能立即說明自己前來諮商的期望,但當事人重視的重要他人具有高度影響力,這時參酌他們的觀點,常能協助當事人確認自己想突破或願意轉變的方向,例如本篇案例裡,諮商師透過「關係問句」澄清新來的班導師對於轉介的期

待，促使當事人解釋了更多前來諮商的決定因素；之後諮商師深入當事人對前任班導師的深厚情感，一樣使用「關係問句」讓前任班導師對當事人的讚許與期望在晤談中浮現，也讓這位已經預備改變的當事人統整了他所在乎的各方面因素，釐清自己真正想要改變的方向：努力達成前任班導師希望他做到的不哭與堅強，同時又能滿足自己思念與追悼他的內心需要。當然，秉持焦點解決短期治療的一貫原則，於諮商過程中，諮商師仍需要持續透過當事人的言語和非言語訊息，努力從整體上理解當事人敘述中其所認可的價值，不妄加猜測或捕風捉影，也不越俎代庖地為其預設諮商目標。

　　對某些當事人來說，要能開始訴說自身經驗並不容易，諮商師的專注傾聽是催化當事人抒發已意的基本態度之一。對當事人的創傷經驗或心理陰影，焦點解決諮商師雖不會刻意深究，卻一定會給予當事人自由決定如何敘說其負面經驗與相關感受的空間，同時，還會讓當事人感受到諮商師對他的訴說及痛苦，持續表現出了看重與接納的理解。此外，本篇案例中，對於當事人情感流露的方式和其對事件的主觀詮釋，諮商師在展現自然同理及「一般化」回應時，也會反映出當事人情感的獨特性，這是因為重大事件對每個人的影響皆有所不同，每個人在該事件中都有其獨特的社會脈絡，其知覺也有著獨一無二的主觀性。

　　由於每個個體的獨特性，每個人復原歷程的方向和速度都不同，無法簡化為理論上的幾個要素與特定步驟，比如案例中諮商師以特定哀傷復原理論的階段推進晤談時，便忽略了當事

人當下的狀態,失去與當事人的同步連結,直到後來諮商師改以「一定有一個重要的理由」的立場,持續邀請當事人逐步說明對前任班導師過世何以堅持選擇不哭的原因,才在當事人的在意之處找到了突破的轉捩點。焦點解決短期治療提醒諮商師,要保持「求教於當事人」的開放姿態,因為唯有當事人本人才能告知諮商師如何發揮其專業角色功能,也唯有當事人本人才能辨別出適合自己的有效策略與方向;而與此同時,諮商師對當事人的這份尊重和信任,也深具復原力及療癒性。

面對重要他人的離世往往是不容易的歷程,在死亡阻隔雙方生命交會的現實中,如何在當事人心底找到重新連結彼此的方式,常是重要的療效因素。案例中,諮商師發現,當事人處理哀傷的獨特方式源自於想完成前任班導師的囑託,於是諮商師尊重這份承諾,並依據這份承諾,從前任班導師期許的目標及身教的示範中,逐步轉化出當事人所認同的面對悲傷失落的態度,並重新定義當事人在意的「不哭」中的「堅強」——既是性情中人又擁有男子氣概。走到這裡,當事人才開始接納自己對前任班導師的思念與淚水;而這樣的梳理,也幫助當事人得以在情感上與前任班導師及其離世再次連結,從而打破現況的惡性循環。一般來說,哀悼的時機、儀式、步調都需要得到當事人的認可才能發揮療癒作用,所以,焦點解決短期治療尊重每位當事人自身擁有的復原元素及認同的復原歷程,諮商師需要致力於從當事人自發的應對行動中,不斷突顯其自我療癒的可貴力量。

生活踐行

◆ 從兩難到兩全

案例中的男學生曾認為「流淚」與「堅強」彼此互相排斥，於是失去恩師的悲傷只能壓抑在心底。「要堅強就不能流淚」是一種「非此即彼」（either/or）的思維方式，這種非黑即白的觀點認為事物要不是「A」，要不就是「非A」（即對立的一方），比如「你不支持我，就是在跟我作對」、「如果我沒有成功，我就一個失敗者」，或是「生活不如我願，人生就只有絕望」。

一開始當事人也帶著這種非此即彼的思維方式，後來在諮商師的循循探問下，才發現恩師既是性情中人又有男子氣概，而且，真正的堅強不是不哭，而是盡情哭泣後仍能勇敢走下去。原來，看似兩個彼此矛盾的特質也可以共存，這就是：「亦此亦彼」（both/and）。

和「非此即彼」相反，「亦此亦彼」承認兩個彼此矛盾的面向——甚至是互斥的屬性——可以共存於同一個事物中，比方很多人都想變得更自信，卻誤認為只有消除了自卑才能變得自信。其實，自信和自卑可以在一個人身上同時存在，兩者未必互斥，好比我們對自己擅長的事情更容易感到自信，對不擅長的事情也自然更容易感到自卑；此外，自卑與自信還能相互作用，比如自卑推動著我們透過自我成長變得自信，同時自信也幫助我們更好地接納自卑的存在，而不是必須消滅它。

其實，萬事萬物都可以包含矛盾的雙方，就像在古典力學

中,粒子與波是互斥的屬性,但在量子力學裡,光既有粒子屬性也有波的屬性,被稱為「波粒二象性」。按照中國古代哲學的陰陽學說,不僅宇宙間一切事物內部存在著陰陽的對立與統一,其發生、發展和變化也都是陰與陽對立、統一的結果。因此,事物的存續恰恰是各種矛盾的制衡,而不是消滅矛盾的結果,好比我們的身體內一直有生也有死:衰老的細胞凋亡,新生的細胞加入,生命時時刻刻都處於生和死這個新陳代謝的精妙平衡中,而當這種生與死的矛盾運動停止,也正是生命消亡的時刻。

一旦放下「非此即彼」的認知,轉而進入「亦此亦彼」的思考時,我們的認知靈活性將大幅增加。例如「他要嘛是好人,要嘛是壞人」是將人貼上標籤的分類,相比之下「好人也會犯錯」或是「每個人都有好的一面」等,則是更有包容度和靈活性的視角,因為後者會讓我們產生好奇、開放之心——「他是否意識到自己在做『壞事』」、「他是否也有自己的難言之隱」、「他真正的動機是什麼」;諸如此類的好奇、開放會讓我們在做出判斷前,想去了解更多的資訊。相反的,「非此即彼」的二分法思維容易讓人因為主觀臆斷,失去好奇、開放的態度及多方嘗試的意願,最後陷入自己原有的資訊和判斷而故步自封。

再比如,無論親子關係還是親密關係,如果斷定對方「無可救藥」或「朽木不可雕也」,就根本不會去思考「他可能有哪些優點」、「如何激發出他積極的一面」等等。涉及切身利益時,越是親近的人際關係,我們越是容易論定對方的是非對

錯,而忘記了「去了解而非去評判」才是親密關係或親子互動的要義。所以比起「你不同意我說的,就是在跟我作對」的二分法,不妨暫且放下判斷,多一些好奇地問一問對方:「能否告訴我你的想法?」、「你覺得我們觀點的差異在哪裡?」、「在我的這些意見裡,有沒有你認同的部分?」、「你覺得如果我怎麼做,我們會更容易達成一致?」

「亦此亦彼」的思維模式,還能幫助我們免於在互斥的選項中難以取捨,甚至還能創造出新的選擇。比方一位職業女性糾結於「選擇事業還是選擇家庭?」、「如何讓每一項都能做到完美?」如果她不再把兩個選項看成彼此矛盾互斥,也放下要求事事完美的執著,就可以創造出很多新的選項,像是:「事業 90 分,家庭 80 分」、「事業 80 分,家庭 90 分」,或者,在自己感到身心俱疲時選擇「事業 70 分,家庭 80 分」。她還可以在不同的生命階段,選擇自己能夠接受和承受的動態平衡點,比如事業發展的關鍵期可以暫時是「家庭 70 分,事業 90 分」;在生育寶寶的階段選擇「家庭 90 分,事業 70 分」等等。

在生活中的其他兩難情境裡,這位職業女性也可以嘗試用「亦此亦彼」的思維方式解決難題,比如碰上要出差而無法在家幫孩子慶生,兩者看似只能選其一,但她可以問問孩子:「你能想出什麼,比媽媽在你生日當天陪你慶祝更好玩、更有趣的事情嗎?」這樣一來,從時間和空間上看似互斥的選項,從內心需要的角度來思考時,就有了新的可能性。

再比如,如果一位先生由於工作得不開心,正陷於是否要離職的糾結之中,除了馬上辭職外,他至少還有下面幾個可供

考慮的選擇：（1）尋找這份工作對他現階段的意義或價值；（2）增加生活中的樂趣，下班後投入業餘愛好；以及（3）把握時間提升專業能力，努力在同一機構裡換得新職位。這些選項都是基於「亦此亦彼」的思考方向：「在暫時沒有辦法離職的情況下，我如何讓自己感覺更好？」

「非此即彼」思維方式多源自「匱乏思維」（scarcity mentality）。在匱乏思維中，資源和機會都是有限的，以至於在生活中處處都是互斥的單選題，好比在規劃生涯時困於「選擇一個我喜歡的工作，還是一個錢多的工作」，在親密關係中糾結於「選一個我愛的人還是一個愛我的人」，在人際關係裡執著於「不是我贏就是他贏」。而且匱乏思維還很容易讓我們陷入「管窺」（tunneling）之境這種所謂的隧道視野，也就是因為隧道裡幽暗不明，我們只能看到狹小的視野。現在，假設你經濟窘迫，欠了別人一大筆錢，如果有人突然免費送你同等數額的財富，你會怎麼做？有人會馬上拿著這筆錢去還債；有人會先歸還部分債務，再用剩下的錢學習一門生財的技能；也有人會先償還利息，然後用大部分的錢去投資——如果我們陷於「管窺」視野，很可能眼裡只剩下負債，無法看到其他可能性。

相反的，「亦此亦彼」的思維方式便屬於「充裕思維」（abundance mentality）。擁有充裕思維的人認為機會和資源是無限的，別人的成功未必會對我們產生威脅，因此可以在人際關係中尋求雙贏的互動，不再認為「蛋糕有限，有你沒我」，而是歡迎別人與我們一起做出更大的「蛋糕」，例如比起糾結

於「選一個我愛的人還是一個愛我的人」，不如思考「如何選一個可以共同創造幸福生活的人」。

充裕思維的思考方式會讓原本的不可能變得可能，比方「選一份自己喜歡的工作，還是賺錢多的工作」，從長遠來看，一份我們熱愛又擅長的工作更有可能取得成功，自身價值的最大化與社會經濟價值最大化未必矛盾，所以一個更值得思考的問題就出現了：「如何找到一份可以發揮所長的工作？」

練習：亦此亦彼的思維轉換

「非此即彼」的思維方式讓思考刻板、僵化，妨礙我們全面客觀地看待自己、他人與生活；「亦此亦彼」的思維方式則幫助我們更加開放、看到更多可能性，從而能夠富創造性的解決問題。下面的表格中，對一些情境中兩種思維方式的差異進行了對照，當你自己處於矛盾糾結或選擇兩難時，可以把腦中的對話寫下來，看看哪些屬於「非此即彼」的思維方式，以及它們是否可以轉換成「亦此亦彼」的思維方式。

	非此即彼（either/or）	亦此亦彼（both/and）
自我認知	• 我很自卑。（自卑／自信）	• 我常感到自卑，不過也有比較自信的時候，比如……
	• 我覺得自己是個自私的人。（自私／無私）	• 我做過自私的事，但是我也幫助過別人，比如……

案例 7　我要堅強

	非此即彼（either/or）	亦此亦彼（both/and）
自我認知	• 我是個平凡的人。（平凡／特別） • 我該堅持理想還是向現實妥協？（堅持／放棄）	• 我有很多平凡之處，但沒有人跟我一模一樣，比如…… • 如何做一個腳踏實地的理想主義者？
負面事件	• 我怎麼這麼失敗？（成功／失敗） • 情況怎麼如此糟糕！（好／壞）	• 從這次經歷中，我學到了什麼有助於未來成功的經驗？ • 這件事中，我做得好（或值得肯定）的部分是什麼？ • 有沒有可能這既是一件壞事又是一件好事？或者這種情況是個挑戰也是一個機會？ • 這是這件事最糟的結果嗎，其中會不會有值得感恩的部分？
人際關係	• 不是我錯就是他錯！（自我／他人） • 不是聽我的，就是聽他的！（自我／他人） • 我要不要主動跟他道歉／表白？（做／不做）	• 我們可能都對，只是立場不同。 • 我們可能都只看到了事實的一部分。 • 能不能輪流分享決定權？ • 能否一起想出雙方都認同的辦法？ • 用什麼樣的表達方式，我自己（或對方）會更容易接受（或壓力更小）？ • 如果目前還做不到道歉／表白，我現在可以做些什麼？願意做些什麼？

案例 08

離婚議題：夫妻關係、自我接納、建構未來

自由的機會

「我想來談談我離婚的事。嗯，那個……其實，我也不知道要談什麼。因為，已經離婚三年了啦，該處理的事情也都處理好了。那個，嗯……離婚的原因就很像電視連續劇，他有小三，他不放手，小三也不放手。最後，是我受不了，我就放手了。就這樣。」在她看似平淡的口氣中，有著深深的怨懟。

「離婚，真的是一個不容易的過程，尤其是外遇這樣的原因。」我同理著。她翻了一下眼珠，點頭表示同意。

「那麼，已經離婚三年了，是什麼讓妳決定『現在』要來這裡？或者，妳希望諮商能對現在的妳幫上什麼忙？」離婚前後常會引發很多議題，但我還不確定她的來意與需求。

「就是，那個，嗯……我老是覺得心裡發悶。雖然，不用再跟這個男人生活在一起了，但是想到他，或有時還是會看到他，就會覺得很噁心。不過，這些都不是重點，重點是，我老是覺得，很……很不甘心。」

「不甘心。嗯，不甘心些什麼？」我複述她話中的關鍵字，邀請她繼續說明。

「怎麼說呢。那個，嗯……妳知道嗎，我二十歲就跟他在

一起開始打拼，打拼了二十年，但是我們攢下的錢大部分都被他帶走了。兩個孩子也大了，唸大學離開家了，然後，因為我們離婚的事情，現在孩子們得輪流跟我們碰面，可以見面的次數就更少了。那個，怎麼說呢，我現在好像⋯⋯好像什麼都沒有了。」她眼神透露出茫然，接著說：「我四十歲了，覺得人生到此，怎麼好像⋯⋯好像一場空啊。」

我重組她的話語，同理著她的感慨：「好像不甘心的是，離婚不僅僅是離開婚姻，還讓妳覺得失去了二十年來好不容易努力得來的一切，包括錢、孩子、生活等。」要接受人生中這樣重大的失落，真的需要一段時間、一個過程。

隨後，她開始訴說更多的不甘心，包括過去與先生打拼的苦日子，其中穿插著婆婆的百般刁難。她也控訴先生外遇後種種令她痛心的薄情寡義，像是用卑鄙的手段逼她離婚、把外遇對象帶回家、在小孩面前汙蔑她等等。

我一邊聽著她隨著故事起伏而變化的聲音，一邊實在忍不住地問她：這樣的一段日子，她究竟是怎麼走過來的？

她慷慨激昂地說：「怎麼走過來的，就是不甘心啊，他這樣糟蹋我。我一個好好的女人家為什麼要被他這樣對待啊？」

我真心佩服地說：「妳選擇捍衛自己的尊嚴。」

「對！就是這樣。」她用力地咬著嘴唇：「我也不知道要怎麼說，我就是覺得不甘心，所以，我就很努力喔，離婚後我一直很努力，所以啊，我現在的工作不錯，也有一些好同事、好朋友。但是⋯⋯我就是⋯⋯還是不甘心⋯⋯我就是，唉，還是很感慨發生了這一切。」

「我看到妳的不甘心讓妳感慨萬千，但是，好像我也看到，妳的不甘心也幫助妳努力支撐到現在，幫助妳展開了新生活，所以現在才有了好工作、好同事、好朋友。」我想先試著反應出我聽到的這份不甘心所發揮的一些正面影響力。

她長長地嘆了一口氣，兩隻手相互緊握著。

過了一會兒，她提高音調繼續強調說：「我現在就是很不甘心，想說，難道我的人生，難道，只能是這樣的結果？！」

「妳不希望妳的人生只是這樣的結果。所以，妳的意思是，妳的不甘心，讓妳對妳未來的人生，仍然有著一些盼望？」

她又轉了下眼珠，思考了一下我的話，然後激動地點了點頭：「對！就是這個意思！我不要我的人生只是這樣！」

雖然在諮商中繼續探索已經無法改變的過去也是一個選項，但是我聽到她的不甘心正在推動她往未來前進，這是更為重要的方向。於是我問：「所以，如果有可能，妳希望妳接下來的人生是什麼樣子呢？」

「可是，我已經不是二十歲了。」她的聲音突然變得低沉，雙手相互緊握著說：「經歷了這麼多年的滄桑，是有了一些人生智慧啊、歷練啊，但是，人也都老了，我都四十歲了。對啦，我是自由了啊，也不用管小孩、他爸媽的事情了，過得像是二十歲那時候，沒結婚前那種單身的生活，可是，可是，人生又不能重來了。所以，我就是，我還是覺得，那個，很不甘心。」

「妳就是覺得不甘心。」我複述著她的話，但心裡想著她

案例 8　自由的機會

還沒有回答我前一個重要的提問。

「對！就是這樣。」她也複述著。

我還是想請她思考一下前一個重要的提問，不過，我得將她重視的不甘心嵌到這個邀請中，或許更能貼近她目前的情緒脈絡：「聽到妳這樣說的時候，我想到的是，現在的妳，有著四十歲的人生智慧，跟二十歲的自由機會。那麼，妳希望，自己接下來的人生，可以擁有些什麼，才會讓自己的不甘心減少，或者，會覺得更甘心一點？」

她聽到我的話，大笑了起來：「說得好啊！老師，問得好啊！」

然後，她就一直大笑，笑得連眼淚都出來了。

過了一會兒，她還是一邊大笑，一邊流淚。

這回，換我握著雙手，緊緊地關注著她的變化。

終於，她停了下來。擦拭淚水後，回穩的她又平淡地說：「我沒有要再回頭跟這個男人在一起，也沒想要再結婚。我只是希望，那個，嗯，我自己能夠快樂一點吧。」

我注意到她的關鍵用詞從「不甘心」換成了「快樂」，後者這個正向的訴求更值得被具體討論，因為，說得越清楚，越有機會實現：「妳自己能夠快樂一點是什麼意思呢？或是，什麼樣子呢？」

一臉苦笑的她說：「嗯，那個呀，像是享受現在這自由之身的樂趣啊。哈哈。」她終於說出一些關於未來的景象，儘管還帶著些揶揄。

我不想錯過地跟上：「那如果有一天，妳開始發現自己能

享受自由之身的樂趣了,那麼,妳會看到自己在做哪些事情呢?」希望她能繼續勾勒這個願景。

盯著一臉認真的我,她笑了起來:「我可以和現在一樣地快樂上班,下班後就去運動啊、看表演啊、學東西啊。」

「還有呢?」我想讓她繼續描述更多細節。協助當事人描述出願景是我的責任之一。

「我也可以找我的閨密,一起逛街、喝下午茶。她們真的很支持我,很了解我的處境。」

「還有呢?」這樣詳細描述的過程,常會帶來一種類似於實際發生的情緒體驗,也常能發揮預演的效果。

「出國去走走玩玩⋯⋯還可以去找孩子,跟他們聯絡、開開心心聊聊天啊,而不是讓孩子一看到我,就覺得我跟個怨婦一樣。」

我繼續邀請她詳述更多自由之身帶來的樂趣的細節,以及對她的生活可能產生的連鎖效應。她說得越來越認真,越來越眉飛色舞。我希望也相信這正是她渴望的未來。

築夢踏實,對未來的願景還是要回到目前的現實,並從中找到能夠開始努力的第一步。

「那麼,如果現在我們用 1 到 10 的量尺來評分,10 分代表妳終於能享受自由之身的樂趣,會去做妳剛講的那些事情,像是一個人去運動、看表演、學東西,還有跟姊妹淘去逛街喝茶、找小孩開心聊天或出國;1 分則代表距離這個情況非常遙遠,那麼,現在的妳在幾分的位置呢?」

她快速地回答:「現在是 5 分吧。」

「怎麼說是 5 分而不是 0 分呢？」我想具體化她已經取得的進展，這是一份重要的支持力量。

　　「我現在輕鬆了很多，現在什麼事都可以自己決定，再也沒有婆婆、老公、孩子的約束了。」

　　「那妳怎麼能擁有這些分數的？或者說，妳怎麼讓自己能到達 5 分的？這不是一個容易的過程呢！」我希望透過如何能達成這個分數的提問，讓她道出自己隱而未覺的種種優勢。

　　「我就是不斷告訴自己：雖然我還是不甘心啊，但是我自由了。然後，我就……那個……一直做些能讓我感覺有點安慰的事情，像找我閨密，她們都一直輪流陪我；還有出國旅遊啊。我也讀了很多的書，以前都沒有時間，都在忙著照顧家人。」

　　「還有呢？」

　　「我還做了一些之前在婚姻中想做而不能做的事情，像是接受工作的升遷調動，調到這個城市來，看到不一樣的環境，過了不一樣的生活。」

　　「能到達 5 分，真的很不容易。想一想，當分數至少到幾分的時候，妳會不再覺得不甘心？」我記得她多次提過的不甘心，想將她對「不甘心」的這份在意放入這把量尺中。

　　她眉頭一挑：「8 分吧。」毫不猶豫地回應我。

　　「8 分的妳是什麼樣子，或者說，那時的妳，會擁有哪些是現在沒有的呢？」我緊緊扣著她的種種在乎，希望不斷釐清更小目標的詳細內容，好讓她可以有所掌握。

　　「可能……嗯……不再總是感慨過去的那些年吧，覺得過

去的就是過去了。那個，嗯，更覺得說現在的生活其實也不錯，或者說，我更能肯定現在單身的自己。」她眉頭揪得更緊，一邊認真地思考，一邊試圖清晰地表達出自己的想法。

鑒於她高度的自我反思能力，我試著根據她已有的經歷，拋出一個有點難度的問題，希望她能幫自己解套。於是，我先摘要一下前面的談話重點，確認我們彼此的思緒是否同步：「因為妳不甘心自己人生只能這樣，離婚後的這三年，妳一直在努力，妳的生活已經有了相當程度的好轉，比如有了好的工作機會、獲得了升遷，還懂得做一些讓自己感到安慰、開心的事情，像是嘗試新事物、讀書、旅遊。難得的是，妳希望自己的人生還可以有變化，可以更享受、更肯定單身的自由，例如和閨密一起逛街、喝下午茶，還有出國旅遊、和孩子多聯繫並讓他們看到妳的改變。」她微笑地點頭表示同意。

「因為妳的閨密一直陪著妳、很了解妳的變化，她們也衷心希望妳過得更好，所以，如果有一天，妳跟閨密喝茶聊天，妳們不僅聊到妳從 0 分到 5 分的經驗，也討論這些經驗可以如何幫妳從 5 分到 8 分，妳猜，她們可能會提出什麼樣的建議？例如，她們可能會認為如果多做什麼事情或先多做些什麼，會是有幫助的？」

她將身體往後靠，輕輕地晃著頭，想了一會兒說：「應該是，嗯，讓自由之身療癒心中的痛。」

對於她的回答，我似懂非懂。不過，我再次體會到當事人確實能創造出屬於她們自己的解答。我欣喜地邀請她多加解說。

案例 8　自由的機會

「我的姊妹淘之前有提過類似的想法，但我沒有很當一回事。可是啊，我最近讀的一些書，大概的意思就是類似妳們心理學的書裡講的，每件事都是一體兩面的。我很努力地在想，擁有婚姻，婚姻也帶來傷痛與束縛；我失去婚姻，是很不甘心、很失落沒錯，但也擁有了單身的自由。」

　　我欣賞地聽著她「專業的」分析。當事人永遠是她生命的專家，她們的話語中，常閃耀著解決之道的徵兆。

　　「關於擁有與失去婚姻的正反兩面，和剛才說的『讓自由之身療癒心中的痛』這兩者的關係，妳可以多說一些嗎？」我還是希望她能更具體地運用自己的領悟，建構出自己的解決之道。

　　眼珠一轉的她接著說：「就是，如果，當我更能懂得如何過單身的日子，更懂得享受自由的樂趣時，我心中的不甘心和那些感慨，可能，或許……就會少一些。」這樣的回答讓我有些詫異，又有些不詫異。

　　於是，我驚喜地繼續追問，希望能找出已經發生過的「例外」成功經驗：「這三年裡，妳有過類似這樣的情況發生嗎？就是當妳懂得如何過單身生活、更能享受自由的樂趣時，心裡的不甘心與感慨就會少一點？」

　　她低頭檢索著記憶，點頭稱是：「是的，可以這樣說……」她沒有繼續回答我上一個問句，轉而表示：「其實，整體來說，我覺得我自己的狀態越來越好，但是，就是不敢確定自己這樣的努力方向是否正確。因為有時候，我還是會回想過去，想著，如果當時我不是這樣、如果當時他不是那樣，會

不會結果就不一樣。」

　　我有些疑惑，這段話是否表示，我還是需要再與她確認，她其實想要討論離婚對她的負面影響呢？

　　當我想提出這個疑問時，她卻接著說：「其實，我並不後悔離婚，我很高興離開那個差勁的男人。只是沒想到當年自己選的人，後來竟然變成這種爛人。唉，二十年，一個人的變化實在可以很大。我其實也不想再結婚……」她停頓了一下，繼續邊想邊說：「我閨密她們也說我已經做得很好了。我的小孩們也都很祝福，要我好好過好屬於自己的好日子。我想人生還是要往前走吧，就是要快樂一點，對吧？」

　　聽到這些，我覺得她渴望未來多過於回到過去，而且對於自己渴望的未來，她前後的敘說算是一致的。因此，我決定繼續回到原來量尺問句的軌道上，再推動她朝向想要的未來前進：「那麼，回到我們之前提的那個量尺啊。妳已經在5分的位置，而妳希望至少能有8分。妳也知道人生是一步一腳印嘛，那麼，妳覺得需要發生什麼，才能讓妳從5分到6分呢？」

　　「現在看來，我應該讓自己更安心地過單身的生活，更能享受人生啊！」突然，她又嘆了口氣：「沒想到這麼多年後要再回到單身，真難。就像當時進入婚姻一樣，得不斷適應，步步練習。真的不是一件簡單的事情。」她又一次發出了感慨，但是，這次她的語氣中帶著一絲平靜，言語中也包含了行動。

　　「是啊，對於經歷過婚姻、又離開婚姻的女人來說，更是如此。是的，就像妳說的，回到單身生活也需要練習，也需要

案例8　自由的機會　　171

適應的過程。」我摘述著她的智慧話語,想對她了不起的總結給予讚佩。

「老師,我來晤談之前,以為自己的不甘心是放不下過去的人,可是和妳談完後,我感覺我的不甘心,更多是對於我未來的人生⋯⋯」

聽到她這麼說,我驚豔不已地望著她,她則側頭繼續思量著:「我想,我只是需要適應的時間。就是,那個,嗯⋯⋯我只是需要讓自己一步步地練習,習慣這樣的生活狀態,然後,學習真正享受自由之身的樂趣。」她的表現,再次支持了這個觀點:「諮商,只是提供讓當事人反思、讓他們自行找到解決之道的一個空間。」

「那要如何去練習、學習呢?」我想突顯她自己提出的過渡方法。當事人自行提出的行動總是值得優先考慮。

「嗯⋯⋯我得對自己更有耐心,更有信心。」她答非所問地說了另一個應該是非常重要的答案。

我想,這個時候的我,應該彙整與編織她這些可貴領悟的話語,讓如何向未來前進的原則和步驟更加明確些:「嗯嗯,說到這裡,妳知道自己已經辛苦地走到了 5 分,也更清楚自己的不甘心其實是包含了妳希望未來更能享受自由之身的樂趣。妳也知道現階段的自己還需要繼續適應的一段時間、需要一步步的學習與練習,所以,妳要如何對這個階段的自己,更有耐心、更有信心呢?」

她停頓了一下後才說道:「就是,一定好好記住妳剛才講的那句話啊,我現在擁有的是『四十歲的人生智慧,二十歲

的自由機會」啊。」——仍舊出乎我的意料,但這次她眼含淚光,帶著微笑。

回顧與反思

　　焦點解決短期治療認為「語言—談話」是一種治療工具,是「改變模式的要件」(essential of change-model)之一。焦點解決短期治療希望在諮商對話中發展出以正向、希望和未來導向的「焦點解決談話」(solution-focused talk);並且在談話中符合當事人價值觀的參照架構裡,去發現、確認、擴大與轉移當事人知覺,促使當事人的負向思考習慣能慢慢轉換到「以解決之道為焦點」(solution-focused)的思維導向,協助當事人對原有問題產生新的界定,或出現不同於過往的解決方案與有效行為模式。為了達到這個目的,諮商師對當事人敘說內容的介入回應常要具備「選擇性」(selective)和「轉化性」(transformative);例如,諮商師會充分運用當事人的語言,在選擇與突顯每一個字詞時,將它們聯繫到自我療癒與應對困境的方向,並始終圍繞當事人想要達到的目標,以期能帶給當事人持續性的銘印(imprinting)效應。

　　焦點解決短期治療的晤談,會對當事人的語言歷程進行解構,並以精心的語言與對話過程幫助當事人創造新的意義與現實,其中「型塑」(formulation)就是發揮此類效果的重要介入之一。型塑是指諮商師就當事人告知的故事脈絡,篩選與重組當事人的用詞,然後提出不同邏輯的回應,進而讓當事人再

次反思現存各種資訊之間的多元關係,重新建構、一般化、摘要、簡述語意等技巧都是型塑的一種。

舉例來說,案例中這位女士多次提到「不甘心」,原本看似為負向的知覺,但是在諮商師選擇停留並透過深究不同階段的個人定義後,讓當事人更加清晰自己隱而未覺的既有力量與內心追求——包含捍衛自己的尊嚴、十分期待自己能夠擁有更好的未來生活等——這些新的觀點都成了她繼續改變現況的巨大動力。

又比如,案例中諮商師提出「四十歲的人生智慧,二十歲的自由機會」正是一個型塑原則的示範,這句話大大轉化了這位女士的知覺焦點,使其更聚焦在已經擁有的現在以及內心期盼的未來,進而更能放下她所失去的一切。焦點解決短期治療的一個信念是,語言可以塑造(shape)當事人的生活,比方透過對痛苦經驗的重新建構,修改了當事人原有的思考內容與方式,從而帶給當事人不同的看見。

提問,是焦點解決短期治療非常重視的治療工具。當事人在回應各種焦點解決問句時,常會自然接受問句中鑲嵌的建設性預設立場,比如:改變是可能的、目標是由自己決定的、生命是充滿希望的。在問句中,諮商師經常會嵌入當事人描述自身目標與優勢的詞彙,如此常能幫助當事人更容易沿著自己的思緒及諮商師的提問方向進行思考。

再者,諮商師還會邀請當事人敘述很多關於問題不再困擾他的未來生活細節,因為勾畫願景的過程,將能催化當事人對改變產生更多的承諾。例如案例中,諮商師透過「假設問句」

協助當事人勾勒出她所希望的「沒有不甘心」的日子，於是當事人轉而開始啟用正向語言表述出「未來是更懂得享受自由之身的樂趣」等。對未來的細節描繪，讓這位女士進入未來的願景，不僅幫助她能更加確認自己真正想要的願景藍圖，也實際體會了一次預演未來的歷程。

由此可知，協助當事人澄清並描述出希望的偏好未來（preferred future），能促使當事人停留於未來願景中進行體驗，並進一步產生新的經驗與力量。這歷程常讓當事人開始懷抱希望，多些樂觀性的面向未來，進而更為接納當前的現實困境和此時此刻的自己，也更願意繼續探索已經發揮效用的種種資源，同時更懂得持續運用自我協助的可貴策略。

比如案例中，諮商師運用「評量問句」將當事人的願景細節設為 1～10 分，再詢問如何能夠到達目前的分數，這讓當事人看到了自己努力的過程，並正視已經取得的成果。隨後，當這位女士開始思考自己到達不再感到不甘心的 8 分位置時，自己擁有的又是什麼，此時她已從關注「不甘心」，轉變為關注於自己的願景、目標、資源，以及這些焦點在其現實環境中的相對位置，而這樣的轉變又進而促發出後續新決定的出現。

將「關係問句」與「評量問句」結合使用，常能激發當事人對接下來怎麼行動產生靈感，例如案例中當事人透過閨密的視角，更加認同「讓自由之身療癒心中的痛」是下一個前進的方向，之後又依據這個大方向逐步確認具體的後續目標，包括學會適應這個階段、更有耐心與信心地練習與學習如何享受單身生活等。也因此，這位當事人在更覺知到現有的優勢與資源

後,除了願意繼續朝向願景前進,也變得更接納三年前離婚帶來的失落和痛苦,同時更能涵容地面對人生下個階段所需調適的種種艱辛。

生活踐行

◆ 別讓痛苦成為折磨

由於無法接受過去發生的種種,案例中的女士一直陷在「不甘心」的懊惱裡,同時成了一種惡性循環:不斷回憶過去,讓她無法投入當下的生活;又因為無法享受當下的生活,只好更加怨恨過去發生的一切。在這個循環中,拒絕接受過去讓現在的痛苦加倍,因為每次反芻,都是再次邀請過去的記憶進入現在的生活,就像每天用同一桶汙水擦洗地面,地面永遠都有汙漬。人生中的痛苦無法避免,但有時我們可以選擇不讓痛苦成為折磨,因為人生修煉的目的不是消滅痛苦,而是免於不必要的痛苦——特別是自己製造的。

痛苦成為折磨的原因之一,是對痛苦的持續反芻。牙痛時,有人會用舌頭不停舔碰正隱隱作痛的牙齒,然而這只會讓疼痛更加強烈,同時占據了我們越來越多的注意力。暫時無法緩解的牙痛本身屬於現實的痛苦,而不斷舔牙,去刺激、放大和重複體驗痛苦,就是在把痛苦變成折磨。就好比案例中離異的女士不斷反芻自己的「不甘心」,對痛苦的不接納最後變成了持續多年的自我折磨。

沒有人喜歡痛苦,然而若是我們不允許痛苦存在,只會讓

痛苦加倍。對痛苦的排斥，反而給予了痛苦更多的力量；和痛苦打架，也等於被痛苦綁架。很多時候，最令我們筋疲力盡的並非痛苦本身，而是拼命想要排拒或嘗試逃離痛苦的渴望。

痛苦就像自然界的氣候變化，它就是一種「發生」，有的天氣令人喜歡，有的令人厭惡，但我們對天氣做不了什麼；與天氣為敵，只是與「存在」過不去、與自己過不去。換句話說，當我們用頭腦中的「理想現實」來批判「既有現實」，內耗就產生了，比如「他怎麼可以背叛我！」、「我怎麼運氣這麼差！」、「我要是沒有做出那個決定，現在絕對不會這樣！」等，這些與事實為敵的「反事實」，只會讓痛苦演變為自我折磨。接納痛苦的存在，或許無法全然減輕原有痛苦的強度，但至少不會產生更多繼發的痛苦，讓痛苦「升級」為折磨。

過去種種已經發生的事實，不會因為我們的深切期待而改變。有時對痛苦念念不忘，可能是因為其中蘊含著未被滿足的需要，就像嬰兒一直哭未必是因為生病了，而是哪裡的需求沒被滿足，我們要做的不是制止嬰兒哭鬧，而是發現並滿足他的需要。因此從這個角度來說，痛苦也可以理解為內心需要的訊號，例如對案例中的女士而言，「不甘心」不只意味著對過去各種痛苦經歷的懊惱，還反映出她對美好人生的強烈期待。

所以，我們不妨把用來對抗現實的「一廂情願」，轉換成「所欲何求的目標」，也就是接受現實（如痛苦的存在）並思考怎麼做才能更趨近於理想（如痛苦背後的需要）。比如：「就算我運氣不好，接下來怎麼做才不會更糟？」、「他的背叛讓我痛苦萬分，現在我要如何做才是愛自己？」或者「哪怕

我的決定差強人意,但是『當時』的我並無法得知『未來』究竟會怎樣,而更重要的是,『現在』的我要怎麼做才會是更明智的選擇?」

如此一來,那些耗費在痛苦上的能量才能變成推動力,讓我們走出過去,邁向未來。每天詛咒地心引力並不會讓我們學會飛翔,接受了它的存在,人類才設計出能在天際翱翔的各種飛行器。

◆ 創造未來就是走出過去

我們經常勸別人:「你要走出過去的陰影,開始新的生活。」這背後的邏輯是「要想創造新生活,必須先擺脫過去」,然而實際上,一旦把過去當成敵人或對手,我們可能就已經輸了。當我們想要和過去拔河,那條繩子也會把我們和過去綁在一起,這種對峙等於變相地被過去挾持綁架;當注意力只關注在過去事件,頭腦中反覆重播著令人感到無助和痛苦的經歷,只會讓我們越陷越深。如此久而久之,我們便會更加堅信「過去的確影響著我的現在和未來」,也會更執著地認為必須走出過去的陰影才能開始新的生活。

其實,有些努力擺脫原生家庭陰影的人常忽略一個事實,那就是現在的他們已經長大成人,擁有了像案例中那位女士一樣的「自由之身」,因此依然糾結於「如果當初我的父母⋯⋯我今日會有何不同⋯⋯」。這樣的「執念」相當於不斷在一支毫無希望的股票上加碼投資,不僅無法止損,還失去投資其他金融項目的機會。

有時，我們並不需要「走出」陰影，只要「點亮希望」，陰影就會自然減弱或隨之消失。與其盯著不想要的過去，不如聚焦在想要的生活，而致力於創造新生活，就是點亮希望。我們不需要擺脫過去才能開心起來，恰恰相反，開心才能幫助我們走出過去的羈絆，那些微笑的快樂瞬間不能改寫過去，卻能改變現在、啟動未來。

創造不同於過去的生活需要能量和想像力，而正向的情緒體驗不僅可以為我們帶來賦能感，還能激發想像力。快樂、滿足、希望、樂觀等正向情緒常讓思維更開放、更具創造力、更有彈性，也讓我們看到更多可能、更不擔心失敗、更願意嘗試新的行動。

與此相反，極度悲傷的人很難發揮創造力和想像力，負面情緒會使注意力限縮、思維受限，困在內心的掙扎中。悲傷的人常自顧自地低頭走路，什麼也看不見；而快樂的人正好相反，他們更能關注到身邊的美好，也更容易相信美好的事會發生，或者更樂於創造美好。所以才有人幽默地說：「這世上葬禮的樣式永遠沒有婚禮多。」

創造正向情緒體驗有很多種方式，像是對理想生活的視覺化想像、對自身力量和成長的覺察。案例中，在諮商師的引導下，當事人透過細緻具體地想像 8 分時的樣子，讓更好的未來變得觸手可及；以及透過重溫從 1 分到 5 分的成功經驗，再次看見自身的力量和成長，進而強化了她改變的信心。

從關注無法改變的過去，到關注如何創造期待的未來，認知框架的變化催化了積極正向的情緒體驗，積極正向的情緒體

驗又進一步推動了積極正向的行為,而執行這些行為又常會繼而帶來積極正向的成果與感受。換句話說,感覺好,會讓我們做得好,而當我們能做得更好時,就會感覺更好;一如案例中的女士透過複習從 1 分到 5 分的歷程,找到了如何從 5 分到 8 分的力量、方法和希望。

走出過去的方法,未必是與之對抗;放下緊握的過去,才能擁抱現在與未來。我們的生活也是同樣的道理,如果總在翻閱過時的舊設計稿,就無法建造出現在想要的新房子。人類的創造活動常會經歷兩次創作過程:第一次是在想像中勾勒願景,第二次是在現實生活中付諸行動。當我們開始構想新藍圖時,就已經開始「走出」過去,這對未來的夢想來說,是最具力量的人生引擎。

如果說「過去」是妨礙我們前進的阻力,那麼除了減少阻力,我們還有另一個選項——增加動力,因為沒有阻力的人生並不等於令人滿意的人生,就像一輛沒有動力的汽車,就算沒有任何阻力也哪裡都去不了。

練習:創作新的生命願景

雖然我們無法真的乘坐時光機改變過去或漫遊未來,但是透過想像力,可以幫助我們看見生命的各種可能性。在被過去或現實困住時,想像力能幫助我們從既有的思維框架中「越獄」,拋下過時的舊藍圖,自由地

繪製新的生命願景，哪怕只有短暫的瞬間，也能鬆動既有的定見。

想像未來，是創造未來的第一步，越具體的想像，就越可能發現足以開始付諸行動的一小步。你可以挑選下面三個問題中任意一個進行回答，並請盡情發揮你的想像力。

1. 如果你有一根魔法棒，它的魔力可以消除過去所有經歷對你的負面影響，那麼魔法生效後，你覺得自己的內心感受會有什麼不同？你又會因為有這些新的感受而會有什麼不同的行動？當你開始有哪些新行動時，現在不得不做的哪些事情將會被停止？又有哪些事情是你現在無法去做，但到那時候可以開始著手進行的？回答上述問題後，你有發現其實哪些部分是現在就可以邁出一小步的嗎？

2. 如果明天起床時，你突然發現迎接你的正是期待已久的「理想生活」，請問你會注意到生活中出現了哪些變化？當你照鏡子的時候，又會發現自己有了哪些不同？你在與人互動時會有什麼轉變？周圍的人會因為你的轉變帶動他們什麼樣的不同？他們的不同又會帶給你哪些後續的影響？如果允許你從「理想生活」中將某個小小轉變帶回到現在的日子，你會選什麼？回答上述問題後，思考一下你是否可以從現在就開始創造這種小小的轉變，或者能做些什麼讓這種小小轉變

更容易發生？

3. 想像 90 歲的你正坐在搖椅上,此時身為一位健康幸福的長者,你開始回憶自己的一生:你的生活、你的事業、你的朋友家人等等,你會因為想到什麼而面露笑容?又會因為什麼而引以為傲?周圍的人會如何欣賞你和你的一生?90 歲的你又會如何感謝和欣賞你現在的堅持、努力和付出?對於你現在面臨的挑戰和困難,90 歲的你會說些什麼、會給現在的你提供哪些寶貴的建議?

案例 09

精神疾病議題：疾病復發、危機應對、關係構建

有人跟蹤我

　　白髮蒼蒼的他一進晤談室，立刻神祕兮兮地問：「有沒有看到外面一直跟蹤我的那個年輕人？我想，他應該是我孫子。」

　　由於家人已經事先提示了我，我表現出一副煞有其事的樣子：「喔，你孫子跟蹤你？怎麼會這樣啊？到底是怎麼回事？」

　　他急躁卻壓低聲音說：「老師，我講話得小聲一點啊。妳不知道啊，老師，這是一個陰謀啊。這一個月他們都在跟蹤我，想要謀財害命啊，想要我的財產啊。還好我都知道他們的陰謀。但是，我已經沒有辦法了，我知道妳人很好，很有智慧，也很知道人的心裡怎麼想的，所以，我今日才特別來跟妳商量，結果妳看他們就派孫子來跟蹤我。」聽到這些話，我不禁暗自慶幸，珍惜他願意把我當成他可以信任的好人。

　　「所以，你今天來，在這樣的情況下，特別希望我怎麼幫忙你呢？」我故意壓低聲音問他，弄得我也很像在演007的間諜片。

　　「就是⋯⋯我被他們這樣逼啊，我已經開始很害怕了，弄

案例9　有人跟蹤我　183

得我很緊張,我的心臟會痛啊。妳千萬別跟別人講,不然他們很厲害,一定會知道的,他們就盼著我出事呢。我就是想說,找妳出出主意,看看要怎麼辦才好。我心臟痛得難受啊,現在。」因為他貿然停藥,各種精神與身體症狀都再次開始出現。

順著他當前的關注焦點,我問:「如果讓你自己評估一下的話,你現在心臟痛的情況,就你自己的感覺,你認為目前是怎麼樣的一個情況呢?」看到他目前的種種猜疑,我想,先維持好這份得來不易的關係,是重要的優先順位。

「越來越不好啊!我跟妳說,我家人真的想要謀財害命,很有計劃的。真的很可怕,他們簡直是喪盡天良!」很明顯,他關切的部分和我方才提問的方向不同。我只能回頭跟隨他此時此刻的關切。

「那麼,你認為他們的計畫是什麼?你大概知道多少呢?」我一臉關切地問著。

「妳知道他們有多陰險嗎,他們就是不來明的,用暗的。他們跟蹤我啊、讓我隨時看到他們啊,這樣我就會被嚇死、被逼死,這樣他們就能脫罪,妳知道嗎?⋯⋯真是氣死我了。」他又生氣又驚恐地說著。其實我知道家人因為不放心,一直在他身邊看顧著他。

我覺得他的憤怒或許是改變的動力,於是轉而強調他的願望:「我想,你一定不希望他們的計畫得逞!」

「當然,當然。所以我才來找妳商量。」他鄭重其事地回答我。

「你真的很厲害,看穿他們的計畫。你不想他們得逞,但是你的心臟已經開始不舒服了,真的不能再這樣下去了。所以,是不是應該要看醫生啊?」我嘗試著提議,因為「去醫院」對他目前的狀況會很有幫助。

「不行啦,妳知道他們要拖我去看精神科,就是想告訴別人我是神經病啊,讓大家都覺得我腦袋不清楚,這樣他們就可以順理成章拿走我的財產。妳看,他們真是居心叵測!」

「喔,原來如此啊。」我一邊點頭,一邊琢磨著如何才能將他拉回到家人與我的期待上。我們都希望他能再去醫院就醫,但是如果沒處理得巧妙,可能會適得其反。

於是我重複了一次他告訴我的重點,以表示支持:「談到這裡,我想再確定一下。我聽到的是,你知道他們的計畫,而且一定不能讓他們的計畫得逞,可是你現在發現自己的心臟狀況不好,需要看醫生,但是你又怕他們拖你去精神科,是這樣嗎?」

「對,對,對,我就說妳很能厲害、很了解人心!」

我哭笑不得地用微笑表示感謝,然後俏皮地接著說:「這樣看來,我們也得有一個很好的計畫才行。」我得順著他的邏輯,希望能找到可以解套之處。

「對,妳說怎麼辦好呢?」他相當認真地看著我。

「那我得先問你一個很重要的問題,你今天是怎麼來這裡的啊?」我想他今天能來諮商室是一個很難得的突破,我想看看在這個小小的成功經驗中,有沒有一些資源可以用來增加他就醫的可能性。

案例9 有人跟蹤我　　185

「我就是覺得心臟不好啊,但是我沒跟他們說喔,這不能說的喔。然後,因為他們都認識妳啊,我就跟他們說,我想要來看看妳,跟妳聊聊天啊、敘敘舊。他們就幫我預約了。」

「你真會打掩護戰啊。那你是怎麼確定今天出門時,他們不會把你帶去精神科的?」

「因為我認識妳啊,我認識的人,他們就沒有辦法騙我。我老歸老,又不是笨蛋。」他自信滿滿地說著。

我不禁感到一陣驚喜,感覺自己似乎中獎了,這或許是一個可切入的關鍵點:「對啊!如果你去看的醫師是你認識的,不是精神科的,你就會比較安心去看看,是吧?」

「什麼意思?」他急切地問。

「如果你去看一個你早就認識而且本來很信任的醫生,比如啊,你之前跟我提過的那位家醫科張醫生——他不是精神科的喔——那你就不用怕他們能騙得了你。然後,你見到你認識的醫師時,就可以放心跟他提一下心臟的問題啊。」我依照他的邏輯,提出一種可能解決方案。在平常的情況下,我不會這樣做,但現在是一個緊急的狀態,我不得不主動推進看看。

「對耶,好辦法。張醫生是家醫科醫生,我可以跟他們說我是感冒,這樣他們更不容易懷疑。我知道他們一定會跟蹤我,但是只要不讓他們進診療室就可以了。對了,不只張醫生,我和其他幾個醫生也很熟呢。」數著不同醫師名字的他,還真是不糊塗呢。

「你人脈真廣啊。那,需要我幫忙約醫師嗎?」我跟他再次確認。

「不用，不用，我讓他們幫我預約就好了，這樣他們還會以為我好欺負，兵不厭詐嘛。後面，我自己來就可以了。」

「這樣嗎？還是我們一起打電話預約好嗎？我可以在旁邊幫你啊？」我想緊緊抓住已經取得的進展。

「不用，不用。按照我剛說的就可以了。」他堅決地說。

我怕我再堅持下去他會起疑，於是改而跟他約法三章：「你一定要去看醫生，一定要再來跟我說明情況喔，我很想知道『我們的計畫』執行的結果。」

他像極了間諜片裡的特務，比了一個V手勢，向我做出保證，臉上還露出了一絲寬慰的笑容。

之後我將談話的進展告訴他的家人，配合演出的家人等他提出要看哪一個醫師後，立刻幫他進行了預約，再私下拜託醫師給予後續的協助。還好，這次的危機就這樣順利化解了。

再次見到他時，與我私下多次聯絡的女兒也陪他前來。

女兒特別問我，這件事發生之後，生活上有沒有什麼要特別注意的地方？

我像間諜片的導演一樣，俏皮地說：「老人家是一個頭腦清楚的人，即使上次他覺得遇到狀況，邏輯依然很嚴密呢。所以無論什麼時候，和他溝通時，都需要仔細聽他講的話、嘗試理解他的想法，然後和他腦力激盪一下，再從中找到他能接受的辦法。」

我話音剛落，他馬上拿出長者的權威：「我就說這個老師很通情達理，很有智慧吧！記得要聽她的話啊！」

女兒笑著表示：「我知道，我多學學。」

案例9　有人跟蹤我　187

於是，我們開始討論了一下家人之間的溝通與相處方式。當然，我仍然不忘提醒他與女兒商量怎樣能穩定服藥，以及如何繼續維持任何有助於他穩定與康復的活動，比如運動、社交等。

這次的他一如之前又能幽默地回應了：「當然，當然，我會啊，我都知道的。就是之前有做的每一件事都得做，不能忘了做，每件事都很重要。」他有些不好意思，但又用長者威嚴的口氣說：「老師，妳放心啦！我會記得提醒我女兒，要她多提醒我的。」

從他十分合作又主動的態度中，我想他心裡明白這次事件的影響，也會更加珍惜家人的不放棄和種種包容。

離開諮商室時，他回過頭，向我會心一笑，又做了一個V字手勢。

回顧與反思

焦點解決短期治療認為，任何人對所謂的「真理」都沒有獨占權，諮商師不能自行預設或事先設定當事人對真實的主觀詮釋，也不能將「真理」或「客觀性」強加在當事人身上。對焦點解決短期治療而言，諮商師不是權威的旁觀者、專家或指導者，而是「參與者」，是和當事人共同合作建構現實的角色，也是與當事人一起尋找解決之道的合作伙伴。無論處於任何狀態的當事人，即便如案例中的老人家，焦點解決短期治療都秉持同樣的精神：所謂的「病人」只是一時被特定問題困擾

的人，諮商師仍舊要關注當事人這個「人」，而非當事人的「病」，並且，要與當事人這個「人」產生連結，而不是他的問題建立關係。

焦點解決諮商師不僅尊重和傾聽當事人如何描述與覺知個人的難題，也會關注當事人對身旁人事物邏輯推論的參照架構等，會與他的生活經驗如何互動，這樣才能有「脈絡」（context）地理解當事人當前的處境，並且在當事人的知覺及參照架構中推進諮商工作。在本篇案例中，諮商師先依據老人家對周遭危險的知覺，辨識出當下他對成功與安全的判定標準，接著運用他這次前來諮商的動機要素，建構出老人家能理解、認同和接受的行動，進而讓當事人願意去找之前就認識也信任的醫師。

在晤談中，諮商師有時需要將傾聽到的，適時給予歸納摘要，並和當事人確認理解的內容是否正確，這麼做能不斷深化諮商關係中的「共同理解的基礎」（grounding），並促使雙方漸漸成為合作團隊。為了和當事人建立與維護合作的諮商關係，諮商師會讓當事人處於晤談對話的主導位置，並運用「既／又」（both/and）這個「亦此亦彼」的思考原則來同時捕捉當事人關切的多個焦點，而且不會逼迫當事人只能從中選擇一個，一如案例中，諮商師便兼顧了老人家當時「在意自己的身體」和「不想讓對方計畫得逞」的兩個在意點。

當然，為了讓對話能順利開展，當諮商師認為當事人所說的不適合給予鼓勵時，可以多運用自然同理的態度，像是嗯、原來如此、我了解了等語言，無須與當事人爭辯或讓當事人覺

得被評價,從而阻礙了對話的延續。

　　焦點解決短期治療非常重視鞏固與穩定當事人任何微小的轉變,並期望當事人能繼續朝向健康適應的方向前進,比如運動、營養、人際支持、藥物等,都是協助當事人復原和穩定的多元資源,值得同時善用。其中對於藥物,焦點解決短期治療認為這是有助於當事人復原與穩定的重要資源之一,但它未必是優先或唯一的考慮。焦點解決短期治療也特別強調,在當事人復原的過程中,需要將當事人已有的各種優勢與資源,與那些能幫助其適應現實的方向相連結,並讓當事人處於主動的、負責的位置,如此一來,當事人才能在日常生活中持續地自我協助。

　　在康復歷程中,「復發」(relapse)是一種常見的現象。出現復發時,焦點解決諮商師常會與當事人優先探討之前是如何能讓情況變好的,或者深入探討與善用兩次復發之間那些有效回穩的方式或是維持穩定的策略。這麼做可以減少摸索如何處理的時間和精力,也比學習新策略要省力,因此這種「借力使力」的原則特別適合應用在處理危機情境上。

　　當然,除了當事人持續執行能有效幫助自己的策略,家人之間的溝通互動也常是維持穩定、避免復發的重要力量,因此當事人與家屬應多多討論並練習合作,以期能發展出階段性「與問題共處」的穩固人際支持系統。

生活踐行

◆ 一人一世界

日常生活中，看似每個人都生活在同一個世界，事實上沒有誰跟誰感知到的世界是完全相同的，就像仰望同一片天空，每個人眼中的藍色都會有略微色差，或者就算冷氣設定在同一溫度，也會有人感覺冷，有人感覺熱。追根究柢，我們感知到的世界其實是大腦根據各種感知覺輸入訊息重構的模型，哪怕這模型再接近現實，也只是一種個體化的「虛擬實境」。

換句話說，我們對世界的認知離不開感知，然後又因為感知的差異，每個人體驗到的世界也千差萬別。不僅所感所見不同，對於對錯善惡的見解，我們也都有各自的判斷標準，所有人都在用充滿主觀色彩的「眼鏡」打量周圍的一切。由於這種「戴眼鏡」的感覺是如此自然，以至於我們經常意識不到自己的「偏見」，所以這副頭腦中的「眼鏡」可謂是真正的「隱形眼鏡」。

如果說人與人之間的差異是因為「你的世界」不同於「我的世界」，那麼人與人之間的衝突常是出於我們總想證明自己看到的是「唯一真相」，自己的認識才是「唯一真理」——小到生活中的人際衝突，大到種族間的信仰衝突，莫不如此。比方一對夫婦對晚餐的湯究竟是鹹是淡爭論不休，他們可能永遠無法達成一致，因為鹹淡不僅取決於湯的含鹽量，還取決於兩個人的味覺和評價標準，如果雙方都認為自己的感知才是事實，自己的評判才是標準，那麼一定會認為對方是錯的。然

而，夫妻兩人的感知和看法也許都算「正確」，不過這種「正確」只適用於自己經驗到的世界和自身的主觀評價標準，正如「青菜蘿蔔各有所好」。

人與人的不同之處既是生命獨特之所在，也是彼此互通與共鳴的天然屏障，因此無論在多麼親密的關係中，「完全理解彼此」是不可能的。但是，現實中人際關係的困境往往不是無法理解，而是根本就不想去了解，所以即便絕對的理解並不存在，我們依然可以嘗試去了解別人。對他人的了解是一個不斷走入對方主觀經驗世界的過程，但首先我們要獲得進入別人內心世界的許可。

案例中的老人家剛進諮商室時，認為家人的關心是為了謀財害命，如果把他這份「執念」當成純粹的「病理現象」，我們就失去了與他建立關係、走進他當時主觀世界的機會──好比我們去別人家做客，結果一進門就斥責主人：「你瘋了！」，不被馬上掃地出門才怪。承認一個人的主觀世界對於他本人而言的真實性和合理性為何，並不等於認同他所建構的世界就符合所謂客觀的事實。退一步說，誰又敢說自己的主觀世界完全符合所謂的客觀、實際呢？我們都是在「盲人摸象」而已，我們所認知的客觀，依然是經過了主觀的過濾和加工，因此從這個意義上來看，所謂兩人之間的溝通，就是在承認自己無知的基礎上，願意帶著真誠的好奇，嘗試去理解對方究竟「摸到」了什麼。

人際間真正的同理，首先常需要承認對方的想法和感受在他主觀世界中的真實性。無論對方相信什麼，藉由好奇他所

相信的一切，我們才能走進對方的世界。從解決問題的角度來想，比起將我們認為的「客觀事實」灌輸給對方，不如按照對方的世界脈絡順勢而為，可能會更事半功倍。正如太極拳的傳統哲學中有「捨己從人」和「借力使力」的說法，前一個是指跟隨對方的變化而變化，後一個是借對方的力來回應對方。

案例中，諮商師正是順應了當事人的主觀世界，並透過關心他所在意的，找到出乎意料的解決方案。外科醫生做手術時不能只根據標準的人體模型，因為每個人的身體構造都有一定的差異，如果一個人心臟長在右邊，醫生偏要按照大多數人的左側位置施行手術，那無疑將是一場災難。同樣的，不能進入對方的主觀世界就無法在對方的思維脈絡中展開工作，這就等於外科醫生按照自己的預設或標準的解剖圖對所有病人進行手術一樣。

雖然我們無法戴上別人觀察世界的隱形眼鏡，但我們可以請他們分享，他們從鏡片看出去的世界究竟是什麼樣子、他們認為的真相和事實又是什麼？這樣的邀請常是走進對方主觀世界的機會，也是拓展我們個人認知的良機。透過別人的視角來看待世界，我們才會發現所謂的真相並不唯一，「大象」也不只是我們摸到的樣子。

真正的發現之旅並不是找到新景觀，而是擁有新的視角、新的眼光。每個人對世界、對生命原來可以有如此不同的豐富感受和多樣理解，從這個意義上來說，兩個人的交流也可視為是兩個世界的碰撞，這樣的互動不僅有助於修正偏見、拓展認知版圖，也能幫助我們更多元地看待世界與生命，並因此變得

更寬容也更慈悲。比如，那些可恨之人是否就真的十惡不赦？那些我們不認同的觀點和行為背後，是否藏著某些我們尚未了解的動機？

照這樣的邏輯，拒絕試著走入別人世界的人，很可能會成為被困在自己經驗世界的囚徒。如果一直用自己已有的知識和經驗來解釋這個世界，最終就只能看到自己所認定的一切，而此時無論看到什麼，你都能證明自己是對的，因為這不是在了解世界，而是讓世界符合自己投射的影像而已。

練習：走進他人內心的提問

想了解別人如何看待自我、如何看待這世界，最簡單方式就是「提問」，我們提出的問題就像探索對方內在世界的探照燈，照到哪裡就會看到哪裡。每個人的世界都有很多珍寶，他們的信仰、熱情、希望、夢想和優勢等，都在塑造著個人的生活、影響著每日的選擇和行動。對這些不同面向的好奇，不僅可以幫助我們了解對方、建立合作關係，同時也會讓我們跳脫問題思維，產生正向的情緒。

請找一個夥伴，嘗試詢問對方下列幾個問句，並繼續詢問與提問方向有關的細節。這些問句可以幫助我們在了解他人的同時，更快地與他人建立關係。當然，你也可以試著自問自答。

1. 你眼中美好（或理想）的世界是什麼樣子？為什麼會是那個樣子（比如什麼是「美好」？那個世界裡人們如何生活等等）？
2. 你理想中的幸福生活是什麼樣子（比如事業、友誼和家庭等方面）？這些方面對你的幸福生活具有哪些價值？哪些貢獻？
3. 你理想中的自己是什麼樣子？如果成為這樣的人，對你自己和你身邊的人會有怎樣的意義？
4. 到目前為止，你最引以為傲的成就是什麼？它給你帶來什麼影響？
5. 關於你自己，你最期待獲得別人理解、接納或支持的一件事是什麼？這件事為何如此重要？
6. 如果讓你說出自己的 5 個優點，會是哪些？這些優點曾經發揮什麼作用？
7. 如果有一件事你願意為之付出一切，會是什麼事？為什麼呢？

除了透過言語和非言語資訊走進對方的主觀世界，我們還需要不斷確認自己是否正確接收和理解了對方傳達的資訊，下面是幾種確認方式：

1. 我聽到你說 _____
2. 我發現你想要 _____
3. 我感覺你很在乎 _____

4. ＿＿＿＿＿＿對你很重要，是嗎？
5. 我發現一說到＿＿＿＿＿＿，你就露出了微笑，這是為什麼呢？
6. 我很欣賞你的（你說的）＿＿＿＿＿＿＿＿＿＿
7. 在你剛才談到的內容裡，我印象最深的是
   ＿＿＿＿＿＿＿＿＿＿＿＿＿＿＿＿＿＿＿＿＿＿
8. 在你剛才談到的內容裡，對我最有啟發的是
   ＿＿＿＿＿＿＿＿＿＿＿＿＿＿＿＿＿＿＿＿＿＿
9. 我發現你的特別之處是＿＿＿＿＿＿＿＿＿＿
10. 感謝你讓我第一次體會到＿＿＿＿＿＿＿＿＿
11. 謝謝你讓我再次發現＿＿＿＿＿＿＿＿＿＿＿
12. 我很期待再聽你的分享，更多了解你，因為
    ＿＿＿＿＿＿＿＿＿＿＿＿＿＿＿＿＿＿＿＿＿＿

案例 10

親子議題：母子關係、自我決定、自我成長

我要的，媽媽不要

他坐在我對面，低聲說：「其實我爸媽已經分開很多年。兩個人都已經六、七十歲，都是老人家了，他們很早就離婚了。我有一個哥哥，我媽媽現在是我們兩個輪流在照顧；我爸一直都不務正業，一直都沒回家，這幾年他每次沒錢時，就會來找我們兄弟倆。我們給了爸爸錢後，如果被我媽知道，我媽就會氣到發抖，甚至用手捶牆壁，不准我們再拿錢給我爸，所以後來，我哥哥就沒有再給過我爸爸錢了，但是，我還是不忍心，偶爾會接濟他。我哥知道我的做法，他說他不會過問，我自己決定就好。

上個月，我媽突然又看見我爸在我家附近出現，她一直逼問，最後我不得不承認又給了爸爸錢。當然，嗯，那個，她就氣得大發雷霆。」他頓了頓，繼續如前地平靜說著：「其實也沒有什麼嚴重的大事啦。我來只是想知道，我該不該繼續拿錢給我爸。」

「看來你很有孝心，不管是對爸爸或是媽媽，而且因為你對兩位老人家都很看重和在意，所以才讓這個問題變得有些棘手，那麼……」我開始試著肯定他、同理他。

他立刻打斷地糾正我:「我並沒有看重我爸爸。」

我也立刻修正,並徵求他的確認:「所以,你在意的是媽媽?」

他明確地同意:「嗯,對。媽媽年輕的時候就在菜市場工作,把少少的薪水一塊錢一塊錢地存下來,很辛苦地把我們養大,還讓我們兄弟倆都能唸到碩士。現在,我們的工作都不錯,都是可以養活自己、養活她的。」

「那麼,我想知道,你這麼看重與感激媽媽的辛苦,也明白媽媽會極力反對,那是什麼原因讓你還是決定要給爸爸錢呢?」我想,這背後一定有一個「重要的理由」。

「我覺得就是……嗯……盡人子之責吧,畢竟……嗯……他是我爸爸,我也不能讓他流落街頭乞討。」他語氣淡然地說著。

「那麼,媽媽知道你的這些想法嗎?」我問道。

「當然,她一直都知道。」

「既然,媽媽一直都知道,那媽媽又是怎麼想的呢?」人與人之間的想法,常十分複雜與相互糾纏,需要釐清。

「媽媽認為他不負責任在先,而且,她很擔心我們得養爸爸一輩子,或者說,被我爸一直騷擾啊、連累啊什麼的。我媽媽一輩子最大的心願就是希望我們能獨立自主,過著更平安幸福的日子。」接著,他平和地描述自小母親如何耳提面命地提醒他們,父親是一個不可信任的人,包含他的遊手好閒、花天酒地,以及如何招惹外頭的女人事情等等。

這麼多年來,父母之間的問題逼著孩子們選邊站,這個過

程對孩子來說一定很辛苦。但是，我實在好奇他怎麼能身處在父母的衝突、母親的傷痛以及父親不負責任的種種影響中，卻仍能這麼平穩地思考，並能找到自己現在的位置與立場。

當我剛要就此點繼續探問時，驟然想到他今天一開始提到的諮商目標，其實，他早已經做到了啊！

於是我困惑且想確認地問：「在這樣的成長過程中，爸爸的行為、媽媽的生氣擔心，已經讓你哥哥決定不拿錢給爸爸了。你十分在意媽媽和她的反對，卻也在這樣的情況下，仍然認為應該拿錢給爸爸，盡人子之責。但是，你一開始提到，你只是想知道該不該繼續拿錢給爸爸，然而你已經很清楚自己的想法了啊！所以我不太知道你今天來，特別希望諮商能幫上的忙是什麼呢？」

「嗯……就是我剛才說的啊，我一直在想，也想了很多年，我這麼做是盡人子之責，雖然我爸對我們不仁，但我不會對他不義。這幾年，我一直在想這個問題，特別是在我哥哥擔心媽媽的反應，所以不再給爸爸錢之後，我就一直在想。」

「哇，這個問題，你一直想，也想了很多年。」我嘗試支持他的用心與辛苦。

他平和地繼續說：「對，想了很多年。我哥哥和媽媽住在一起的時間比較多，現在，我媽媽輪流到我們兩家住……其實，我有控制給我爸的錢，數目也不算多，我爸也不敢跟我囉唆，他知道我很堅持原則的。」

「所以媽媽在意爸爸不負責任、擔心他會拖累你們，但是，對於給爸爸錢的這個問題，你很清楚自己的立場與原則。

那麼，媽媽知道你對爸爸是有堅持給多少錢的這個原則嗎？」不知媽媽是否知道他這些原則與立場，有時媽媽知道了孩子的想法，多少能減少原有的擔心。

「我都跟她說過好多遍了，唉！尤其是在她生氣捶牆壁的時候，我特別大聲講了很多次，但是沒用！一點都沒用啊！」他終於露出了微微的情緒起伏，但是很快的，他又平靜下來：「說實在的，我跟我爸也沒有什麼感情，要拒絕他、不再給他錢，也不是什麼困難的事。」

他講的故事裡有很多可以討論的議題，但是，我仍然不太確定他最在意的是什麼。我提醒自己不要預設他的難處與目標，於是直接與他澄清：「所以，你最在意的是，擔心媽媽的反應？希望媽媽同意你的做法？希望自己真的做到拒絕爸爸？擔心爸爸流落街頭？還是？……」

他皺著眉頭，一時語塞。我想，似乎我需要讓他更能理解我的提問：「或者，我們換一個方式。你來諮商時，說想要更清楚自己該不該繼續給爸爸錢，但是你已經思考了很多年，所以你發現，這件事讓你心裡最想不透、最猶豫的地方是什麼？」

「嗯……嗯……唉……」他望向遠處，思索了一會兒才說：「我覺得，我這樣做好像『背叛』了我媽媽，這種背叛是情感上的，不是理智上的，因為就像老師妳剛說的，我還是覺得要給我爸錢，理智上我覺得自己的做法與想法沒錯。」他若有所悟地說著。

「你怎麼能這麼快、這麼清楚地就分出自己在情感上與理

智上的反應呀？」我用欣賞的語氣幽默地問道。他微笑聳肩、幽默地回應了我：「老師，別忘了我可是想了很多年的。」是啊，我差點忘了呢。

面對這樣一個有領悟力的當事人，我想可以繼續發問，讓他自己思索需要前進的方向是什麼。「一開始你說來這裡，是希望能弄清楚自己是否要繼續拿錢給爸爸，但是我剛聽到，你認為自己維持定額拿錢給爸爸，是在盡人子之責，自己這麼做是有道理的。我們談了一陣子後，你似乎更清楚察覺到自己這樣做時，在情感上是對媽媽的一種背叛。所以，談到這裡，你覺得我們接下來需要繼續再突破的點是什麼？比如，是要知道如何處理你心裡對媽媽的背叛感，還是你想知道如何安撫媽媽？還是想再回頭討論接濟爸爸的這個決定？」我一邊提問，一邊小心翼翼地不替他做出下一步的決定，因為我想跟隨他的腳步，與清醒、有能力做出決定的他，一起澄清前來諮商的真正目的。

「我媽都已經快七十歲了，她不可能改變的，太難了。」他自言自語地說。

「所以，如果有可能，你希望什麼地方可以改變？」我緩緩地問。

他用力閉上雙眼，雙唇緊閉，彷彿做出一個重大決定：「我突然覺得，講到這裡，我希望……我想，我心裡想要的是，讓自己更能『承受』我媽媽的反應。當她不小心知道我又拿錢給我爸的時候，我『可以承受得了』她的難過、她的生氣。」

他果然很有悟性，但是這個答案還眞出乎我的意料之外，讓我需要再整理一下他故事的脈絡，好能更理解他的思維，也讓自己能夠再回到尊重與好奇的位置：「你跟媽媽感情這麼深厚，你很在意她。所以，我很想知道，是什麼讓你談到這裡時，想到希望改變的是自己更能承受媽媽的難過和生氣？這是一個很不一樣的想法呢。」

他靜默了好一會兒，眼神低垂，一直在思索著。之後，他緩緩回答：「除了我前面講的以外，我還不想讓我媽媽當罪人。妳知道我媽媽是一個多有情有義的人，平日爲人都讓我很佩服，如果她教出來的孩子薄情寡義，我反而覺得對不起她。」聽到這裡，我由衷地欣賞他的反思能力，他眞的很有一套自己的人生哲學。

「如果你媽媽有機會知道她用心撫育長大的孩子，既像她一樣有情有義，還懂得如何劃定界線與堅持到底，甚至，他還用媽媽意想不到的方式表達對媽媽的孝順，你想她的反應會是什麼？」我眞心欽佩地問著，也期待能帶來一些突破的可能性，例如，他的媽媽可能會因爲他這樣獨特的、堅持的孝心而感到安慰？

結果，他拼命地搖著頭，眼含淚花低聲地說：「她不會懂的，她是那種很吃苦耐勞、身體力行的人，但不是那種很能轉換腦筋的老人家，妳知道的，就是很質樸、很簡單的人。」說到這，他苦笑了一下。

聽完他的回答，我立刻放棄了前一個問句中母親會感到安慰的企圖，馬上轉而跟隨著他的思路，整理著：「所以，最挑

戰的是,如果你決定要繼續給爸爸錢,只要媽媽知道了,她一定會十分生氣,甚至可能永遠不會懂得你的用心,所以,你才會想要自己更能承受媽媽生氣以及不懂你用心的反應。」

「對!對!我就是要跟老師更多討論這一點:如何更能承受媽媽的生氣,還有承受她那些因為不懂我的立場,所產生的強烈反應。」他充滿期待地看著我。我想,這真的是他想討論的焦點。

「那麼,我可以先問一下嗎?如果有一天,你真能做到你說的,自己更能承受得了媽媽生氣、不懂你立場的那種強烈反應時,對你會有什麼重要的意義?那時,你會是什麼樣子?」他如此看重的事,當然值得繼續追問「願景」。

「堅持做我想做的事情,哪怕媽媽不希望我如此。這讓我可以……嗯,怎麼說呢……可以讓我從媽媽身邊、從我的心裡,真正獨立,真正長大……」我露出了不解的眼神,他繼續解釋著:「我媽媽一直照顧著我們,我們也一直很配合她的意見,但是我很希望,我自己能堅定地去做自己認為對的事情。」

這真是一份充滿跳躍性的領悟。我將這份領悟連結到他之前提及的重點,接著順勢再次嘗試確認他的想法:「如果你真的從心裡獨立長大了,那剛才你說的,讓你擔心好像在情感上背叛母親的感覺,會有什麼不一樣呢?」

「就會好過一點,就不會有那麼大罪惡感。嗯,對,就是這樣。」

他又想了下,嚴肅地說:「其實,我媽媽一直希望我們能

成為自主獨立的、有擔當的人⋯⋯嗯⋯⋯我覺得這才是真正對得起我媽媽。」他真的是媽媽的「好兒子」。

「雖然你說媽媽不見得能懂你,但如果有一天,她突然明白你的所作所為就是一個自主獨立的、很有擔當的人,是她一直希望你們成為的人,你想,她可能會有什麼不一樣的反應?」我還是想嘗試理解一下母親可能改變的機會能有多大。

「老師,我媽媽不會懂的。不過,她真的很偉大⋯⋯所以不管她是不是能夠懂我,沒關係,我懂她就好。」我點頭,稱許地望著他。當我們能接受父母的真實樣貌時,我們就真正長大了。

「老師,謝謝您問了我這些問題,很有啟發,把我之前閃過的一些想法都疏理了一下。所以,我接下來還想跟老師討論的是:我具體要怎麼做?因為現在想起來,還是有點抽象。」雖然他沒有直接回答我前一個問句,但是已經帶著自己往下一步前進了。

我知道要練習如何承受與面對母親,對他而言是一份相當不容易的功課,因為這其中包含著親子間愛與孝如何兩全的嶄新觀點。

但是,我真心盼望,他的母親有一日能懂得他、能以他為榮,就像他懂得母親那樣,那樣以媽媽為榮!

回顧與反思

　　焦點解決短期治療尊重當事人前來諮商的目標，並以當事人的目標為諮商晤談的主要方向。諮商師會協助當事人從定義什麼是「問題」開始，然後依循當事人所看重的人事物，漸漸引導他轉到目標導向的思維，從而找到明確的目標。對諮商師來說，最大的挑戰是如何保持未知、好奇、開放、信任及欣賞的態度，配合著當事人思考的速度與方向，抽絲剝繭地協助他澄清、確認與形成想要達成的目標。

　　正如本篇案例中，當事人一開始談的主題是，如果繼續給父親生活費就會違背母親意願的兩難問題，隨後諮商師遵循「一定有一個重要的理由」的原則，引導當事人釐清內心掙扎的原因及想要實現的目標。即使諮商師提出「這何以會是個困難」的思考方向，也是在肯定當事人優勢的情況下，來促發其更加明白與確定當前的困境是什麼、希望解決的方向又是什麼。接著，諮商師對照當事人的各種擔憂，逐步協助他辨明內心的猶豫與確定之處，再經多方考慮，由當事人最後決定要堅持他認定的為人子女的原則。

　　在處理人際衝突議題時，使用「關係問句」常能擴大當事人的視野，使當事人能從更多角度思索重要他人的立場與價值觀，並從中對照與思辨對方和自己在目標或行動等方面的差異。案例中，這位兒子極為重視母親，所以諮商師多次使用「關係問句」從母親的視角來擴展其視野，也以此嘗試突破母子關係當前互動的僵局，例如諮商師詢問當事人，若母親了解

他個人對孝順的觀點後,可能會有什麼反應;又例如,諮商師反覆突顯這位兒子在母子關係中深層的善意與堅持的信念,包括理解母親的辛苦付出、希望自己能像母親那樣有情有義才是真正對得起母親等。

這些對話的內容與過程,激發當事人更加理解與肯定自己,他不僅重新定義了什麼是背叛母親,也同時產生了突破當前困境的勇氣與決心,尤其難能可貴的是,這位兒子透過回答「關係問句」,更加確定母親難以改變、也難以理解自己對父親的立場,於是他將後續目標調整為自己可以掌控的內容:成為一個更加獨立自主、有擔當的人,以及需要練習如何承受母親的生氣與不解時的反應。

案例中的對話再次提醒我們,當事人認為的問題,常發生在當事人與他人的互動之中,是在相關的「社會脈絡」(social contexts)裡被當事人覺知與定義的,也就是說,當事人在決定目標與行動時,常需要考慮家庭與社會系統的價值和觀點,因此諮商師不僅要尊重當事人重視的重要他人及其影響力,還要尊重他們之間的情感連結與互動方式。

例如,在建構當事人的諮商目標時,諮商師往往也需要詢問重要他人的期許、當事人對這些期許的看法,以及當事人認為理想中與這些人的互動方式和關係形態是什麼。當然,諮商師需要保持在一個求教於當事人、由當事人決定、不替他做選擇的位置,畢竟當事人所處的社會脈絡有其獨特性,而且任何決定都需要當事人自己面對與承擔。

焦點解決短期治療希望透過建構解決之道的歷程,同時協

助當事人逐漸增強獨自處理問題時的主控權，學習負責任地履行自身責任，並逐漸成熟地發展「我是誰」的身分意識以及「自我決定」（self-determination）的能力。

生活踐行

◆ 不解決問題，也是一種解決之道

作為一個生生不息的生態系統，大自然有巨大的「涵容」能力，它能在一定限度內吸納各種有害物質或緩衝各種力道衝擊；這種涵容能力表現得非常隱蔽，以至於除非出現了嚴重的汙染和災害，否則我們經常會渾然不覺。而作為一個由眾多細胞構成的小型生態系統，我們的身體也在不斷應對外界挑戰及內部失衡的過程中努力維持穩定狀態，當這種涵容變化與維持穩定狀態的能力出問題時，可能的表現方式之一就是出現疾病。其實，所謂的穩定狀態永遠都是「以變應變」的結果，有機體的生命力越強大，這種涵容能力就越強，在對待生活中的各種挑戰時亦是如此。

當生活中的問題來襲時，涵容即是一種「解決之道」：我們也許無法阻止問題的發生或者將其消除，但是透過增強自身的「涵容能力」，可以緩解和減低問題帶來的負面影響，並幫助自己維持穩定。涵容，正是一種「與問題共處」的能力，與問題共處其實才是人生的常態。我們無法做到不受衝擊，但是可以學習如何成為「晃而不倒」的不倒翁；甚至，適度的晃動反而有助於緩和衝擊造成的影響，就像高層建築在風力很大時

會出現擺動是一種「應力應變」，從而降低強風帶來的震盪與影響。

想加強對痛苦、挑戰與問題的涵容能力，第一步是接納已經出現的問題、事件或情緒。涵容，意味著對一切發生保持開放的態度，這份接納會幫助我們更快看清真相、理出頭緒，比如案例中的兒子在晤談過程的變化，一開始他被揮之不去的內疚感折磨，但這份內疚感其實說明他是有情有義之人，換句話說，內疚感本身不是錯誤，內疚感是了解內心在乎什麼的重要線索，這位「不速之客」不應被驅趕，相反的，它是一位值得好奇的「傳書信使」，只有藉由尊重與傾聽的待客之道，我們才會了解對方真正的來意。

對當事人而言，也許在事實層面一切沒有改變，「媽媽依然不能理解自己，自己接濟爸爸後依然會感到內疚」，但在內心層面，當他更能接納自己的情緒反應時，就等於用另一種方式「解決」了問題──減少了問題對自己的影響，並接受需要繼續帶著內疚感去做自己認為值得做的事，而這份意義感也反過來幫助他涵容了內疚感，同樣是一種「解決之道」。

涵容能力能讓我們帶著問題同行時，仍然能繼續創造自己想要的人生，畢竟比起消除問題，實現目標常常更有價值。很多時候，我們急於消除問題是想藉此降低痛苦和焦慮，我們之所以希望掌控他人與環境，常常只是為了安撫自身無法承載與消化的情緒風暴。例如在愛情中，如果不能與自己的孤獨感相處，就會總是想要操控對方以填補內心的空缺；在工作中，若是不能接受自己會犯錯，就會對別人的意見大為光火；在人生

裡，如果不能接受或允許「不確定性」（uncertainty），就會想要控制一切。

因此，如果能和自己的情緒風暴「共處」，就能明白不一定非得要為了「解決情緒」而去「解決問題」或「控制他人」，甚至有些問題可能不再是必須解決的問題，乃至於不是問題了，就像能夠接受孤獨，就可以學會獨處；能接受不完美，就不會那麼在乎別人的看法；能與不確定性同在，就不會總是因憂慮而想控制一切。

涵容能力的另一個表現是「關注焦點的選擇」，也就是把注意力放在真正有價值的事或可以控制的層面上。我們都有過因為環境吵雜而感到心煩意亂、無法專心做事的經驗，但也有過無論環境多麼吵鬧，都能全神貫注在某件事上——比如閱讀小說或談情說愛——而完全忘記身處何處。環境噪音是一個客觀存在，但只要不隨之起舞，我們就不會被其綁架。

注意力是一種有限的資源，所以在同一時刻存在著「排他性」，換句話說，關注本身就是一種選擇，比如關注甲事物時就會忽略乙事物。是以這種忽略不僅能提高對痛苦的接納、對問題的容忍度，還可以幫助我們更聚焦於能真正能帶來改變的行動。當問題還在原處，但你（注意力的焦點）已經不在原處的時候，對你來說，情況已有了轉變，問題也等於得到了某種「解決」。

我們很容易認同在自己身上發生的一切都是「我的」，像是「我的痛苦」或「我的不幸」，一旦痛苦或念頭被冠上「我的」就很容易引發精神內耗，例如「我為什麼這麼焦慮！」、

案例 10　我要的，媽媽不要　209

「我怎麼能有這麼陰暗的想法！」等，會帶來進一步的自我否定：「我怎麼這麼無能！」或「我真是一個壞人！」但是，存在本身是相互連結的系統，沒有哪一種現象是完全獨立發生的，植物需要空氣、水、陽光和土壤等才能生存，人也需要大氣層、地心引力及體內的微生物等才能存活，事物的發生與發展是因緣和合的結果。

所以，我們的生命、歡樂和痛苦，全是整個存在系統中每時每刻的萬象之一，從這點上來說，它們並不完全屬於我們，其背後是無數不可見的規律相互作用的結果。這樣的系統觀提醒我們：情緒的發生有其脈絡可尋，而我們也只是更大脈絡的一部分。如果只是「如實地」體驗發生的一切，無論是心跳加速還是渾身發緊，都把出現的諸多感受當成像重力一樣的事實，就不會製造出更多人為的痛苦。

涵容的目標並不是「一念不生、波瀾不興」，相反的，它可以容納所有真實鮮活的人性，正如大海不會拒絕任何一個波浪一樣。涵容即是以系統觀的角度來看待發生的一切，當能深刻地認識到我們只是系統的一部分，永遠都無法掌控整個系統時，才會有深度的接納發生；甚至，承認自己無法改變重力並接受它的存在，其實不是無能，而是一種「看見限制」的智慧。也因此，過度的自責——認為自己必須承擔超過自身能力限制的責任或自己的行動決定了所有後果——也可能是另一種「自我中心」？

如同坐飛機，如果能從更遼闊的視野來看局部，局部的樣貌也會發生改變；如果我們能超越問題或衝突發生的層面，以

更高的角度甚至更大的時間尺度來看待,便有可能增加對問題的涵容能力,因為局部的失調或混亂,從整體看未必一定是問題或錯誤。好比案例中的當事人,多年來都糾結於「忠於爸爸還是忠於媽媽」,在他看來這是兩個互斥的選項,因此一直在一個二維向度的平面世界糾結著要向左還是向右,然而在諮商過程中當他有機會站在「高處」俯瞰時,便能發現「接濟爸爸,盡人子之責」和「孝順媽媽,成為和她一樣重情義的人」並不矛盾。

同樣的道理,很多衝突只是特定層面上的矛盾而已,當觀察角度能夠離開原來執著的衝突發生的層次時,也許會發現原先認為的所謂衝突並不存在了。同樣的,如果我們有機會從所謂「命運視角」俯瞰自己的全部人生,也許會發現,從長遠看一時一地的困難,可能沒有身處事件中時所認定得那麼嚴重(比如,五年或十年後還會那麼在乎嗎?)。

有時,難捱的漫長黑暗不過是人生地圖上一小段路,而下坡的路徑有可能是上坡的預備。如果能看到更大的命運版圖,我們或許會更能涵容眼前的艱困。對命運保持未知、保持好奇,即是對生命存在的敬畏之心,而這也有助於我們涵容那些自己還無法理解的發生。

練習：培養涵容的能力

涵容代表接納，而接納意謂著不去匆忙地貼上標籤和進行評判。成為自己的觀察者，尊重各種脈絡系統的影響，這有助於我們如實地體驗及認識各種情緒反應，減少不必要的繼發痛苦。下面幾個練習可以幫助我們更客觀地看待自己的念頭或情緒。

請回想一個讓你覺得有壓力的情境，觀察一下自己頭腦中會有哪些念頭，然後嘗試用「一般化」的技巧，把自己的反應當成一種常見的、普遍性的事實予以接納。比如：

- 我感覺一切都失控了，我要瘋了！
  ▶ 這是多數人對這類情境的常見反應。
- 我覺得很痛苦，很絕望！
  ▶ 「這樣」的事情「確實」會讓人們「一時」感到痛苦絕望。
- 我覺得很煎熬，我擔心自己撐不下去！
  ▶ 每個人都會有感受到一時撐不下去的時候。
- 我不知道如何解決這個問題！
  ▶ 這的確是一個棘手的問題，一時之間不容易解決。
- 我緊張極了！
  ▶ 身為一個認真負責的人，這是很自然的反應。

接著請回想遇到失敗或挫折時，腦海中對自己有哪些評判，然後試著照下面的練習改變自我對話的方式：描述情緒和感受而不去評判，並且練習不詮釋，而是直接體會每一種情緒狀態的本來面目，最後從「我是＿＿＿＿」改為「我感到＿＿＿＿＿＿」，讓負面感受並「不等於」你這個人。比如：

- 我是個失敗者。
  - ▶ 對於這件事，我感到很沮喪。
- 我是個膽小鬼。
  - ▶ 對於這個情況，我感到很害怕。
- 我是壞人。
  - ▶ 對於這個結果，我感到很內疚。

只要能從負面情緒或念頭中發現當前自己正面的需要，便說明我們已更好地接納它們的存在，並有助於明確認知到自己的需求與在乎。請練習從「我感到＿＿＿＿＿」到「我想要＿＿＿＿＿」。比如：

- 我感到很內疚。
  - ▶ 我感到很內疚，因為我想讓媽媽滿意。
- 我感到很丟臉。
  - ▶ 我感覺很丟臉，因為我想表現出最好的一面。
- 我感到很絕望。
  - ▶ 我感到很絕望，因為我一直想努力改變現狀。

案例 11

精神疾病議題：疾病復發、危機應對、心理韌性

這次一定也可以

新學年開學沒多久，剛上大學一年級的他就主動預約了諮商。

一見面，看起來精神不濟的他低沉地說：「老師，我今天之所以會來諮商，是因為我覺得自己的憂鬱症又發作了。我上個星期已經去找醫生開藥，但是醫生要我找個諮商師談一談，說這樣雙管齊下比較有幫助。」他說話的速度雖然十分緩慢，但是透露出一份難得的主動。

配合他的語速，我徐徐地說道：「你不僅注意到自己的憂鬱症可能再次發作，還主動去找醫生拿藥，也願意來到這裡，這說明你不僅很能覺察自己的情況，也很希望能幫自己改善目前的狀態。」他緩緩但認真地思索了一下我誠懇的話語，然後，慢慢地點了頭。

「那麼，可以先告訴我，你是注意到自己出現了什麼樣的狀況，才覺得自己需要去找醫生的嗎？」我想，我還是得了解和評估一下他現在的狀況。

「就是，我又開始睡不著覺，嗯，還有心情低潮。這樣的情況已經一陣子了，嗯，快一個多月了。」他一句一頓地說：

「嗯，就是這樣子啊，嗯……嗯……我媽媽很高興我考上這所大學，對我家來說，考上這裡跟中了狀元一樣，這是……是……我爸媽很大的榮耀。」

我一時沒弄懂後面這段話與我先前的提問有什麼關係，所以嘗試理解：「所以，是因為想到爸媽才會去看醫師的嗎？」

他繼續答非所問，絮絮念叨著：「我以前高中要會考時，因為壓力大，有發生過這樣的情況，所以，所以，這次我知道我又發作了……老師……上了這個大學，我發現大家都好厲害，都是什麼全校前幾名進來的，誰都不理誰……各個看上去都很跩、很厲害。那個……我壓力真的很大……我……唉……我希望我爸媽不要知道我的狀況，免得他們又擔心起來……」

原來他高中有發生過類似的情況。但是，聽到他承受的壓力，我想先支持他，讓他放鬆一點：「是的，我們這所大學一年級新生，一開始常常都要面對類似這樣的挑戰的。」

他無奈地一笑。我繼續說：「不過，從另一個角度來說，就我所知，能來唸這所大學的都不會是等閒之輩，我想，你也一樣。」

他又無奈地一笑。我又繼續：「那你覺得自己是怎麼能這麼出色地考上我們學校的啊？」

他遲疑地思索了一下我說的話，然後，又再次慢慢點頭，沒有做出回答。

他的反應讓我想要再次確認：「他想告訴我的」以及「我回應的方向」是否在同一個軌道上？他目前更想跟我談的是否是他的壓力與憂鬱？

由於他還是沒說話,我便接著問:「你覺得來我們大學唸書,和你這些症狀再次發作有關係,是嗎?是因為感覺到壓力大?」我一邊同理他的心理壓力,一邊想了解他談到的各項重點之間是否有關係。

「應該有關的。壓力很大,真的。我很努力。」他點了點頭。

「你感受到壓力,也很努力。我猜,也是因為你很希望自己能在這個人才濟濟的大學裡有一番表現。畢竟考上這間大學很難得,也是你爸媽的榮耀啊。」我嘗試加入不同的觀點,再次鼓勵他。

他又點點頭,這次他接著說:「是啊,好不容易考進來,當然要爭取風風光光地畢業。可是……現在……唉……」我開始聽到他的渴望與願景。

「聽得出來,對於來唸這所大學,你是有目標、有志向的,想風風光光畢業的。」他有些靦腆地笑了,又沒有接話。

於是我繼續說:「所以,要想風風光光地畢業,現在,最重要的事情是要能先穩住自己。」我鼓勵著他,也想回應一下他的嘆息。

「對,我知道!所以我才來的。」這次他堅定地說,回應速度快一些了。

但是,接著他又深鎖眉頭地說:「我也很擔心,很擔心自己……自己憂鬱症怎麼又發作了。我想到我爸媽、我弟弟,我不能讓他們擔心。我想要穩住自己。」他來會談的目的越發明確了。

談到這裡，我想把我對他思緒的理解彙整一下，以便和他確認並支持他：「因爲高中有過類似的經驗，你對自己的狀況有很敏銳的覺察，也有警戒心。還有，你不想讓爸媽、弟弟擔心，而且你也很希望在這大學有好的發展，能風光畢業，這些因素都是讓你發現自己狀況不太對時，能夠主動找醫師拿藥、找諮商師談話的重要動力，因爲你想要能穩住自己。」我試著重新建構與組織他描述情況的語詞，希望他能同意我將他放在一個「已經努力在自我協助」的主控位置上。

　　聽完我說的，他沉思了一會兒。然後他的眉頭略略放鬆了些，也略略地點了個頭。

　　看他沒有想要接話的意思，我只好主動地問：「那麼，現在我要問你一個很重要的問題。你剛才說之前你在高中有類似的經驗，在當時，你覺得哪些人、事、物幫助你回到了穩定的狀態，而且還考上了這所競爭激烈的大學？」

　　他有些困惑地看著我。於是我又多解釋了一下：「因爲，高中的這個經驗可能可以提供一些啓發，讓我們能夠快一點找到能幫助你穩定、適合你的有效方法。」

　　我認真地說著，他認真地想著。

　　終於，他開口了，緩緩地說：「就是去看醫師、吃藥。就是剛剛說的那些了啊，沒有別的了。」他的回答令我有些吃驚。

　　他似乎沒有什麼靈感。不想放棄的我，試著繼續引導：「如果，我問爸爸媽媽呢？他們會說你做了什麼對自己很有幫助的事情？或者是，他們當時做了什麼，幫上了你的忙？」

看得出來他很努力地在回想著:「喔,這個啊。嗯……他們有輪流陪著我散步,因為,醫生說要多運動什麼的。他們有陪我散步。對,散步的話,我好像會放鬆一點。這個方法應該不錯。」

太好了,終於有些推進了。「他們陪你散步,你會放鬆一點。好。這很重要,我們記下來。」我重複著,並且繼續這個和成功例外有關的探索方向:「那弟弟呢,他又會說什麼呢?他可能會記得的是什麼呢?」

「我那時候有跟我弟弟常聊天。我們都隨便聊,當然會聊功課啊、考試啊。他只小我一歲。我弟弟很成熟。」

「那你猜,你弟弟會說聊天對你有什麼幫助?他會看到你和他聊天之後,你有哪裡不一樣?」我想確認這方法的具體幫助在哪裡。

「我會心情好一點啊。而且,他那時還會一直提醒我,每天能唸書多久就多久,盡力就好。這樣的講法,會讓我安心一些。」

「除了爸媽輪流陪你散步能幫助你放鬆之外,還有弟弟陪你聊天,你心情會變好,他還會提醒你盡力就好。這些都是有幫助的。」我再次複述,希望能強化他的記憶。之後,我接著問道:「還有呢?」他慎重地搖了搖頭。

於是我轉向提問,但不放棄這些含有資源的經驗:「那你猜,前面你講的這些方法,對目前你的狀況,可能仍然會有幫助嗎?」對他有效的方法,值得開始先多做,但是仍然需要當事人的同意。

他面露疑惑，又開始遲疑：「我不知道啊，除了看醫師以外，我家離這間大學很遠⋯⋯我的家人沒有辦法像以前那樣幫我了啊。」他眉頭又再次深鎖。

他的回答讓我意識到，我得推進得更慢一些、更細一點。

接下來，除了和他確認他會堅持看醫生、服藥以及醫療相關注意事項外，我開始針對前面可行的方案，一個一個細細地與他討論：「像是散步啊，之前，對你是有幫助的。那麼，你現在有散步或運動嗎？」

他搖頭。

「那你覺得，現在增加散步的時間會對你有幫助嗎？」

「會有的，對，要散步。我想要啊⋯⋯但是，我需要人陪著，才有動力走，不然到了操場我就坐著吹風⋯⋯我爸媽又不在這裡⋯⋯」他誠實地說著，也顯得有些不好意思。

「喔，是啊，爸媽現在沒有辦法在你身邊。那你想一想，有誰現在，是可以陪陪你散散步的？」我依然堅持於行動方案可行性的討論。

「嗯，我想想。嗯⋯⋯」他轉了一下眼珠：「我有一個室友，他晚上都會去跑步。如果，我如果可以跟他一起去⋯⋯他跑步，那我可以和他一起出門，我就散散步這樣子，那個我想，他應該會答應的。但是，不知道他會不會覺得有些麻煩。」這次他思緒加快了很多。他的思考也顯示著他真的很有決心想要幫助自己。

為了希望催化他去爭取到室友的協助，我將他的表述調了一下順序：「雖然不確定室友會不會覺得麻煩，但是，我想先

多了解一下,是什麼讓你覺得他會答應呢?」

「因為我們常一起吃飯啊,一起去上課什麼的。不過,最近我比較沒有跟他一起出門,他有來找我好幾次,還問我怎麼了,可是我不好意思跟他講。我知道他關心我⋯⋯我也希望自己可以跟之前一樣,多和他一起吃飯、上課。」他帶著一份對室友善意的感動,誠心地回答著。

我一邊複述,一邊想強調這份關懷與情誼:「所以,你知道他是關心你的,你很珍惜這份友情。你也希望能和他恢復到像之前一樣,一起吃飯、上課。」他用力地點點頭。

「那麼,關於散步的部分,你現在也猜猜看,如果他知道你有和他一起出門運動的想法,他的反應可能會是什麼?」我希望這個提問能引發出友誼的力量,提升他願意嘗試的信心。

「不知道呢。」他靦腆地一笑:「我也不好意思跟他說這些。」在看似否定的回答背後,我注意到了他的微笑。

我決定先尊重他的不好意思,轉問另一個成功的經驗:「那你可以多說一點,剛開學的時候,你們兩個是怎麼開始一起吃飯、一起出門上課的嗎?」

他馬上說:「就自然而然啊。」

「怎麼個自然而然法呢?」我鍥而不捨地問著,因為在談話中獲取細節是重要法則,尤其對他來說會更有助益。

「有時他會問我說要一起去上課嗎?或者,有時是我說:『吃飯時間到了,吃什麼?』」

他突然笑了起來:「老師,妳提醒我這一點很好耶,就是,如果是『自然而然』的,我心裡也不會那麼不好意思。」

我有些費解什麼是他對「自然而然」的定義，而且他是如何覺得被提醒到的。他有些開心地說：「就是很自然問問地說，你要跑步，我跟你一起去啊。就跟說吃飯一樣。這樣就不是那種特別在拜託別人啊、求人的那種，那種我會覺得很不好意思。」

我終於懂了。當事人真的需要在他認同的價值脈絡中，才容易採取行動。

仍然有些不太確定的我，想進一步確認這個行動的成功率：「那你有多大的信心去『自然而然地』跟室友提議說要一起出門運動呢？」

「可以的，沒問題。這個我會。」他接著說：「等到之後我更穩定一點的時候，我想我會多跟他說說我的實際狀況。但是現在，我有點說不出口。」

為了預防萬一，我還是提出：「那如果在你還沒跟他說明自己的情況時，他一下子沒能同意你跟他一起去跑步的話，你又會怎麼處理呢？」

他愣了一下，猶豫地說：「應該是不會啦，他從來沒有拒絕過我……」他有點緊張了。

我突然有些擔心這會挫敗了他的積極性。可是還沒來得及開口，他已經繼續說：「但是，如果真的是這樣，我就要讓自己做點別的事情。然後，讓自己……隔一天……能夠……那個……再『自然而然』地講一次就好了。」他還真的很堅持用他那種貌似不經意的、自然而然的方式來提出自己的請求。

我考慮了一下，決定表示支持他的信心，於是肯定地向他

點點頭,也特意鄭重地把這些討論用筆記錄下來。

然後,我再銜接回前面的談話主線,接著問:「那跟弟弟聊天呢?可以找誰代替?跟誰聊天也可以有類似的效果?」

「跟弟弟聊天很安心,和別人聊,不太一樣。我弟弟會願意幫我的,我本來是不想再麻煩他,畢竟他也快要準備大學學測了,但是,我真的很想念他。」我注意到他說話越來越沒有間隔停頓。他的能量在逐步回升中。

我再次用他描述過弟弟的語言重組資訊,並強調著與弟弟聊天的益處:「所以,跟弟弟聊天是不一樣的,你會覺得很安心,聊了以後你會心情好些,他也會提醒你盡力讀書就好,這對你是有幫助的。你原本不想麻煩他,但也很想念他。現在的你,好像也很需要他,是嗎?」

他看著我,突然說:「我知道老師的意思。就是,我可以跟他多聯繫,多聊天的。」他停頓了一下,繼續說:「是的,老師,我想我現在確實需要他的幫忙、陪伴。我會叫我弟弟多提醒我,盡力就好,盡力就好。也不要他花太多時間,每日兩句話就好。對,這樣應該可以,不會太耽誤他。」

我很欣喜他能明白我們討論的意圖,並自己組合、自己確認出這些策略的具體細節。他是一個很有學習能力的人。

忽然他主動說:「老師,妳知道嗎?我本來也在擔心怎麼跟爸媽講我的狀況,剛開學的時候,他們還跟我說,有發生任何事情,沒關係,就不要唸了,回家來就好。他們這麼支持我,我不想讓他們失望。老師,妳說,我怎麼跟他們說啊?要不要讓他們知道?不讓他們知道好嗎?」

肯定著他的主動、配合著他的關切,我嘗試整理前面的晤談所得,想把這些資訊嵌入一個「關係問句」中,讓他自己來回答:「如果你的爸媽這次知道你主動找了醫生、諮商師,還會去找室友陪你散步、跟弟弟聯繫,你猜他們會有什麼反應?」

　　「喔,對喔。」他舒了一口氣:「他們應該會放心一點,我可以做這麼多照顧自己的事情。」但是,他的眼眶開始紅了起來。

　　「我不要回家!我爸媽很高興我來唸這間大學的。我不要他們擔心!我也不要我弟弟擔心!」他有些激動地說:「我要唸完大學,來唸這所大學也是我的夢想!」他紅著的眼眶裡,湧動著他因愛而生的自救決心。

　　我點頭支持他,他繼續用力說著:「高中時我都可以度過,而且,有這麼多方法,有這麼多人幫忙我。我想,這次一定也可以的!」

　　他看著我,似乎希望我給他肯定的力量。

　　我微笑地看著他,但還沒來得及開口,他又說了一次:「這次一定也可以!」看來他已經肯定了自己,給了自己一份無可替代的支持力量。

　　他含著淚水的眼睛,似乎因為信心的甦醒,閃耀著夢想的光亮。

回顧與反思

　　焦點解決短期治療秉持優勢導向思維，但這並不表示諮商師對當事人遭遇的困難視而不見，而是更為倚重當事人的優勢、彈性與潛能，相信當事人能從過去經驗中有所學習，並擁有一些克服困難的資源與能力。例如在這篇案例中，諮商師不僅充分讚賞了這位大一學生能夠主動尋求醫療及心理諮商的決定，也十分肯定他來晤談前透過自身努力取得的成果；這些讚美的舉動，都是在試圖釐清他前來諮商的目標的同時，也從中發現他已經擁有的、可能有效的應對方法。

　　焦點解決短期治療認為，當事人能前來晤談就象徵著復原的開始，這也顯示出當事人已經擁有的一種自助能力，而如果當事人能夠賞識自己在諮商前已有自發行動的改善，這些已然發生的「晤談前的改變」（pre-session）能提醒當事人已經具備的應對機制與解決能力。當然，諮商師從晤談一開始便要能精準地感知當事人的語言運用方式，包括當事人正在說什麼以及如何訴說的過程，這都會加快諮商關係的建立。

　　當事人認為的「解決之道」（solutions），常與自身生命中有功能、有滿足感的部分相關聯。要尋找解決之道，不該從缺乏解決素材的問題成因著手，而是要特別著重於探討問題之外的「例外」，像是曾經有過的成功經驗、既存的力量資源或萌發希望感的地方。焦點解決諮商師會積極地尋找「例外」時刻，探究其中曾經有效的處理方法或能減輕問題嚴重性的策略，進而與當事人討論如何再次組織這些方法策略，或者如何

善用這些被遺忘的寶貴經驗,希望藉此能突破現況,或至少減低問題帶來的影響。

深入探究「例外時刻」,能節省當事人摸索有效新行動的時間,或是學習新策略所需要的精力。舉例來說,案例中這位學生在高中會考時能成功度過憂鬱狀態並考上名校,這段經歷中一定包含了諸多有效的應對方法,像是看醫師服藥、父母陪伴散步、與弟弟聊天等,這些資訊都是諮商師透過「關係問句」,請當事人猜想家屬觀點時所獲得的;之後,如何再造與組合這些應對方法,也成為諮商師與當事人後續晤談對話的發展重點。

另外,不少當事人在前來晤談時,常會被問題帶來的負向認知,暫時蒙蔽了對自己有能力勝任及可能成功的自信,沒辦法一下子清晰回想起既有的資源或過往的成功策略,因此在這個案例中,依據當事人的回答速度,諮商師對當事人提及的任何細節都慢步停留,透過言語的不斷重組與邀請,逐步激發這位學生回憶起過去成功經驗並意識化行動過程的細節,這是非常重要的同步精神。當然,倘若當事人並不認同晤談中提到的例外經驗和其中的方法,諮商師也得給予尊重,另起爐灶。

在焦點解決短期治療的晤談裡,諮商師會時時根據當事人的情緒與整體狀態進行提問或回應,也會致力於將對話內容和復原力、支援系統、應對機制、希望感、目標等具療癒性的方向產生連結,同時持續提升當事人的自我賦能感。例如案例中,諮商師嘗試理解當事人的憂鬱狀況以及在大學所承受的壓力時,以「一般化」的、「優勢導向」的方式組織複述出對話

的重點,藉此表達對當事人考上名校並感受到壓力的接納,又同時突顯能考入名校的可貴及其代表的勝任能力;之後,諮商師催化了當事人表述出希望從這所大學風光畢業的心願,並且影響了當事人點滴累積出改變的信心。

當焦點解決諮商師發現當事人願意嘗試執行一個行動時,會與其具體討論如何落實啟動的步驟,並在配合當事人思考的速度與方向下,亦步亦趨地協助他將後續行動予以細節化、情境化,甚至包含想像如何應對可能出現的困難——案例中,諮商師與當事人針對如何邀請室友一同出門運動所進行的沙盤推演,正是一個例子。

此外更可貴的是,案例中的諮商師結合「假設問句」與「關係問句」,企圖提醒當事人:「如果這次你的爸媽知道你主動找了醫生、諮商師,而且還會去找室友陪你散步、會跟你弟弟聯繫,你猜他們會有什麼反應?」這讓當事人清楚地意識到與上次憂鬱發作時相比,自己已經擁有截然不同的應對,同時這項發現也讓當事人將目前對父母的擔心,轉為專注於如何能使自己的狀態更加穩定以便能讀完大學——這個方向,正是當事人及其家人共同期望的目標。

換言之,焦點解決短期治療藉由擴大與轉移當事人的知覺,激發當事人的彈性與創造力,在引導當事人回想過去成功經驗的同時,也能產生多元豐富的想法、行動以及正向情緒,使當事人更能關注在追求自己想要的偏好未來與滿意的生活,繼而能發揮復原力、提升個人幸福感,並進入向上成長的螺旋蛻變。

生活踐行

◆ 足夠小的一小步

對身處憂鬱情緒或人生低潮的人來說，再具建設性的建議也可能是紙上談兵，因為他們最需要的未必是方法或解答，而是能夠行動的能量、動力或意願。在這種情況下如果想啟動改變，至少有兩個可以嘗試的方向：一是提高改變的動力（增加能量），二是降低任務的難度（降低能源消耗）。但對身心俱疲、傷心絕望的人而言，增加改變動力的賦能不太容易，因此第二個方向更具可操作性，也就是透過降低行動難度，提高啟動或完成行動的可能性。比如請抬起手摸摸你的鼻子，是不是很輕易就可以做到？當一件事就像摸鼻子那麼輕鬆時，它被完成的可能性會大大增加。

在降低任務難度方向中有個關鍵原則：如果任務或目標難以完成，那麼就不斷將它切分為更小的目標，讓它們變得觸手可及。正如案例中的當事人，請他向室友提出一起運動的要求可能困難重重，所以需要仔細拆分成更小的步驟，包含如何鼓起勇氣、如何陳述、如何應對室友的反應等；如果一個小目標依然無法達成，那就繼續切分，直到可以完成為止。

這個原則也適用於我們在生活中想實現某種改變或建立某個習慣，比方要立刻讀完一本書很吃力，那麼就每天讀一頁；如果讀一頁也感到吃力，就讀一段；如果讀一段都難以堅持，那就每天讀兩句，甚至僅僅一句話或幾個詞也可以。再比如你想增加運動量，那麼設定目標時可以想像一下自己下班後感到

疲勞時也能完成的運動量,像是「回家前,在樓下散步一首歌的時間」。古語云:勿以善小而不為,對啟動改變來說,這個道理同樣適用。

很多改變都會面臨「啟動困難」,因此關鍵在於如何落實「從無到有」、從 0 分到 1 分的突破。切分目標就是為了降低啟動的難度,如果從 0 分到 1 分有難度,那就變成從 0 分到 0.1 分,甚至 0.01 分。一旦開始行動就等於啟動了一系列連鎖反應,每一個行動都是一個「因」,可能會引發後續意想不到的「果」。假設你一直猶豫是否要去運動鍛煉,那麼即使只是打開衣櫥、換上健身服,就已經是朝向目標的一小步行動了,這也是一種「成就」,或許等你穿上運動衣服後,就更有可能下樓跑兩圈?

又或者你想養成寫日記的習慣,但是又怕無法堅持,那麼一開始可以只寫一句話,甚至只是描述心情或經歷的幾個詞,而等你寫下它們的時候,很可能會有其他聯想,然後一個詞變成了一句話,一句話變成了一段文章。如果連寫幾個詞都覺得負擔太重,那就改成隨手拍一張能代表當天心情的照片或是錄下一段語音。你可能會發現,原來這樣的小小舉動可以幫助你更好地傾聽內心的聲音、讓你找到更多記錄的動力。行動就是改變,量的積累會引發質的變化;哪怕每天只寫一句話,這些點滴累積的話語,隨著時間的延續也可能連綴成一段人生故事。

與此同時,當目標足夠小的時候,我們就更容易體會到「『超額』完成」的滿足感和成就感,像是原本只打算背一個

單字，結果背了兩個，這就是雙倍的成果。最重要的是，本以為是令人消耗能量的行動，卻會為當事人帶來「賦能感」，在完成一個微小的目標時，我們會獲得信心和自我效能感的提升，甚至還會改變對自己的評價，從「我什麼都做不好」轉為「我至少還能做好這件事」。

我們常用「三分鐘熱度」形容有些人做事缺乏毅力、無法堅持，但是從積極的角度來看，哪怕三分鐘的熱度也有三分鐘的收穫，而且怎知三分鐘後又會發生什麼呢？再小的行動都可能是 0 分到 1 分的突破，而對人生很多事情來說，開始啟動，會比完美更重要。

◆ 變化中蘊含著答案

許多憂鬱症或慢性病患者在描述自身狀況時，經常會說「時好時壞」，即便這句話的意思是「情況不總是那麼糟糕」，但很多人仍然對「壞」的時候更加關注，對「好」的時刻則不放在心上，這不僅是因為前者讓人痛苦和煩惱，還因為我們經常認為沒能一直保持「好」是不對的、無價值的。

其實，解決問題的答案也許就藏在這些被忽略的、短暫的「好」中，因為這些「好」的經驗裡蘊含著可貴的應對「壞」的方法，它們就是所謂的「例外」。再者，所謂的「好」也有程度之分，很多人覺得疾病痊癒才稱得上「好」，然而例外時刻，除了指問題沒有發生的時候（比如心情平穩），還有問題沒那麼嚴重的時候（比如心情沒那麼糟糕或持續時間比較短），或是問題沒有那麼令人困擾的時刻（比如心情雖不穩但

沒有嚴重影響到工作）。因此，憂鬱情緒或慢性病症狀若有減輕，同樣也是一種「好」，甚至是一種「好轉」的跡象，一樣蘊藏著值得探究的應對經驗。

我們往往能從這些點點滴滴的例外時刻經驗裡，挖掘出解決與應對目前困境的相關資源，但人們之所以忽略例外時刻的貢獻，是因為常認定所謂的「成功經驗」必須是徹底解決問題或是永遠杜絕，否則算不上真正的成功。這樣一條嚴苛的及格線，讓很多小小的成功突破或正向的細微變化，都被扔進垃圾堆了。

俗話說：「人無千日好，花無百日紅。」雖然這指的是美好不會一直持續，但反過來，所有的問題和困境也不會日復一日、一模一樣地重複，就算問題沒有被徹底解決，情況也常出現起伏波動，因為「變化」才是這個世界不變的規則。所以，當我們能夠承認變化才是宇宙不變的事實時，那麼「例外」就永遠都在發生——若能如此看待，我們就不會輕易地對「例外」視若無睹。

例外經驗即便不能直接提供解決方案，也能鬆動我們對問題的固有認知，讓我們切實地看到問題並非鐵板一塊、一成不變。比方「上午需要非常專注彙報工作的時候，我就沒有想到最近和女友分手的事情了。」、「出門前我接到一通非常緊急的電話，就沒有像平日那樣反覆鎖門了。」這種小小的例外的出現，鬆動著我們認為情況永遠無法改變的信念。又比如，案例中的當事人已經擁有與憂鬱症共處的經驗，但是他未必會關注和好奇自己這些「與疾病／問題共處」的能力，然而一旦他

意識到這些能力已然存在時，會更願意主動運用這些痛苦經驗帶給自己的智慧。

曾有人為了戒除多年的菸癮向一位心理諮商師求助，他說自己嘗試了各種方法都沒有成功，還是菸不離手，他已經對此無能為力。諮商師向他提出了一個問題：「你睡覺的時候手裡也有香菸嗎？」這位當事人先是一愣，然後馬上回答：「當然沒有！」隨後在諮商師的引導下，他發現自己在游泳時、在飛機上和探望住院朋友時都沒有吸菸，這些例外讓當事人明白：「我的問題並不總是存在。」或者「我沒有『任由』問題一直存在。」從這個角度來說，看見例外，就能照見另一種可能性——改變的希望，與此同時亦照見了當事人未被察覺的主觀能動性，也就是成功的經驗。

練習：請例外經驗當幫手

由於改變一直在發生，我們的困境和問題也會有所變化，所以總有機會發現「例外」，這些例外也許就是可行的解決方案，或是可以成為構建解決方案的參考，甚至哪怕只是重複例外經驗中的方法也有諸多好處——首先，由於想起過去曾成功做到過，常會提高我們面對困境的信心；其次，直接複製例外經驗中的策略，遠比重新學習新的方法要容易得多、也省時省力得多。尤其是這些例外中的做法不斷被重複執行時，很可能會產生

「量變帶來質變」的效果。

如果你想改變一個現有的習慣（例如為了緩解壓力而養成的吸菸習慣），不妨先思考一下下面的問題：

1. 什麼時候這種行為沒有發生（比如沒有吸菸）？那時發生了什麼，或者你做了什麼？
2. 什麼時候這種行為沒有那麼嚴重（比如，比平時少吸了幾支）？那時發生了什麼，或者你做了什麼？
3. 雖然情況似乎沒有什麼變化，但是，什麼時候你覺得自己更有信心、更有決心或更有動力去改變這種行為（比如太太懷孕時，很希望自己能夠成功戒菸）？
4. 什麼時候你覺得自己沒有被這個問題干擾或影響（比如，哪時能成功用其他方法調節壓力、哪時沒有因為一感覺到有壓力就立刻去吸菸）？
5. 如果可能，你的生活中發生哪些改變，會有助於你面對這個問題？（比如找到喜歡的運動，這不僅有助於健康與紓壓，而且運動時也無法吸菸）

案例 12

非自願個案：青少年、關係構建、溝通技巧

我也不想來

十六歲的她坐在我對面，我一邊自我介紹，她一邊面無表情地看著我。我表示想多了解她，詢問她關於學校、電影、明星、運動等方面的各種嗜好，她都以「隨便、還好、大概吧」來回答。

她一直朝著晤談室的窗戶向外看。從窗戶微微透進來的柔和陽光，與她臉上的冷漠倔強，形成奇妙的對比。

我只好使用一貫的開場：「今天來到這裡，妳覺得我們談些什麼，可能會對妳有點幫助？」

這下，她倒是抬起頭了，斜睨著我，吊兒郎當地說：「我怎麼知道啊！法院那個負責管我的陳老師要我來，我才來的啊。」

她終於回應了。難道這表示，她比較關心法院要她來的這件事，還是比較重視陳老師？

順著她的反應，我問道：「那法院的陳老師是怎麼跟妳說要來這裡？」

她用譏諷的口吻說：「我能不來嗎，他是法院的人耶！」雖然答非所問，但至少她願意回答。先討論被轉介的心情或過

程,常是讓非自願前來的當事人願意開口的話題。

我平和地回應說:「是啊,按照法院的規定是得來的,即使妳不是很想來。」我一邊表示理解她的無奈,一邊也表示尊重法院的決定。

她換個坐姿,撥了一下額前的瀏海,不說話了。

我只好換個方式繼續問:「那麼,陳老師有說過,法院希望妳來這裡做什麼嗎?」我想運用法院轉介她來的目標,引發她投入晤談的動力,因為她對法院算是「很有反應」。

「他沒跟妳講嗎?」她瞪大眼睛說:「我才不信呢!你們大人喔,都很假惺惺。」她不以為然地說著。

我不自覺地瞇起眼睛,大腦高速旋轉著,認真地思考她的表達。我想,我得做些不一樣的事情,不要成為她眼中的「那種」大人。

我真誠地說:「嗯,陳老師跟我聯絡時是跟我說,他覺得妳很聰明伶俐,很想幫妳,希望透過心理諮商能幫上一些忙。」

她再次換了個姿勢,再撥了一下頭髮,又不作聲。

我只好繼續:「妳覺得,陳老師為什麼會這麼說呢?」我小心翼翼地希望能找到一個中立的位置。

「我又不是他,我怎麼知道,妳去問他啊!」她將頭轉過去。

又踢到鐵板了,我能感到法院陳老師對她的友善,但是對於他的友善,她並不友善。

看來此路不通,只得另闢蹊徑。當事人的任何反應都是值

得正視的一種「回饋」，對於非自願來談的當事人，真的不能過於急切地想取得進展，也不要被她的話語激怒——我深呼吸地提醒自己這些原則。

我需要放慢腳步，再慢一些、更慢一點。我想，我得找到她願意開始的話題才行。

我將她從頭到腳仔細地打量了一遍，我注意到，她的髮型相當特別，有兩、三種髮色，而且兩個耳根處的髮尾不同高低。老實說，依我的審美觀，真的只能用「獨特」來形容，所以我誠實但不過於誇張地說出自己的觀點：「說到這裡，我有注意到，妳的髮型很『特別』呢，是現在最流行的嗎？」

她又撥了一下頭髮：「什麼流行啊？我這種人怎麼會追流行，太遜了！這可是專門為我設計的髮型！妳沒見過，那就對了！」她高昂起來的聲音裡透著得意。

「專門為妳設計的？哇，難怪這麼獨特！」她不悅的眼神稍有緩和，似乎在告訴我，原來我對流行趨勢還有些感知。

好不容易打開了話題，所以關於她的髮型我又多問了幾句，比如這髮型是在哪裡弄的？找了哪一位設計師？設計師是怎麼為她專門設計這樣的髮型？他們做了什麼樣的討論？多少錢？打理起來會不會很麻煩？

沒想到她竟然對這些提問頗有興趣，有問必答。她主動說了一些髮型的設計理念、參考了哪個電視明星最新的造型，以及考慮自己的臉型等等。我發現她很有觀察力和個人想法。由於她的興致很高，說的也真的是我所不知的世界，因此我就像個學生一樣，一直用好奇且帶點驚訝的眼神詢問她髮型設計方

案例12 我也不想來

面的資訊。

我刻意趁機讚美她的見識多廣和敢於嘗試前衛風格，不過聽到我的讚美時，她仍然是一副好像沒聽到的樣子，只是，會忍不住地講得更多。

我們的諮商關係，就這樣在不知不覺中建立了起來。

她的回答，也自然地提供了很多額外的資訊。原來她的頭髮是在一位堂哥工作的美髮店剪的，這位堂哥一直很照顧她，現在是美髮店的助理。從小到大，堂哥不僅取代了她早已離家不見的父親，也緩解了酗酒賭博的母親對她不聞不問所造成的傷害。

「妳這樣靠自己堅強長大，真是很不容易啊！」我真心地佩服她。

「不然呢？」她又換了一個坐姿，撥了一次頭髮，不再接話。

我又試了試：「妳跟妳堂哥感情很好啊。如果有機會問問妳堂哥，他為什麼這樣疼妳，妳想他會說他特別欣賞妳什麼優點？好比說，妳對時尚流行很有敏感度？」

「沒問過，我不知道。」她又撥了一次頭髮。她又「句點」了我。

對於這些諸如此類的問題，她一概略過。她還真的只說了她願意讓我了解的部分。

眼看第一次晤談時間快到了，我只好誠懇地問她：「時間過得很快啊，這一次碰面的時間快到了。妳覺得我們再討論些什麼，會對妳有些幫助呢？或者，妳有什麼話願意跟我說

嗎？」

「我也不知道，不然，妳說說，妳可以幫上我什麼忙？」她還是一副輕佻的態度，但是，至少願意與我有眼神上接觸和談話上的互動，也看得出她已經開始在思量到底來這裡可以得到什麼幫助。

所以，我開始用簡明易懂的語言向她解釋心理諮商的作用，表示有一位受過專業訓練的人，可以陪著她討論她想改變的事情或想突破的困難。

她默不作聲地聽著。不過，至少她還在聽。

最後，在晤談結束時，我避開欲速則不達的危險，帶著對她的尊重回饋道：「我看到妳果然跟陳老師說的一樣聰明伶俐，而且從這次的談話，我還知道妳對時尚髮型設計很有興趣、很有見識，也知道在成長的過程，妳很堅強獨立，尤其堂哥跟妳相處的小故事，讓我知道你們感情很好，這也讓我特別印象深刻。妳也知道法院規定妳得至少來八次諮商，所以，我希望下次見面時，妳能告訴我可以怎麼幫上妳的忙，以及，聊聊什麼主題對妳會有一些幫助。」

她聽完，撥了一下頭髮，迅速站了起來，吊兒郎當地離開了，連一句再見都沒說。我心裡實在沒把握下次她是否還會出現。

我站在窗邊看著她遠去的背影，告訴自己，我必須接受：改變的決定掌握在當事人手中，諮商即使能幫上忙，也得等待他們回心轉意。

之後，法院的陳老師和我電話聯繫下次晤談的安排，表示

她應該會再來找我,因為她告訴陳老師說:「那個老師沒那麼無聊,還算可以。」陳老師表示,對她這樣的孩子來說,這已經是很大的突破了。

我告訴自己要有信心,也給自己打氣:諮商最後的成效與當事人剛來時的態度沒有什麼相關性,開始的狀態未必能預示結果。

等到第二次見面時,她竟然還是老樣子,甚至有時還低頭不語,彷彿我們上次的談話跟互動從未發生過一樣。

我只好以第二次晤談的慣用開場問了幾次:「這個星期過得如何?有什麼好事發生嗎?」她有一搭沒一搭地表示:「就那樣啊,還能怎樣?」

我有些氣餒。我暗暗地深呼吸讓自己平靜下來,提醒自己仔細觀察她這次前來有些什麼微小的差異與改變——我立刻發現她發呆的次數減少了,挑釁的態度也沒那麼明顯了,這些應該是有意義的訊號。這也讓我更能平靜地回到諮商師的角色上,我語氣平和地問:「回去後,有想過可以怎麼運用我們的見面、我們的談話來幫忙妳嗎?」

「我沒有想到什麼,就是陳老師說法院規定我必須再來,所以我才來的啊。法院很囉唆,煩死了,說我必須在三年內做一堆事,還有很多事不能做,不然就得抓起來關什麼的。有夠討厭!」她對這些判決表示生氣,不過,憤怒反而讓她不吐不快。

「那我猜,妳一定很希望自己能平安度過這三年。」我需要小心尊重法院的判決,同時維護與她的諮商關係。我選擇努

力捕捉她在乎或同意的地方，這樣或許可以讓晤談工作得以開始。

「要是妳，妳會不想嗎？真是廢話！弄不好，我可能就得去監獄坐牢啊！」她看似逆反的語氣，卻讓我更注意到她真的很希望不要進監獄。即便如此，我一直提醒自己要平穩，不要被她激怒，要努力尋找她嘗試與我合作的線索。

「所以，妳不想去監獄，想要平安度過這三年。」我用力地重複著她的目標，表示著我對她的理解，也提醒著她心之所欲。

與之前不同的是，她看了我一下，然後撇了下嘴巴，竟然說：「嗯，對啊！」

這種姿態的變化，讓我敢於接著問：「那法院說過要妳做的一堆事情，到底是哪些啊？」

「什麼得每個月報到啊，煩死了，還有不能再有犯罪行為啊、得上學啊，就是那些老一套啦。」

「妳記得很清楚，果然很聰明耶。」我伺機幽默地讚美，她嘟了嘟嘴，然後，莫可奈何地再次撇了撇嘴，露出一絲苦笑。諮商室的氣氛終於輕鬆了一些。

「如果妳願意，我可以跟妳討論如何平安度過這三年，一起做些計畫，也就是多一個人和妳一起想辦法。」我希望再次澄清諮商師的角色，也希望有助於建立彼此的信任。

她搖晃了一下頭說：「這樣也不是不行，反正我都得來見妳。反正不管怎樣都很無聊，那就隨便妳吧。」她的態度看似不屑，但是這樣的回應，等於給了我一張難得的入場券。

案例 12 我也不想來　239

於是，呼應著法院的規定，我問她「已經做到」的事情：「那妳現在是怎麼做到每天都能去上學的？」

　　「我去學校也是裝死啊。」她翻了個白眼，又不想繼續說的樣子。

　　唉呀，我太急了，我一下子又忘了現在她最在乎的是法院的判決及不要去監獄的可能，我卻跳到了上學的主題。於是，我再改問，希望繼續反映出她的優勢並連結她所在乎的、與法院有關的主題：「那我可以再問妳一下嗎，這段日子妳是怎麼讓自己可以按時找法院的陳老師報到、在該報到的時候就出現的呢？」

　　「我能不去嗎？我根本沒選擇啊！監獄很可怕的，沒自由呢。」她的聲音再次高昂了起來。

　　「是啊，一旦進去監獄後會有很多限制。」我接著她的話，順勢強化著。真慶幸她對法院還有敬畏之心。

　　不料，她竟然俏皮地接話：「那句話怎麼講來著，對了，識時務者為俊傑？」

　　我不禁微笑，大大地點頭：「我覺得妳真的很懂得事情的利害關係。」

　　她有些無奈地昂起下巴說：「有人會那麼笨嗎？」終於，她不再攻擊我了。

　　我突然想到上次談話中有提到她與堂哥的深厚情感，我想再試試看可否有所突破：「那妳堂哥知道妳的情況嗎？」

　　「當然。」她的眼神露出一絲難得的溫暖。

　　「他有給妳什麼建議嗎？」真希望現實中真實存在的支持

力量，仍繼續幫她平安度過這段日子。

她換個角度再揚起頭，邊想邊回答：「我堂哥也說要我收斂一點啦。那句『識時務者爲俊傑』就是他教我的，他教我要收斂。」

「看來妳也很同意他的話喔，還記得這麼清楚。」

「當然，他一定不會害我的。」她堅定地說。

太好了，我要把握機會推進：「是啊，他這樣提醒妳一定有道理的。所以，他說要『收斂』，是什麼意思啊？」

「這個……我哪知道啊。」她臉上沒有敵意。看來這位堂哥對她真的是很重要的人物，是一個寶貴的資源。

「妳想想看嘛，妳堂哥搞不好有說過一點，不然的話，妳猜猜看也可以，妳這麼聰明！」

「喔，這很難想耶……那個啊，就是，不能再做上次被捉的那件事啊……少去之前常去的地方啊……還有啊……」看著她願意回答的費神樣子，還真是很有趣可愛。

一切才剛剛開始，我要緊緊握住她贈與我的這張珍貴的入場券。

她的生命還有很多可能性。希望她願意讓我陪她一起探索成長，走過這次的關卡，繼續平順地邁向她的人生之路。

回顧與反思

在晤談一開始，當事人與諮商師的諮商關係型態，可大略分為積極主動面對問題的「消費」（customer）型態、停留於持

續訴苦的「抱怨」(complainer)型態，以及自覺無需改變的「來訪」(visitor)型態；需要注意的是，這是對當事人一開始前來諮商時他們與諮商師之間關係的界定，而不是對當事人本人進行的分類。諮商最後的成效與當事人初來乍到的態度並不一定有所關聯，諮商關係開始的型態也無法預示後續的發展與諮商的效果。所以，焦點解決短期治療提醒諮商師，要將抱怨型與來訪型的諮商關係型態都視為「潛在消費型」的關係；若諮商師能協助當事人確認出目前他所在意的目標、想發生的轉變，以及內部與外部有哪些優勢資源，諮商關係型態就能逐步轉變為消費型。

處於來訪型關係型態，或與非自願前來的當事人一起工作時，諮商師常會面對幾項重大挑戰：如何讓當事人願意敞開自己、諮商師如何進入當事人的主觀世界，以及雙方如何建立信任的諮商關係。對於這些挑戰，焦點解決短期治療提醒諮商師，在晤談一開始要去認識當事人這個「人」，而不是與他的「問題」建立關係。為了達成此一目的，諮商師可以多多了解當事人的嗜好、特長，伺機給予支持和讚美，而不要急於探討問題、進入轉介議題，或者出現暗示當事人應該立即有所改變的言行。

往往在當事人覺得安全、放鬆時，會比較容易開啟對話。案例中的第一次晤談，諮商師注意到女孩經常撥頭髮和其獨特的髮型，便以幽默、請教的方式鼓勵女孩多分享關於髮型的知識；在打開當事人的話匣子後，諮商師才了解到她的一些家庭背景，包含是她重要支持者的堂哥。在此看似閒聊的過程中，

諮商關係型態也在慢慢變化，雙方的信任關係也在逐漸建立。

對於非自願前來、被強制諮商或者與諮商師處於來訪型關係型態的當事人，諮商師除了特別需要尊重當事人當下的狀態之外，也需要敏銳觀察當事人顯露出願意合作的細微訊號，或者給予願意建立合作關係的微小線索。例如，當事人即便不願意前來但還是出現在諮商室，這常說明他希望事態不要變得更嚴重——案例中的女孩不希望被關進監獄的願望，便是一個例子。再者，當事人回應諮商師的態度及語言內容的細小變化，常可作為諮商師判斷晤談裡哪裡可多停留、哪裡需要擱置放棄的訊號，比如案例中諮商師辨識出關於髮型、如何不進監獄及堂哥等主題，都是女孩當下願意談論的話題，但對於上學的議題則抱持相反的態度。

值得一提的是，當事人被轉介這件事，常可當成諮商師開啟對話的媒介，不少當事人會像案例中的女孩一樣，對被轉介的過程憤憤不平，或急於傾訴他眼中的種種不公，也因此，諮商師就有了了解當事人主觀知覺並表現同理的機會。很多時候，當事人會希望不要再繼續來諮商，那麼諮商師就可與他討論：至少需要發生什麼樣的轉變，才可能達成這個「不用再來」的目標，這通常能間接帶動當事人參與諮商對話的意願。我們永遠要記得，當事人對諮商的投入程度以及對諮商的期望，才是諮商能夠起效的關鍵所在。

焦點解決短期治療認為，「沒有抗拒的當事人，只有抗拒的諮商師」。正如案例中諮商師不斷自我提示：當事人的任何反應都只是對諮商、對諮商師的一種「回饋」而已。當晤談歷

程中出現「此路不通」的訊號時，諮商師不要責怪當事人、不要被激怒，也不要因此放棄當事人；相反的，要提醒自己秉持著焦點解決短期治療的精神，也就是──當事人的抗拒，正是在告訴諮商師不夠貼近當事人目前的狀態或需求，諮商師需要開始嘗試不同的、引發合作的行動，才能開發出其他的可能性。

焦點解決短期治療堅持的信念是：諮商晤談需要由當事人來告知諮商師他願意被協助的方向與方式。一旦當事人感覺到是由自己在決定晤談的方向與進度，將會更願意投入治療之中。

無論當事人前來諮商的狀況是什麼，焦點解決短期治療晤談重要的原則之一是：「細而慢，慢而細」（go slowly）。

生活踐行

◆ 抗拒的背後是期望

不僅諮商室裡非自願前來的當事人會讓諮商師感到「無計可施」，日常的人際互動中，周圍人的「不配合」也會讓我們不知所措，比如父母與青春期的孩子溝通時遇到的叛逆，或是職場上主管與新世代年輕人難以繼續的對話。

生活中常見的一種情況是，人們習慣在關係議題上給對方「定罪」，比方抗拒的一方很容易就成為被怪罪的人，於是所謂的溝通便開啟了指責模式：「你這個孩子怎麼這麼不聽話！」、「你怎麼這麼不配合！」倘若對方越抗拒，我們就越

發認定對方文過飾非、諱疾忌醫，從而更加激烈地指責對方：「你果然心胸狹窄，別人都不能多講一句！」、「你看，我說中要害了吧，要不然你怎麼會這麼激動呢？」或者自己不自覺地進入評判者的位置：「我是正確的，是你拒不認錯。」、「我是為他好，是他不懂好歹。」這種基於「自我中心式」的邏輯，只要在溝通中遇到別人「不順我意」的言行，就會認為這是一種「抗拒」。

有個著名的笑話：有天深夜，一名警察看到一個醉漢在路燈下找東西，他問醉漢到底丟了什麼，醉漢說自己丟了鑰匙，於是兩人一起在路燈下找了起來。但是找了半天他們一無所獲，警察便問醉漢確定是在這裡弄丟鑰匙的嗎，醉漢回答說：「不是，我的鑰匙是在公園裡不見的。」警察驚訝地問他為什麼要在這裡找，醉漢說：「因為這裡有路燈啊！」

有時候，我們也像這位醉漢一樣，在錯誤的地方尋找解決問題的鑰匙，比如我們執著於在溝通中「消除」所謂的「抗拒行為」，只因為它們更顯眼，帶給我們更多的刺痛，但是，它們往往只是某種表象。我們常忽略人的一言一行都是內心活動的外化，那些看不見的、在暗處的心理活動左右著看得見的行為；對方的不合作未必是個問題，不合作只是對方「因應」方式中的一種「選擇」。

假使我們不再指稱對方不配合的言行是所謂的「抗拒」，而是把它們當作「特別的溝通姿態或表達方式」，也許就能從批判、排斥的位置轉為好奇、開放的立場：他為什麼會有這麼「特別」或「強烈」的反應呢？他想表達的是什麼？想讓我知

道的是什麼?

也因此,我們不妨換位思考一下,在與他人的溝通中,我們何時、又為什麼會表現出「抗拒」呢?三種最常見的情形是:

- 你想讓我認同你說的,但是我不這麼認為。(觀點衝突)
- 你總想要我配合你的需要,我不願意。(需求或權力衝突)
- 你語氣不尊重人,我不舒服。(溝通方式衝突)

仔細想想,在這三種情形中,表面上是在抗拒對方,但同時我們也在用另一種方式表達期望:

- 請你認真了解一下我的想法。
- 請關心或尊重一下我的需要。
- 請你換種我能接受的語氣。

因此,與其把「抗拒」視為針對我們的反抗與進攻,不如將它當成是對方釋放的強烈信號,提示著我們不要忙於說服、控制或改變對方,而是真心誠意地先去了解對方。其實,真正值得好奇的問題是:

- 對方會願意在什麼樣的情境中與什麼樣的人合作?
- 對方究竟想要什麼?
- 對方希望被什麼樣的態度對待?

能夠打開「心門」的特定鑰匙，都被每位主人小心地看管著，要拿到鑰匙就要打動這些守門人，可是我們往往總想用手上已有的鑰匙去開門，還抱怨別人的門鎖大有問題。

從「拒絕」到「合作」，很多時候需要轉變的不是對方，而是我們自己。捫心自問：我們是否真心想要與對方合作、了解他的需要與目標，還是只是想將我們認為的「對」與「好」強加到對方身上？「自主」是人們的基本需要，當別人把他們的意願強加於我們身上，我們也會心生抗拒，而且就像作用力與反作用力的關係，對方用力越大，我們的反抗也就越激烈。

如果總想改變對方的想法和行為，總想成為關係互動中所謂的贏家，就等於在製造更大的「抗拒」。退一步說，即便我們成功壓制了對方的「抗拒」，也無法帶來真正持久的合作與轉變。這就像可以勉強一個人和我們一起生活，但是無法強迫他愛上我們；可以強制孩子坐在椅子上寫功課，但是無法保證他會專心投入；可以勉強客戶消費一次，但是無法確保他們下次還會再來。迫於外力的順從，常會加重內心的抵觸與拒絕。

從「我想要什麼？」到「對方想要什麼？」，從「目中無人」到「目中有人」，打開合作之門的特殊鑰匙就是：尊重、好奇、開放和接納。對所有人而言，滿足自己，是最強烈的行為動機之一，而抗拒，往往是「求而不得」的表現。

練習：激發對方的溝通意願

想要化解溝通中的「抗拒」，就要了解對方真正的需要與目標，即便想說服別人，最好的方式也是傾聽。耐心了解對方的需要與目標，不僅是「尊重與好奇」的表現，同時也在釋放「願意合作」的態度。人們常是先「被傾聽」之後，才會開始聆聽對方；如果想在一段困難的對話中打開對方的話匣子，不妨試試抱著學習者的態度去請教對方。下面的問句有助於我們在溝通中實現上述目的：

1. 你堅持這個立場（或有這種反應及態度）一定有一個重要的理由，能跟我說說嗎？
2. 我想多了解你「現在」最關心／最想聊／最需要的是什麼？這件事何以對你這樣重要？我還想知道更多，你願意再多說一些嗎？
3. 關於你自己的情況，你最希望我知道或了解的部分是什麼？
4. 對於這件事，你的看法是什麼？能否舉個例子，好讓我更明白你的想法？
5. 對於剛才你說到的事情，你期待得到什麼樣的回應？有哪些細節是你特別在意，卻是我沒有注意到的地方？這為什麼對你這麼重要？
6. 有哪些事情或問題是我沒有提到，卻是你很想談的？

7. 如果發生什麼，你會願意分享更多？或者，我如何做，你會更願意讓我知道更多？
8. 如果有機會，你希望現面臨的情況有哪些改變？你理想中的情況又是怎樣的呢？
9. 你覺得什麼可以幫你處理目前的困境或達成理想的目標？你希望我可以幫上什麼忙？我們一起做些什麼，會讓你覺得是有用、有意義或有價值的？

案例 13

死亡議題：父女關係、危機應對、知覺轉化

面對無常的遺憾

「我爸爸是這麼好的一個人，平常也很注重養生，怎麼會一生病就是癌症，而且……」她忍不住哭了起來：「醫生說只剩兩、三個月呢？我真的不知道要怎麼面對這件事情……」她的聲音中難掩驚恐的困惑。

我一邊聽她講，一邊思忖著，面對這樣的事情，無論是誰都很難有所謂的好辦法。接受生命的無奈與限制，對每個人來說，都是一個巨大的挑戰。

目前我能做的，也只是先接納她的感受：「面對妳爸爸身體狀態這樣突然的消息，讓妳又震驚又難過。」我同理地說。

她點了點頭：「我爸爸跟我們感情很好。媽媽很早就去世了，爸爸一直沒有再娶，多年來帶著我和弟弟，我們三個人一直相依為命。好不容易他現在可以享享清福，換我們來孝順他了，誰知道……」

「所以你們和爸爸的感情很深，妳也很珍惜他對你們辛苦的付出。」我繼續同理著，也強調著她們情感中美好的部分。

「對啊！我和弟弟知道這消息的時候都嚇一大跳，我們都好難過。」她一直擦拭著不停落下的淚水，繼續說著：「我爸

是一個很認真負責的人，我真捨不得他受苦難過。這世界怎麼這麼不公平！好人怎麼總是沒好報！」她的語氣中帶著憤怒。

「是啊，這世界發生的一些事，有時，還真的沒有什麼道理可言。」我試著承接她複雜的情緒，也順帶呼應著人生的無常。

她無奈地點點頭，接著說：「但是，我爸爸自己知道的時候，他反倒很平靜。」

「很平靜？」我也有點訝異。

「對啊，他說，這就是什麼人生無常啊，我媽也是意外過世的。他要我們別想太多……他說……他說，他看到我們能過上好日子，他已經很知足了……我聽了更難過，更捨不得……」她已經泣不成聲。

我想，此時此刻陪伴著她是最重要的事情，而且，似乎，我也只能陪伴。我默默希望這份陪伴能讓她充分體驗到與哀傷同在，也讓她更能「接受事實」。當然，我也知道，「接受事實」這件事，是無法揠苗助長和勉強勸說的，只能等待著她，尊重著她的節奏。

她的情緒逐漸平穩下來，看著我說：「我覺得要面對這件事情，真的很難啊。」她的表達有些微的不同了，從哭著說「不知道如何面對」，轉變為平述地說「很難面對」。

我考慮著，如何在支持她的同時，又讓她能開始思索如何面對這個挑戰，讓這個「很難」，有機會再變得「容易一點點」。於是，我問道：「你們和爸爸感情這麼好，而且妳爸爸也要你們別想太多，妳想，爸爸會希望妳怎麼面對這件事情

案例 13 面對無常的遺憾　251

呢?」希望父女之間這份深厚的情感,能給予她一些力量、一些靈感。

她馬上回答:「我當然知道他不忍心讓我們難過。一直以來,我和弟弟的平安、快樂,就是爸爸最在乎的事情。」真的是難能可貴的父親、令人感動的親子情。

「你們一起經歷過這麼多事情,你們和爸爸的感情這麼深,面對這樣意外,真的讓人一時難以接受。但是,最讓我印象深刻的是,你們都很捨不得讓對方難過傷心。」我嘗試突顯著雙方共同的最在意之處。

她點點頭,閉上了眼睛,淚水又再次如斷了線的珠子,簌簌落下。

當眼淚慢慢止住時,她繼續哽咽地說:「我希望我爸爸可以長命百歲,至少也應該八、九十啊,不應該這麼年輕就走啊。我知道……我知道,他說的人生無常的那些道理,就是命運什麼的……很多事情是我們無法控制的……我不是不知道的啊……」她哭聲中的語氣裡依稀聽得出無奈與憤怒。的確,很多時候,知道並不等於接受;但是,知道,至少是一個開始。

「現在我聽到妳說這段話的時候,我突然感覺到,就是因為妳知道這件事並不是妳能控制的,但是妳又必須接受,才會這麼難受。」雖然我再次重申人生無常的事實,但也試著反映出她獨特的痛苦。

這時,她張開睫毛帶淚的眼睛,定睛看著我,似乎在思考著什麼,然後,將視線拋遠,陷入了自己的思緒。

等再次開口說話時,她拭乾臉頰的淚水:「是的,我想要

改變,卻又無法改變什麼。要接受這種事實,真的很難受。」她收下了剛才我提出的重新建構觀點。

她繼續聲音低緩地說:「我想,爸爸的一生這麼辛苦⋯⋯還可以相處的時間剩下這麼少、少得可憐,很多事都來不及做,很多計畫都無法完成。我心裡會有很多遺憾⋯⋯很多遺憾啊⋯⋯」她深深地長嘆一口氣。

看到她從震驚、憤怒到難過不捨,再轉為遺憾,她的情緒隨著思維的轉變而變化著,現在似乎已平靜地接受現狀了。

此時,和她一起來想如何「與問題共處」,或許是一個可行的方向。

我試著說:「雖然不知道爸爸何時會離開,可能像醫生說的兩、三個月,也可能這時間還會有變化,但是不管還有多長時間,如果,妳和爸爸之間發生什麼事,或者妳多做一點什麼,妳的遺憾可能會少一點,即使,少一點點也好?」我衷心祝福她能多多把握現在能做的一切,畢竟,人生的無常真的不在她的控制之內。

「我不知道,我這兩週都被這個消息搞得暈頭轉向的,但是我會回去想想。這真的是一個很重要的問題。」她若有所思中帶著一份篤定:「我會好好想想的,這也是目前我能做的。」淚水再次湧現。接受我們的能與不能,永遠是一份功課。

第二次見到她時,她主動開場:「老師,妳上次最後問的那個問題,我回去想了很久,我也跟我弟弟講了。我們已經開始在做一些事情了。」

我驚喜地請她再多說一些。

案例 13 面對無常的遺憾　　253

「就是老師妳問我，如果我多做一點什麼，遺憾可能會少一點？回去的路上我一直在想這個問題，到我家門口時，我突然意識到，老師的話裡有一個關鍵的地方呢。老師妳知道嗎？妳是故意講的，對吧？」

我不確定我話裡的哪個玄機，被她捕捉到了。我搖搖頭，請她點明。

她一臉認真地說：「就是啊，一定會有遺憾，只能少一點。一定會有遺憾，只能少一點。」她重複了兩次。喔，我想起來了，我以微笑回應她。

她停頓了一會兒，咬了一下嘴唇，繼續說：「我還想到，我之前一直浪費寶貴的時間在和老天爺討價還價。我其實應該把這些精力用在爸爸身上啊，他才是現在最需要關心的人，而且這也是我目前能為他做的事情了……」說到這裡，她的眼圈又發紅了。

她的話告訴了我，她已經經歷了一個內心的轉折，從怒氣沖沖地質問命運到開始接受，也到了開始預備應對生命中已經發生或即將發生的一切。

我關懷的語氣中透露著讚賞：「妳真是人家說的『蕙質蘭心』啊。妳怎麼能這麼快就懂得這麼深刻的人生道理呢？」

她無奈地帶著淚水說：「我沒有什麼蕙質蘭心啦，我就是想到時間不等人，現在最重要的，已經不是發生了什麼，而是我究竟想要做什麼、『還能』做什麼？」

我在心裡暗暗佩服她的悟性，也開始具體問起她與弟弟已經開始了哪些行動：「我也聽到妳『已經』和弟弟開始做些什

麼了。可以跟我多說一些嗎?」期盼再次強調行動的價值,能帶來更多的力量。

她明快地告訴我:「我和弟弟一起商量哪些事情才是對爸爸有意義的,然後,我們就立刻著手計畫、分頭行動。比方說,我們開始安排工作跟申請休假,因為我爸爸有幾個多年沒有見面的親戚,然後好朋友也都在國外,我們想看看能不能帶他去國外,或者至少開始和這些人聯絡⋯⋯」

我追問著各種可能的計畫細節,讓各種計畫的流程更為清楚明確,希望這樣能更強化她開始專注於採取行動的可貴轉變。她帶著淚水,俐落地說明著,也不斷在構想著。

突然間,她的淚水提醒了我,她也得記著照顧好自己。我問她:「要落實這些計畫,需要花費很多心思,你們要照顧爸爸,又要執行這些計畫,那妳和弟弟兩個人要如何維持好自己的體力、保護好自己的心力呢?」

她愣了一下,會意過來後說:「謝謝妳的提醒,我會和弟弟再商量可以如何相互支持一下。嗯⋯⋯可能,可能⋯⋯嗯,我們得再找人幫忙。」

於是之後,我又與她討論了一下姊弟倆如何彼此支持與照顧。對於這些,她的反應果斷迅速,看來在這些方面並不需要諮商師的幫助。

於是我想,我只需要再用父女之間的情感,鞏固她先前提到的這些改變,也希望能讓她感到一些欣慰:「今天結束前,我想再問妳一個重要的問題:妳這麼愛妳的爸爸,而他又希望你們能坦然面對這樣的人生無常,我想,如果爸爸知道妳已經

不再那麼難過,或者是即使會難過,也能開始積極一點,和弟弟用行動來面對這次這樣大的人生無常——妳猜,爸爸會有什麼反應?」

「老師,這個問題不用猜了,我爸爸已經告訴我了。那天晚上我去督促他睡前吃藥,正要離開房間的時候,他對我說,謝謝我和弟弟為他安排的那些事情,那些都是他一直想做、一直告訴自己還有時間以後再做,但是一直沒有去做的事。然後……」她的聲音開始哽咽:「他還說,他已經不那麼擔心我們走不出來了,還說他萬一哪天走的時候,也比較能放心……然後,他還說,謝謝,你們能這樣真好……」這位父親真的是令人尊敬。

她的淚水又再次充滿眼眶:「我知道,其實我和弟弟的狀態,才是他最在意的事情。我一定要記得!」

她閉上了眼睛,淚水再次如斷了線的珠子,簌簌落下。

我知道,透過每一次淚水的洗練,一點一滴的,她將更能承受這因愛而來的遺憾,並將遺憾再轉成更多延續的愛。

回顧與反思

情緒是一個人的核心;在任何問題或解決之道中,情緒必然是其中一個重要的環節。任何情緒的產生,在當事人的生命歷程或生活脈絡裡都自有它的道理。當事人對特定事件產生的情緒反應,除了人之常情的一般反應外,還會因為當事人生命歷程的唯一性而有了複雜度與獨特性。焦點解決短期治療將情

緒視為人們整體生活形態的一部分，也以整體生活形態的宏觀視角來協助當事人處理問題，當然，在晤談對話中，諮商師需要仔細觀察當事人能接受的內容與速度，而當事人細微的轉變——尤其是口語的表達——正是告知諮商師可否前進、如何前進的重要訊號。

例如本篇案例中，震驚的女兒一開始說不知怎麼處理父親突發絕症，後來又轉而表示，難過的自己一時實在難以面對；這些情緒和語言的變化，都顯示出她的情緒與思維持續相互影響且逐步轉變著，因此諮商師需要在和當事人當下的情緒狀態保持同步的前提下，適時地、微小地推進晤談。

案例裡，諮商師透過持續的同理態度、重新建構、一般化的回應，讓當事人得以在被理解的同時，能逐步覺察與漸漸接受在現有的負向情緒裡，同時存在的正向力量與未來目標。焦點解決短期治療在肯定當事人情緒獨特性的同時，也相信當事人負向情緒的背後，常有著當事人特有的看重與可貴之處，值得反映出來。

其實，焦點解決短期治療的工作不僅想要減少當事人的負面情緒，還更看重如何增加當事人正向情緒，因為這樣一來，當事人將會有不同於先前的情緒狀態，更有機會出現新的情緒運作模式，或者能對自身的情緒產生不同的體驗，進而轉變原來持有的「情緒即問題」的問題導向思維。

例如，對於父親生病一事，案例中這位女兒的情緒反應先是震驚憤怒，但也已對人生無常有了心理準備，接著女兒的情緒轉為難過不捨，因為這當中有著親子間相依為命的動人情

誼。這些發現，消化了女兒原有的一些負向情緒，也增加了一些支撐她如何邁出下一步的正向情緒。

在面對生命的限制時，人們需要做出應對，但是焦點解決短期治療強調的應對姿態並不是所謂的絕對積極正向，而是包含了各種可能性，包括：如何承接生命中的突發挑戰、如何接受已經發生的事情及其影響、如何與問題階段性地共處，以及如何在應對和處理中進行自我照顧等等。

如果當事人能因應困境帶來的種種影響，不僅顯示出當事人已經接納困境，也顯示著困境對當事人的影響力正在慢慢減小。案例中，諮商師選擇了合適的時機，透過討論行動的過程，讓這位女兒能在接受遺憾的現實限制下，轉而努力降低遺憾的程度，並在自己可控的範圍內，採取對自己與父親都有意義的具體行動——與此同時，這樣做也能回應女兒與父親之間那份深厚的情感與對彼此的期待。

換個角度來看，諮商師以這位女兒流露出的種種優勢為基礎，將親子之間的情感轉化為她面對現實的支持資源，協助這位女兒在父親對她的愛與心願中，再次正視如今的可為與不可為之處。無論如何，在面對生命的意外或失落時，人們通常需要一些時間、一段學習和一個歷程，而每個人也會因為生活脈絡的獨特性與生命歷程的價值觀，而懷有個人獨特的願望及努力方向，並需要不同的調適方式和前進的速度。

生活踐行

◆ 人生是一場與無常共處的練習

這世上唯一可以確定的事情就是：沒有任何事情是確定不變的。宇宙有如變化湧動的海洋，每一次「無常」的海浪變化莫測地到訪時，都是一場練習；而一生存活於其中的我們，也只能在每一場練習中學會應變。

「無常」往往會對人們產生兩種心理衝擊：第一，因為無法解釋無常（如意外）為什麼發生，人們會對人生和命運產生諸多困惑甚至質疑；第二，人們會感受到強烈的失控感而不知所措，甚至陷入再努力也於事無補的絕望。也因此，宗教有一個重要功能便是解釋人生痛苦境遇的來由，無論輪迴說還是原罪說，這些能被解釋的痛苦更容易被人們接受，因為那些痛苦符合了我們既有的認知和邏輯，讓人們在「無常」中找到了「如常」。

似乎，當人們的信念系統對現實中的變化越有解釋效力，面對變化時也就越容易安定。從這個角度來看，現代社會中，科學規律代替宗教提供了極大的掌控感和安全感，但是無論科學如何演進，對人類來說，生活、命運乃至宇宙一直都是個巨大的「黑箱」，能感知和理解的部分仍然非常有限，人們所知的因果關係都是基於這些有限的認知。

舉例來說，人們經常根據過往經驗來總結規律，卻不能保證這些規律一定就是事實真相，比如從小到大只看過白天鵝的人就很容易做出「天鵝的羽毛都是白色的」這種結論；同理，

如果我們每天都過著平安的生活，也很容易默認未來還有很長的日子，忘記了無人能確定明天和意外哪個先到。所以，當「無常」這不速之客破門而入，突然動搖了我們的生命信念──對生命規律的把握，此時，整個「人生大廈」都如遭受地震般的擺盪晃動，大量的困惑與質疑接踵湧現：「看到好人沒有好報，我還要做個好人嗎？」、「如果努力不一定能換來成功，我還要這麼努力嗎？」

看起來，人類受限頗多的解釋系統無法解釋宇宙間發生的一切，因為就算所知再多，也還是有更多的未知；不過，也正因為或許永遠無法得知萬千現象背後的「為什麼」，因此能夠承認人生就是一個黑箱，反而可能是一種解脫之道。

對於人生，往往重要的不是「為什麼發生」而是「如何回應」；對於那些已經發生的既成事實，如何應對它們，才是「可能性」之所在。比起問一萬遍「為什麼發生在我身上」，不如想一想「在此刻，哪些是我能夠做、想要做的行動？」、「什麼才是忠於我內心的選擇？」比如案例中的女兒，哪怕搞不清父親為何會患上癌症，依然可以做出充滿愛意的行動，又比如，「雖然我不知道好人是否一定會有好報，但我還是想做一個與人為善的人。」、「我們無法參透命運會拋出什麼樣的難題，只能決定自己要填上怎樣的答案。」──沒人知道明天會發生什麼，我們只能決定如何度過今日。

對於人生無常的失控感所帶來的衝擊，人們常會以「行動」來應對，比如努力重建秩序、尋找安全感或對未來做好預備，不過，當挑戰（如末期疾病）超過了個人能力範圍，使得

處理方式無效時,人們會越發想要掌控、介入,結果卻越感到失控無助。這時我們需要改換另一種策略,也就是改變面對失控、無助的態度。

當造化弄人,讓我們感覺無能為力時——比方面對死亡或衰老等生命必然之事——不妨卸下「我要掌控命運」的精神負擔,把無法掌控的事實暫且交還給生活本身,就好像考卷上有些題目實在太難了,我們完全不知如何作答,那麼就暫時擱置,先不去回答這些問題。有趣的是,當把難題交還給生活,我們才能停止與現實進行無謂的對抗,也才能集中精神和精力去想:「我現在還能做些什麼?」、「我現在掌握了哪些有效資訊?」進而再次重新找回腳踏實地的現實感。

放下掌控、接受失控,反而對專心於目前所能控制的部分有幫助,至少有助於我們專注在:「做些什麼能讓我感覺好一些?」、「如何讓情況惡化的速度可以慢一點?」從系統觀來看,任何生活難題的出現都絕非我們「一己之力」所為,它們是各種條件、因素、機緣運作的結果,所以,應對難題的解決之道也是如此。把難題交回給生活並不是退縮和逃避,相反的,這是一種智慧,其中蘊含的信念正是「生活提出的難題還得靠生活本身來解決」,我們可以選擇的只是:與生活合作,還是與生活為敵。

人們一輩子都是「生活」這位大師的學生,身為學生,有任何不懂或疑問之處都是很正常的事,很多時候「不知所措」是一種自然的反應,而且學生向老師承認自己力有未逮、需要幫助,反而說明了他有「自知之明」。

關於控制感對人的影響，哈佛大學心理學家艾倫·蘭格（Ellen Langer）曾做過一項研究。她和同事在一間養老院裡，對兩組老年人進行了「差別對待」：她們對其中一組老年人先是講了一段鼓舞士氣的話，鼓勵他們為自己的生活做決定，然後讓他們各自挑選一株室內植物，並在接下來的幾個月負責照顧；對另一組老人則說護理人員會照顧他們的生活，不需要他們做決定，然後，他們也得到了一盆植物，但是不用親自照顧，養老院的人會負責照料。

十八個月後，被鼓勵自己做決定、自己照顧植物的 47 名老人中有 7 人離世，而不需要自己照顧植物和做決定的 44 名老人中有 13 人去世，死亡率分別為 15% 和 30%。這個研究帶來的啟示是：雖然我們無法改變人終有一死的事實，也控制不了生老病死的無常，卻可以透過控制我們能夠掌控的部分以獲得掌控感，這種掌控感對生命意義十分重大。

關於無常，處於生命之初的孩子也許最能給我們一些提醒。曾帶孩子去遊樂園玩的人一定知道，在通知孩子還有五分鐘就要回家的時候，他們通常不會黯然神傷地停下來，反而會更加起勁地爭取最後時間，玩得更加興高采烈。孩子們給我們上了重要一課：在無法決定結果時，更應該投入過程，從中尋找可以獲得的樂趣和滿足──這也就是所謂的「活在當下」，因為我們唯一能掌控的，是對此時此刻的態度。真正的從容淡定，不是來自事事皆在掌控之中，而是能夠接受失控的出現，不被失控帶來的恐懼綁架心靈。

該來的總會來，重要的是它們來臨前的每一刻我們如何生

活;最深切的感恩之心不是來自擁有,而是知道一切都只是暫時的。我們無法全然掌控生活,堅持努力也不一定就能達成期望的結果,所以,我們更要由衷感謝目前的所有和所得,它們不是理所當然,也不會一直總是如此。也許我們永遠無法確定明天是否會更好,但能確定的是:要不要過好今天。面對無常,最優雅的態度或許正如那句名言所說的:「縱然明日離世,不礙今日澆花。」

練習:採取一小步的行動

沒人能準確說出這個世界的未來會怎樣,但我們可以準確說出現在的自己想要怎麼過活。面對失控,最好的策略是採取當下我們所能掌握的行動,行動帶來了可能性;而且更重要的是,採取行動,幫助我們獲得控制感和自我效能感(self-efficacy)[2],讓我們感覺到自己的力量、找到人生希望,並為每一刻賦予意義。

思考行動方向時,不妨將每種情況或境遇分為兩部分:不在我們控制範圍之內的事,以及,我們還能有所影響的事。在後者中,我們常能找到可以嘗試行動的機會,哪怕只是一小步。

2　由心理學家阿爾波特・班杜拉(Albert Bandura)提出,意思是人們對自己實現特別領域行為目標所需能力的信心或信念。

案例 13　面對無常的遺憾

生活事件	不在我能控制的範圍	我目前可以控制的範圍	一小步的行動
父親罹患癌症	父親的病情	• 盡量完成他的心願 • 讓父親對自己放心	• 聯繫他多年未見的親戚、老友 • 尋求諮商師的幫助，學會穩定自己的心情
找不到適合的工作	工作的機會	• 繼續尋找工作 • 增進自己的能力	• 請更多人幫忙推薦 • 請教前輩的經驗 • 調整自己的期待 • 利用求職空檔學習新技能 • 深入了解自己，進行生涯規劃

案例 14

親子議題：親子關係、自我成長、自我決定

回不去以前的自己

「老師，我想我們不要再談下去了好嗎？」已經來談了幾次的他，突然提出這個要求。我不得不困惑地追問究竟發生了什麼事。

「這幾個月來，跟老師談了以後，我覺得，我越來越找到了我自己。」他說這些的時候竟然帶著心酸的語調。

我繼續困惑不解地看著他，他接著說：「但是，我爸媽也發現了，他們發現我不再那麼聽他們的話，覺得我越來越敷衍他們。」

他開始有些害怕的樣子，吞吞吐吐地：「前兩天，他們從南部上來，開了很久的車子，然後把我叫到宿舍外面，大罵我……大罵我忘恩負義，什麼翅膀硬了、白養了我什麼的。他們比以前在家的時候更生氣，把我狠狠數落了一頓，說我……說我是一個多麼糟糕的兒子，怎麼對得起列祖列宗。」

我覺得他一定能看出我一臉吃驚的樣子。

他露出痛苦的表情繼續說：「那個，那個，當時馬路上的人都在看，可能還有我的老師跟同學……我爸媽要我認錯，要我跟他們道歉。為了不讓他們再鬧下去，我只能照做……」他

越說越低下頭。這孩子承受的是父母怎樣的傷害啊？但我需要努力收住我的驚訝和評判。

當初，他來諮商的主要議題是說自己情緒低落、自卑膽怯、不敢表達自我，他希望能改變，成為一個「真正的男人」。對於成長歷程，他鮮少談及，根據他零星的訴說，我拼湊出的情況大概是：獨生子的他離開家來唸大學之前，父母很少給他自主與發言的空間，也經常否認他的意見，還會對他做人身攻擊。每當我多問家裡的事情時，他會直接表示好不容易上大學離開家了，現在的他只想談談「他自己」。

只是，沒想到他上大學、離家這麼遠後，他的父母對他仍然想擁有莫大的控制權。

雖然我還不知道唸大學前他與父母的互動細節，也不曉得這次事件與他提到不想再來晤談有沒有關係，但是，我想這件事情對他的打擊一定很大，因此我選擇先支持他：「原來發生這麼大的事情啊！嗯，那請告訴老師一下，那天晚上和這兩天，你是怎麼熬過來的？怎麼照顧自己的呢？」

一直很信任我的他，坦誠地說：「我就一直哭啊，心裡覺得很難受，就宣洩一下。但是，我覺得好絕望……我覺得再也逃不出他們的手掌心了。」他的表情滿是傷心與驚嚇。

我還是決定維持支持與肯定的路線，暫緩討論關於爸媽的部分：「嗯嗯。在這麼害怕難過的時候，你允許自己哭、宣洩。那你還做了什麼，讓自己的心情慢慢平穩下來呢？」因為他並沒有立刻衝來諮商中心找我，我想他一定有一些能夠平穩自己的做法，儘管他不見得能清楚地意識到這些。

出乎我意料的是，他快速地告訴我：「就是……就是我們之前有討論啊，我們談過的……就是當我傷心的時候要怎麼辦呢，可以大哭一場、找朋友訴苦、寫日記、看場電影等等的。」

他都記得我們的討論，我不禁露出讚許的表情。他繼續說：「我還一直告訴自己——像我們之前有講過的——我有哪些優點。我去翻之前那本日記，就是對自己的肯定的那本日記，老師您叫我要寫下來的那些優點，我都寫在那本日記裡。我就一直告訴自己，一直告訴自己，我才沒有……我才沒有他們講得那麼差勁！我沒有。」說著說著，他握緊了雙拳。

這幾個月，他的改變是如此真實、實在。不知道他是否清楚自己已經有了這些難得的變化？於是，我一個字、一個字地慢慢說：「你是怎麼能讓自己有這麼大的變化？在你爸媽來之後，你還能夠記得、能夠知道要做這些事情？」

他聽到後，突然哭了起來。他的反應讓我微微一愣。

「老師，我有很大的進步，對吧？」他又哭又笑地問我。

我當然十分用力地點點頭。

於是他也用力地繼續說：「我可以這樣處理自己的情緒了，可以有這麼大的進步。來諮商後，我覺得越來越有『我自己』，就是人家說的更有『自我』了。」

但是他停頓了一下，話鋒一轉：「可是，可是，我也明白了，我越有自我，爸爸媽媽的反應就越大，比以前在家的時候還更大，所以，我擔心再來找您談話，可能會讓他們有更大的反應。我好害怕……所以，是不是我不應該再來了……但是，

我又不想⋯⋯」

錯愕的我，終於了解這些主題之間的關聯了。

然而，我仍然決心優先支持他更加察覺自己這些難得的進展，因為進展常反映出當事人新的體悟與行動的成果：「我聽到爸爸媽媽他們這次的反應比以前在家更大，而你清楚知道，是因為他們能夠感覺到你改變了，你更能表達和堅持自己了，你找到自我了。我也聽到你說，你能夠在這麼難過的時候、在面對比以前在家更有挑戰的情況下，還記得繼續做著我們討論過的那些方法。」我換用不同的方式，重新組織他告訴我的內容，希望他能收下好不容易為自己贏來的成就。

他沒有立即回應。沉澱一會兒後，他開口說：「謝謝老師這樣說，讓我覺得我不是退步。我們之前談的，以及，我這段日子的努力都沒有白費。但是，老師，這就是我現在最困惑的問題，就是那個，我這兩天就在想啊，我是不是就像以前那樣聽他們的話算了。我改變了，他們又沒改，結果就，好像，就變得更糟了。」

「你說變得更糟是指什麼？」我想進一步確認。

「就是，我們這樣談話，讓我更有自我，然後他們反應變得比我高中在家時更大、更強烈，我就會比以前更難受、更痛苦。」

我緊接著問他：「那麼你覺得，什麼樣的狀態，對你會比較好呢？」我想我還是得先尊重他的想法與需要。

「不過，老師，我不想再像過去那樣那麼委屈自己，也不想讓他們像以前那樣傷害我。所以，我現在很難受，不知道該

怎麼想。」他的回答,再次讓我吃驚。

我還沒來得及回應,他就看著我,十分迷惘地說:「老師,我已經回不去以前的自己了⋯⋯但是,我也不想回去了。我要成為一個我想成為的人、一個真正的男人。」

他的痛楚中有著讓人感動的剛毅果決。我想讓他再次聽聽自己內心的呼喚:「所以,你現在因為他們更強烈的反應感到難受害怕,但是,你仍然能清楚聽到自己內心的聲音,你不想回到過去、不想再委屈自己,也不想讓他們再傷害自己,而且,你也覺得回不去以前的自己,你仍然想成為你心中那位真正的男人。」

他使勁地點點頭:「但是,我不知道現在怎麼辦才好?怎麼面對他們才好?」他的困惑顯示著他沒有退回到之前的狀態,即使徘徊不前,他也都已經不是在原點了。

依據他現在的目標,我想快一點找到可以突破的方向。我嘗試地問:「嗯,我明白了你現在的困惑,以及你想知道如何面對他們。能不能讓我先了解一下,你一直說『更有自我』時,他們就更有反應,所以如果以1到10分來評量,若10分是很有自我,1分是很沒有自我,你一開始來晤談的時候是幾分?現在又是幾分?」

「一開始來晤談的時候是2分,現在應該有7分。」接著,他回憶起剛開始諮商的那個時期,自己是如何懷疑自己,而且與大學室友、同學相處時,也都無法表達任何需求;然而在晤談一段時間後,他漸漸能尊重和表達自己內心的痛苦、知道如何安慰自己,也更有勇氣向別人提出自己的需求或不滿。我立

刻抓住機會,再次認可他這段日子的努力與改變,鼓勵著他是一個多麼有反思力與執行力的人。

隨後,依著他方才提出的需求,我想了解一下他的成長與父母反應的相對關係:「那麼請你回想一下,你大約在幾分的時候,爸媽雖然會有點不滿,但他們還可以忍受、比較沒有那麼大的反應?」

「嗯,嗯,5分吧。就是他們打電話來找我時我都有接,還有他們交代事情時,我的態度一定要好。」

突然,他若有所思地說:「老師,您這樣問讓我想到,或許,我可以用5分的的樣子來對待他們。」

雖然有點驚詫,但我還是跟隨他並進一步澄清他的發現:「你怎麼會認為這是一個可行的方法?」

我努力保持著不預設的態度。至少,他的回答再次說明,他一直都在努力為自己想要的目標追尋著適合自己的答案。

「嗯,其實,最近我開始有點敷衍他們,甚至對他們有些厭煩的態度,像是草草掛斷了他們的電話。這些都讓他們很抓狂。」

「所以怎麼樣做,會是比較可行的方法呢?」面對領悟神速的他,我退到提問者的位置。

「現在想起來,我才注意到之前跟他們是什麼樣的循環:我委屈配合,然後就會非常不情願,於是我就叛逆一下,然後他們就出手打壓,再然後,我又委屈配合。」我讚嘆著他的自覺。他繼續說:「如果我能用5分的自己來對待他們,也就是態度好一點,那他們會舒服一點,我也就舒服一點,這樣也許

就能停止這種循環吧。」

我真心欣賞他能自發地找尋可能的解決方式。但是，領悟與行動之間常會有些距離，於是我略帶猶豫地問他：「你認為你現在是在 7 分的位置，你也注意到用自己在 5 分時的態度來應對他們似乎是可行的。但是，我不太確定已經 7 分的你，如何做得到、表現得出 5 分的自己？」我記得他剛才提到已經回不到過去的自己了。

基於我們之間已經建立的信任與默契，他立即慎重地思考我的提問：「可能是有一點困難，但是，應該是還好，畢竟我們現在不住在一起。主要是在打電話或是視訊聊天的時候，我需要忍耐一點。最近我確實對他們很不恭敬，所以我想，修改成 5 分的意思是，我要對他們客氣一點、禮貌一點。」

他的具體描述讓我更有信心向他提問：「對他們要做到忍耐一點、客氣一點、禮貌一點，那麼現在擁有 7 分自我的你，可以如何提醒自己做到呢？比如要怎麼樣告訴自己？」

他沉思著。我在一旁靜候佳音。

結果，忽然間，他改口說：「老師，我想了想，我還真想不出來。真的很難呢，真的很難。我可能做不到。」我聽到我的心跳聲，困惑著現在又出了什麼狀況。

他沮喪地說：「因為，我真的很氣他們……很氣他們。」他突然漲紅著臉。「我一直不想跟任何人談他們，我覺得很丟臉……我一直都跟您講的是自己，我很少談到他們。因為我真的很氣、很氣他們。」

我著實驚訝他突然吐露內心。但是，這真是觸動人心的珍

案例 14　回不去以前的自己　271

貴轉折。

他繼續發揮他的領悟力接著說:「我希望自己能做到剛剛講的那些。如果,如果,如果我不那麼氣他們,我可能可以做到。」

「如果你不那麼氣他們時,你是什麼樣子?」順著他的話,我先澄清著細節。

「我不知道。」他氣餒地說。

「那麼我可以先問你嗎,現在的你,最生氣他們的是什麼?」我換個方式前進,先幫助他覺察到自己在意的究竟是什麼。

「我,我一想就很氣,但是說不清楚。可是,我⋯⋯」他如鯁在喉地,想說卻說不出來。

我先等了他一會兒。我想尊重他的意願,並由他來主導諮商的方向:「那你會希望這個時候,我們繼續談你對他們的生氣,還是回到之前談的,如何做到用 5 分的樣子繼續對待他們就好?」

他漲紅了臉,想了想後,彷彿做了一個困難的決定:「老師,我想,我們來好好談我對我爸媽的憤怒⋯⋯不然,講什麼我也可能都做不到。但是,我就是一下子也說不清楚⋯⋯」

其實聽到這裡,方才多次被「驚嚇」的我,心裡充滿著感動。我勉勵他說:「有時,一個困難的挑戰,會帶來生命的新契機。」

我停頓了一下,繼續說:「我知道,要談論你的父母,對你而言不是一件容易的事,尤其要談對他們的憤怒。但是,

我看到你想擁有由自己做主的生活,而且好不容易走到 7 分的你,也已經擁有一份新的力量來面對他們,同時似乎也預備好,可以開始來談論父母對你的影響了。」希望這些話讓他知道,能夠開啓今天這個諮商的目標,正是他的蛻變爭取來的成果,也是他的勇氣爲自己贏得的一個機會。

他靜靜聽著,沒有說話。慢慢地,他漲紅的臉逐漸恢復正常,變得平和沉靜,然後動容地說:「是啊,如果我今天沒有到 7 分,我沒有辦法說出來這麼多⋯⋯」

我跟著小心地推進:「所以,你覺得從哪裡談起,會是現在你最容易開始,或最願意先讓我知道的?」

他的拳頭再次緊握,但這次展現的是力量與決心:「我真的⋯⋯對他們忍無可忍⋯⋯您知道嗎,以前,他們以前對我有多過分⋯⋯」他的情緒一下子如山洪爆發,排山倒海而來。

我的目光穩穩地看著他,在心裡默默地給他鼓勵。

我衷心希望,接下來的晤談,能幫助他穿越這些錐心刺骨的攔阻,讓他繼續成爲他想要成爲的那個自己、那個男人。

回顧與反思

面對處於人生逆境中的當事人,焦點解決短期治療秉持的工作大方向包括:協助當事人將逆境帶來的壓力轉換爲成長的資源、促進當事人運用自發的有效方式來療癒自己;以及激發當事人在日常生活中持續地自我協助,好讓當事人能夠從人生逆境中「重新活過來」(re-live)。

案例中，諮商師先是透過詢問「因應問句」如「如何熬過來」、「如何照顧自己」等，探究這位男孩在遭受父母新的指責時，如何能繼續做到自我支持，這麼做除了希望男孩能繼續協助自己，同時也是突顯他在接受諮商後，各種難能可貴的進展確實依然繼續在他的生活中發揮作用。

　　在當事人自認「倒退」的情況下，諮商師引導他對照了「目前」與「之前」的種種不同，讓他了解到雖然當前面對的挑戰比過去更加艱巨，但是從應對父母方式的轉變，也能覺察到自身的蛻變遠超過原先的認定。讓當事人看見和接納這些大大發揮作用的優勢與勝任之處，能令當事人更加認可自己，進而減輕面對新挑戰的種種恐懼、自我懷疑、自我挫敗或自我放棄，同時還增強了他的安全感、控制感和行動力。顯而易見的是，在當事人能對過去與現在的生命故事發展出多元詮釋時，當事人也會從現在與未來中看見更多的可能性，那麼，他對自己的理解，以及，他希望如何塑造自己成為什麼樣的人，都將隨之轉變。

　　當事人每次晤談中的傾訴，其實都是在「重新述說」（re-tell）自己身上發生的事，而且就像口耳相傳後故事總會變化一樣，當事人每次述說時，內容也都會有所變動，並且在多次述說後，故事會更加豐富具體；而當事人身為「完整的人」也不斷和周遭環境互動著，因此若當事人每次敘說時其描述的方式與內容有所不同，也代表著改變已然發生，包括當事人的知覺轉變或是應對環境方式的調整。

焦點解決諮商師會主動參與當事人故事的改寫與重述，並藉此幫助他們成長。隨著當事人生活的變動與自我的成長，諮商目標通常也會隨之轉變，因此，諮商師需要敏銳地協助當事人釐清每一階段的自己有何進展，並將這些進展加入下一階段諮商目標的考量與形成。

　　例如案例中的男孩，在本次諮商開始時猶豫著是否要結束晤談，接著又為不想回到過去、也無法回到過去的自己感到困惑。此時，即便在不知道當事人所有故事細節的情況下，諮商師仍可以透過「評量問句」協助他有系統地回顧了自己截至目前的進展、現在的位置以及嚮往的未來，再次激發出男孩的希望感與樂觀態度。這其中，有個關鍵的地方是需要將當事人的在乎——比如「擁有自我」、「如何承受父母的反應」等——鑲入評量問句，如此方能更加激勵他自發地想出願意嘗試的一小步。

　　之後，當這位男孩更認同自己的一些可貴進展，他對於自己的態度以及如何與父母互動又再次做了新的選擇。當然，正是因為這位男孩已經擁有更強大的自我，才能承受、也更願意面對和深究更加艱難的主題——對父母的憤怒，因此當事人點點滴滴的進展，不僅預防了類似困境的再次發生，也常能為後續更大的改變鋪路，實為珍貴的成長基石。

　　焦點解決短期治療認為，過去的種種會影響一個人，但不會「決定」這個人所有的一切，因為人們不僅能從這些經驗中走過來，也會從經驗中有所成長與學習。所以，焦點解決短期治療提醒諮商師要避免給予當事人「過去經驗決定未來」的信

念,並牢記當事人對事件相關的詮釋、行動及互動,會帶來更多的影響與改變。

至於是否要探究當事人過去的歷史,比如家庭的經驗,仍是由當事人來決定何時是恰當的時機;又,即使當事人願意談論,諮商師也需要先與當事人確認,對於談論過去的效用他抱持何種期待?又期望帶來何種改變?這些都將有助於後續晤談中湧入當事人生命故事的大量細節時,諮商師仍能把握住明確的諮商航向。

生活踐行

◆ 找到力量與目標的平衡點

從小孩到成人,隨著身體不斷成長,衣服會變得不合身,如果繼續穿著不換,不僅身體活動受限,甚至會感到壓迫或窒息;同樣的道理,當我們的內心得到成長,原有的關係或環境也可能帶來束縛的感受,而此時這份束縛感,可能正是成長的標誌。基於作用力與反作用力的關係,有時當我們想掙脫束縛,我們越用力,遇到的阻礙也會越大;不過反過來說,來自外界的反對與壓制的激烈程度,也可能對照出我們如今擁有力量的大小,好比案例中當事人面對的挑戰越來越大,代表著他的自我成長今非昔比,已不可同日而語。

類似情況也常出現在人生新階段剛開始時,例如升職往往意味著需要面對更大的挑戰,而在此之前我們可能都沒機會面對這種外部挑戰變大的事實──從側面來看這也代表我們內部

能力上的進步——既然是新的、更艱巨的挑戰，一開始感到無法勝任或力有未逮也在情理之中，然而，即便無法「修改」眼前的挑戰，卻可以修改自己的階段性目標——從期許表現完美或戰勝挑戰，調整成「盡力而為」。

當我們力量不足時，沒必要為自己設定完成起來非常困難的任務，那會耗竭我們的能量、磨損我們的信心，而且太急於證明自己的力量，或是太想快點擺脫束縛時，束縛反而會變得更令人窒息。有時候所謂的「以退為進」，其實是為自己謀取喘息和成長的空間，或是爭取韜光養晦的機會，比如案例中的男生允許自己暫時停留在一個比較有利且舒服些的中間地帶——能做到 7 分卻選擇表現出 5 分——這樣不僅爭取到更多時間來練習做自己，在「舒適區」裡還可以繼續變得更強大。

無論「做自己」還是「完成夢想」，實現這些人生目標的過程就像爬山，抵達半山腰時最是難熬，此時體力已經透支，空氣中氧氣稀薄，既回不去山下，也不確定能否登頂，種種自我懷疑紛至沓來：「我當初就不該選擇這個目標！」、「我是不是高估了自己的能力？」、「我感覺自己在別人眼中就是一個笑話！」無疑地，這些自我懷疑加重了內心的無力感。但是，換個角度來看，此時的「高處不勝寒」正是因為你已經爬到「足夠」的高度了；自我成長與自我懷疑總是如影隨形，一旦出現不同於之前的自我懷疑，可能說明你已經不是過去的那個自己了。

也因此，如何在自我懷疑時安頓自己，是成長的必修課。當你精疲力竭、滿腹猶疑時，不一定還要全力以赴地繼續攀

登,若是暫時做不到,不妨先停下來;這不等於放棄也不等於失敗,而且就算有繼續攀爬的體力,你也有暫時停下腳步的權力。自然萬物的生長發展都有其節奏和規律,一味地強調努力,可能會帶來揠苗助長的傷害,而且只有在內心給自己足夠的餘地和空間時,自我才得以充分的舒展,我們的力量與智慧也才能真正發揮出來。

談到這裡,還有一個有趣的悖論是,當案例中的當事人能夠以 7 分的內心而表現出 5 分的行為,也許他已在不知不覺間於自我成長上達到了 8 分,因為他知道如何在保全自我的同時還能有效地應對環境。自我強大的表現不是固執僵化而是順勢而為,正如自然萬物皆因為適應環境才得以生存、才得以同時獲得展現與茁壯自我的機會。所以,暫時待在「舒適區」未必是不求上進,而是先找到一種舒服的方式成為自己,或爭取一個友善的環境長好自己。

人生不是滿分地展現自己才叫「做自己」,接納當下的狀態與限制,做現在能做到的事情也是在此時此刻做自己,甚至,「做自己」表示能有意識在某些時刻暫時選擇「不做自己」——關鍵在於,這是由你自己做出的「選擇」。畢竟,做自己的終極目標是為了過想要的生活,而不是時時刻刻都令自己充滿壓力而精疲力盡。

◆ 好的決定不一定等於好的結果

你會如何衡量一個決定或選擇的好壞對錯?通常我們做出判斷的依據是這個決定或選擇的結果:若結果是喜歡或嚮往的

就認為這是一個好的決定,若結果非我所願,那麼就認定是個錯誤的選擇。然而這樣的判斷有兩個問題:其一,很多時候事情的結果並不在我們的控制之內,命運機緣都是無形的大手,所以只以結果來論定我們特定時刻的決定是否正確得當,未免有失偏頗,因為我們的決定只是眾多影響結果的因素之一,而且發揮的作用可能還十分有限。

比如,為了在週末享受一下和家人的團聚時刻,你決定帶全家去餐廳吃飯,但沒想到回家後全家腹瀉,那麼,為享受天倫之樂而去餐廳吃飯是個糟糕的決定嗎?人生不像下棋,反而更像打撲克牌,前者你能看清整個局面,後者則有賴於一定程度的運氣和概率;與你一起打牌的人手裡拿著什麼牌或者會出什麼牌,你都可能一無所知,只能根據自己掌握的有限資訊進行判斷,更何況打牌的對手是「命運」的時候。所以,更客觀的看待方式是:為了家人團聚出去聚餐只是一個決定,即使最後的結果並不如你所願,甚至因此難過、憤怒或失望,也沒有必要太過自責,因為這不是你的錯,聚餐的結果並不在你的掌控之中,我們無法為自己不能控制的事情負責。

只憑結果來論定選擇或決定好壞的第二個問題在於,我們通常只能看到當下的結果,卻無法預知若從更長遠的眼光來看,現在所謂的壞事會不會變成一件好事——也就是塞翁失馬、焉知非福。比方因家庭聚餐引發的腸胃炎讓你週一不得不請假,因此你的上司只好把一個緊急又棘手的任務交給別人,讓你逃過一劫。對案例中的那位男生來說也是一樣,許多人為了自我成長選擇改變,做出這個決定後卻感到恐懼、焦慮和迷

惱，還可能因此經歷失敗，但這不等於選擇改變就是錯誤的決定。

俗話說良藥苦口，對我們有益的事情未必當下會讓我們感覺良好，同樣的，我們做出的改變也未必會馬上帶來期待的結果，然而這並不代表改變本身是錯的；又或者有時候我們感覺沒那麼好，未必是做錯了什麼，而是成長或生活本身本就不是件容易的事。「當我們向命運祈求力量，命運卻給了我們困難；當我們克服了困難，也就擁有了力量。」這句話是非常有道理的。

無論何時，我們都只能憑著當前有限的所知做出決定，這個決定的結果又會成為另一串連鎖反應的「起始點」。任何決定都只是打開了一系列可能性的大門，這些可能性變成現實的機率有大有小，哪怕提前知道有多少機率，我們也無法確定究竟哪一種最後會成真，也因此才有「千金難買早知道」一說，或者是「你永遠不知道明天與意外哪一個會先到」的論點。

「未來」這兩個字本身就是「不確定」的同義詞，我們常以為做決定可以消除不確定，殊不知最終只能決定面對「不確定性」的「態度」，像是「無論未來發生什麼，我都願意和你一起面對。」或「無論遇到什麼困難，我都要堅持下去。」說到底，我們只能控制決策的依據或過程，卻無法控制決策的結果。

綜合以上，評價選擇或決定好壞與否的一個重要標準，應該是做出決策時所體現的價值觀，比如是否忠於了自己的內心（我們想要什麼、想成為什麼樣的人、想過什麼樣的生活），

或者是否出於善意的動機，好比即使家庭聚餐的結果不如預期，從決策者的發心來說，這依然不算是個錯誤的決定。

> **練習：意料之外的收穫**
>
> 　　做決策時，沒有人是常勝將軍，我們能掌控的只有決策的過程。請回想你曾經做過的一個「結果不如預期」的決定或選擇，然後思考下面幾個問題：
>
> 1. 當這個決定或選擇的結果不如預期時，你的反應是什麼？
> 2. 回想一下，當時你做出這個決定或選擇的理由是什麼？比如，是因為你想成為怎樣的人或者擁有怎樣的人生？
> 3. 在這個決定或選擇中，體現出了你什麼樣的價值觀？或者讓你發現自己在乎的可能是什麼？
> 4. 就算這個決定或選擇的結果不如預期，做出這個決定或選擇的本身對你有哪些意義？
> 5. 就算這個決定或選擇的結果不如原先的預期，但這個結果對你繼續實現原有目標可能會有哪些啟發或幫助？比如你能從中學到什麼或有什麼領悟？
> 6. 回想過去，你發現當你基於什麼樣的理由在進行選擇或決定時，或許可能會讓你不那麼在乎結果的成敗得失？

7. 如果五年或十年後,你再審視這個決定或選擇時,和現在有了不一樣的看法,你希望那時的你能有什麼樣的轉變?
8. 如果在年事已高、行將離世前,你再次審視這個決定或選擇,你可能會有什麼不同的感想?

案例 15

輕生議題：母女關係、危機應對、心理韌性

無解的問題

　　方方面面都表現優秀的她，卻在剛上大學的日記中寫下了：「活著，很辛苦；死了，會否更好？」母親發現後，心疼地帶她來到諮商室。

　　她堅持要單獨跟我談，被拒絕的母親含淚離去前，戀戀不捨地對著她說：「我就在門外，有事就叫我喔。」然後轉身握著我的手說：「老師，拜託妳，拜託妳了。孩子平安就好。」慈愛之情，溢於言表。

　　我開門見山地對女孩說：「我知道是媽媽要妳過來的。」

　　她溫和地、輕輕地點頭，這表示著一個友好的開始。我繼續說：「不過，我覺得很難得的是，妳還是跟媽媽來了。」我用小小的讚美開場。

　　她無可奈何地笑了一下：「沒辦法，天下父母心。」哇，她還真能體諒媽媽。

　　「媽媽剛告訴我，她希望妳能平安，那妳呢？對於來這裡晤談，有什麼期待嗎？」

　　雖然她最近有結束自己生命的念頭，但是藉著和她討論「有什麼期待」，希望能暗示她，她仍然擁有期盼改變發生的

權利。

「我同意媽媽說的，能平安就好。」她簡短地回答。

「能平安活著？」我略微修改她的話，想再次確認她想活著的意願。

「對，平安活著。」她聲音輕柔，卻十分清楚。

我需要更具體了解她的想法，尤其是關於如何活著。她開放的態度，讓我直接問道：「平安活著，嗯嗯，那麼可以多說說嗎，妳希望自己可以怎樣平安活著呢？」

她有些困惑地看著我，遲疑了一下後，還是乖巧地試著回答：「就是，我希望我能和普通的大學生一樣，能夠平平安安、享受生命，不會有想死的念頭。」還好，她還擁有活下去的意念。

「關於平平安安、享受生命的普通大學生生活，可以多舉一些例子嗎？」我想了解她想要的生活藍圖，同時也鼓勵她多想像一下可能的美好，或許能輕叩她內心的希望。

「談戀愛啊、玩社團、打工啊，做這個年齡該做的事情。」她依舊輕聲地說著，但是，她說的像是在背書一樣，眼睛沒有閃閃發亮。這真的是現在的她想要的嗎？

「還有呢？」我又堅持問了一下。

「沒了。」她依舊輕柔地說。

「那麼，如果妳能談戀愛啊、玩社團、打工啊，做大學生這個年齡該做的事情，妳想一想，媽媽可能會有什麼反應？」我試著在母女關係中尋找可能觸動她的資源，尤其今天是媽媽帶著她來，她也願意一同前來。

「她會安心，不會一直這麼擔心。」她的回答依舊輕柔又簡短扼要。

我也只能先跟著她的話，繼續邀請她多描述一些細節，或許能從中找到她「在乎」的事情——「在乎」常是活下去的動力。

「當她安心的時候，她會說些什麼或做些什麼嗎？或著，會跟現在有什麼不同嗎？」

「那樣媽媽會過好自己的日子，不會一直擔心我在大學過得怎麼樣，也不會一直問東問西的。」她說這些話的時候，開始有些不同於之前的煩躁。

她的煩躁可能提供了一個線索，於是我回應：「所以，媽媽能安心，她能過好自己的日子，不用擔心妳，對妳來說很重要。」

「對，很重要。所以今天我才會來。」她說這句話的時候，比說前面任何一句話都要「用力」。

依據她說話的方式判斷，這可能是很有意義的訊號，需要在此停留。我問：「怎麼說很重要呢？」

「我不想讓媽媽擔心我。」她遲疑了一下，繼續說：「她也不用擔心我啦，我不會自殺的啦！」她的聲調有些上揚。

這是強化她不會自殺的好機會，我趕緊把握機會接著說：「妳不會自殺。怎麼說？」

「我會活著的。我得活著。因為……唉。因為……我爸爸已經過世很多年了……嗯，所以，我不會讓她變成一個人的啦。」

案例 15 無解的問題

「所以妳要活著,陪著媽媽,不讓她變成一個人。」我再次強調她需要活著的重要意義。

她點頭,但不語。

我等了一會兒,她仍沒作聲,我只好將前面說過的再次彙整,希望能成為她活下去的力量:「妳希望自己可以平平安安、享受生命、好好過一般大學生的生活。希望媽媽會安心,可以過好自己的日子,因為妳不要她擔心,也不會讓媽媽變成一個人。這些,妳都很清楚,對妳也都很重要。」她一邊聽著,一邊想著,然後點頭,沒有搭話。

我想再次嘗試肯定她,看看能否得到不同的回應:「妳不僅對自己有很好的覺察,也很為媽媽考慮。」她一邊聽著,一邊點頭,但仍不語,好像她已經說夠了的樣子。

我只好就目前有的資訊,繼續推進:「那麼,如果,以1分到10分來看,10分是妳很希望、很希望自己活著,享受生命,讓媽媽安心,過上一般大學生生活,1分是妳沒有很期待,妳覺得目前的妳在幾分的位置?」

「10分。」她立即回答。

我不禁高興地追問:「怎麼說呢?」

「因為我真的很希望我能做到。」啊,她等於沒說。但是,至少,她口語上願意表達求生的意念,也有著明確的目標。

「那麼,如果以1分到10分來看,10分是妳很有信心讓自己活著,享受生命,讓媽媽安心,過上一般大學生的生活,1分是很沒信心,妳覺得自己現在是在幾分的位置?」我換個

方向再次追問。

「6分。」她用輕柔的聲音，坦然地說著。

我心想分數不算低呢，但是我不能替她解釋分數的意義與高低：「怎麼說是6分呢？」

「就是剛說的那些。」她仍然保持著言簡意賅的一貫作風。

雖然有點冒險，我還是想嘗試問出可能改善現況的一小步：「如果發生什麼事，可以讓妳有信心的分數能往上再加1分呢？」

驀然地，她輕快回應的節奏暫停了。我望著她，她開始思索著。看來對她來說，這不是一個容易回答的問題，而她願意思索的態度讓我感到絲絲的喜悅，這表示她開始投入在晤談對話之中。

面露遲疑的她，皺了皺眉頭後說：「那應該是，我不再想我爸爸的事情。」她停頓了一下，繼續說：「如果可以不想的話，那可能可以多很多分。」

「不再想妳爸爸的事情是指什麼？是爸爸過世的事情，還是……？」這是一個很重要的訊息。之前她有提到爸爸的過世，但方才我故意沒特別去提，因為我想優先強調她想要活著的動力。

她猶豫了好一會兒，最後還是開口說：「我本來不想講的，唉。不過，今天都來了……」

她深呼吸了一下，好像下了很大的決心：「我爸爸在我八歲的時候就……自殺了。每當我想起，那天放學回家發現他的

案例15　無解的問題　287

那一幕時,我心裡就很難過。然後,然後,嗯,嗯⋯⋯有一種想死的念頭就總會蹦出來。」我心頭一驚,爸爸自殺的事,真的會是一個很大的挑戰。

她又深呼吸了一次:「最近他的十週年忌日快到了,我總會想起這件事,所以,才會又冒出想死的念頭。」說到這裡,她原來輕柔的聲音漸漸變弱,我都快有些聽不見了。

我一直點頭,也用眼神支持著她的心情、她的訴說。我還沒說話,她就又深呼吸了一下,繼續開口:「我其實一直在想,如果當時我有做些什麼的話,這件事就不會發生⋯⋯這些年,我一直在怪我自己⋯⋯我一直沒有跟任何人說過這件事,尤其是我媽⋯⋯因為,因為,我怕惹她傷心難過。」看得出來,要吐露這些話對她來說非常不容易,但是也可以發現,這些內容她「已經」想了很多年。

「謝謝妳願意在這裡說出來。我想爸爸輕生的這件事,對妳,真的影響很大,這件事對妳真的很重要。」我想表達出對她帶著同理的理解。

「我想,既然我都來這裡了,也可能是時候要面對了。」她的肩頭整個繃緊了起來。她直接深呼吸了好幾次,好像在醞釀著什麼。

我點頭,靜靜等待。接著我看了她一眼,她不發一語,我還是繼續等待。諮商師的「沉默」也是一種重要的諮商介入,尤其是當事人處於「醞釀」時。

終於,她開始邊回憶邊說起當時的情景,一切彷彿歷歷在目:「我常回想當天的情況。我後來才知道,在那個時候,那

個,嗯,前一天晚上我媽媽和我爸爸吵架了,所以我媽媽那天離家出走,不知道去哪裡了。我剛放學回來,就看到,就看到,我爸爸,嗯,躺在地上了……」她斷續的聲音激動了起來。然後,又靜默了。

當她回穩了一些時,她又簡單地說:「之後,我跟媽媽都沒有再談起這件事……」

「這麼多年來,雖然妳一直在想爸爸的事情,但是妳沒有告訴過別人,特別是不想讓媽媽知道,妳一直一個人獨自默默承受著爸爸的事情給妳帶來的衝擊。這對一個孩子來說,真的是很不容易的。」在我看來,她願意這樣說出來,實在是很勇敢的一大突破。

她的表情微微顯示出內心的觸動:「對,就自己一個人獨自默默承受著。」她竟然特別挑選了這幾個字,我想它們對她是有特別的意義的。

我小心問著:「那麼,這麼多年來,妳是如何做到『自己一個人獨自默默承受』,支撐自己走過來的?」我想嘗試先發掘她自己沒有意識到的堅韌。

她想了想:「我也不知道。」她苦笑了一下。

我只好轉到別的方向繼續嘗試:「那麼,妳是怎麼『決定』要自己獨自默默承受這一切的?」我希望她能覺察到自己決定的理由,或許能讓她看見自己其實還可以有不同的決定或選擇。

「跟別人說又有什麼用,我爸爸又活不過來。自殺,又不是什麼光榮的事情,說了只會給別人看笑話。」她略顯激動地

繼續說：「剛出事的時候，我不敢跟媽媽說，說多了我怕她覺得更難過，也怕她擔心我想東想西……後來她自己也不再提這事了。我想，大概，她也慢慢放下了吧，我又何必再提……」然後，她又恢復平穩地說：「可是，我就是會一直想啊。」

「原來妳有很多的考慮。」她沒有回答我想要的答案，但是她多次提到，她會一直想，我想我得先跟上這個重點：「那麼當妳想到爸爸的事情時，除了想到當時的事情，之後還會有什麼想法跑出來嗎？尤其是這麼多年了，有不一樣的想法嗎？」我小心翼翼地維持開放的心態，希望能聽到她的所有想法，也微微暗示著改變的可能。

她徐緩地說著：「這幾年想了很多啊，對啊，就像老師說的，想的東西會有不一樣啊。比如說，一開始，我一直想的是，我如果早點回家，是否就可以來得及救他，不過他是早上就服毒的……」她好似自言自語地說著。

「然後，我就在想，我已經發現那一段時間爸媽變得很容易吵架，吵完以後我爸爸常一個人發呆。如果我可以早一點關心他，或前一晚有關心他，或許可以改變些什麼……但是，後來我想我就算想關心他，那時候他大概也不會跟我說什麼，我才八歲，在他眼裡我就是一個小孩子，其實，我那時什麼也不懂……」哇，她真的已經想了很多。真是一個辛苦的孩子。

她換口氣，接著說：「還有啊，我慢慢也承認，我爸爸的個性常讓周圍的人很難受，當年，我和媽媽都躲著他，所以，我也不會怪媽媽跟他吵架……這些年就是一直想著這些問題，然後自己也想了不少答案啦。」第一次聽到她連續說了這麼多

話，看來這些話真的放在心裡很久了。

聽著她一連串聰慧的自問自答，我忍不住問：「這麼多年來妳一直在思考，真的很辛苦，但是我好像也聽到這幾年，妳可以這樣去一個一個化解了自己的疑惑。這麼多年下來，妳怎麼能做到一直在面對著、思考著、回應著？」

她毫不迴避地說：「我也不知道，我就是有很多想不通的地方，所以，就會一直想，一直想，然後查點資料或者看看書。不過，最近這一段日子，開始想一個問題，我一直想不出，也放不下。就是會一直在想，一直想，一直想……就是，我爸爸怎麼會用這種結束生命的方式來面對生活中的困難與挫折？他怎麼會這樣？」她的聲音又上揚了起來。

她再次繃緊肩頭：「然後，今年，在他忌日那天，我終於徹底意識到，這是一個『無解的』問題。」

她緊咬著牙齒，再次用力地吐出每一個字：「就是他媽的一個……無解的問題……沒有答案。」

我等著她能夠更多吐露自己的心聲，她卻嘎然而止。

晤談室又是一片靜默。

我思索著：對一個一直尋找答案又能自問自答的小孩來說，這個無解對她的意義與衝擊會是什麼？於是，我帶著關切澄清著：「之前，妳能一一解答自己的疑惑，那當妳發現這是一個『無解的』問題時，對妳的意義是什麼呢？」

「就是無解。」她一反原有的平和，氣餒地說：「無解，就是無法解答……但是，我沒辦法放下，還是會一直想，這真的是無解嗎？」

「我沒辦法像我媽媽一樣，好像就讓這件事情過去了。」她的氣餒中流露著深刻的無奈。

這真的是一個無解的問題。因為聽到她主動提起母親，我想先離開這個無解，轉向或許有可為之處：「雖然妳和媽媽這些年沒有再談爸爸的事情，但是妳會想和媽媽談談這個無解的部分嗎？」

「我很想知道，但我不敢問。」她伸手撫摸自己的長髮，陷入回憶：「我親眼看著我媽媽當時如何崩潰，還有親戚後來如何來幫快虛脫的她。然後，她慢慢能夠處理後事。最後，還很堅強地從家庭主婦重新回到職場，一個人賺錢把我養大。」

說到這裡，她又轉頭看著我：「我就一直想，一直想。我就是沒有辦法像她那樣，讓這件事就過去了……媽媽真的很堅強。我就是覺得很對不起媽媽，我到現在都不敢讓她知道，我一直想著爸爸的事情。所以，我也避著我媽，因為我看到我媽就想講這件事，但又不能講，所以我乾脆躲著她……我知道她擔心我，我很愧疚，而且我躲著她，她也傷心。」她真的有著一顆晶瑩剔透的心。

她開始含著淚，繼續說：「爸爸的事情，我也無解。和媽媽之間要怎麼相處才好，我也無解。我就越想越煩，越想越覺得人生的意義是什麼？」

她露出自責的眼神：「要不是媽媽偷看我日記，我一定不會讓她知道我現在的狀況。我不應該讓她這樣擔心，她好不容易才走出爸爸的事情。」

她接連不斷地傾訴著，彷彿想將心中多年的塊壘一吐為

快。在這些訴說裡，時時流露著對母親由衷的欣賞、關懷，以及深切的自我期許。

「雖然媽媽還不知道妳一直在想著這件事，但是從妳剛剛這段描述媽媽在爸爸過世後所做的改變和努力，真的很不容易呢，媽媽的轉變讓妳特別珍惜，妳也希望不要再影響到媽媽……」

我話還沒說完，眼眶漲紅的她打斷我說：「我真心希望我能像我媽媽，能這麼勇敢堅強的面對人生，可是我還是做不到……」雖然，她對自己仍有不滿，然而這份由衷的期望十分清晰。

這時候，我突然想到，或許可以一方面強化著她的期望，一方面也帶來突破的力量，於是我摘要著：「我知道，妳爸爸為什麼選擇結束自己生命，這個問題讓妳一直在尋找解答，但是我同時也看到，妳的媽媽用她這麼多年的生活，親身示範了如何從絕境中堅強地活下來，這讓妳很佩服，妳也很希望能跟她一樣勇敢堅強地面對人生。」

看著她專心聽我說的眼神，我強調著：「好像有些事情，現在是無解的，但是有些事情，卻已經是十分清楚明白的。」

我還沒多加說明，她便已經露出了心領神會的表情，然後小聲重複著我方才的話語，隨即點點頭。我想，我不用再多說了。

此時，一滴眼淚，從她的臉頰滑了下來。然後，第二滴，第三滴……

她滴落的淚水和這幾年的思索，一樣的多，一樣的重，一

案例 15 無解的問題　　293

樣的美。

　　她也讓我看到，困惑與力量、痛苦與堅韌，可以是同時存在的。

　　我希望她能更明確地意識到，影響她的不只是父親而已，而且，母親才是她現在擁有的愛與力量。於是我說：「妳爸爸已經過世了，但是妳媽媽還在，她就在外面，她一直希望多了解妳，多知道妳的情況。妳因為擔心影響她或不想讓她擔心妳，所以沒告訴她妳心裡關於爸爸的思索或困惑。但是現在，妳會願意和媽媽談談嗎？讓她多了解妳目前的情況嗎？」

　　她突然緊張地問：「老師，妳說，這樣做，好嗎？」

　　我真心希望這對令人欽佩的母女，能開啟這十年來尚未完成的一場重要的對話：關於父親的死因、關於如何面對死亡帶來的失落，以及關於如何面對生命的挑戰，包含無解的存在。

　　我穩穩地看著她，也想再次確認她是否準備好了：「當妳和媽媽對話時，如果可能，妳會希望和媽媽談些什麼？」

　　她毫不猶豫地說：「我想知道她是怎麼面對這個無解的問題？這麼多年來，她怎麼能這樣堅強地面對？」回答後，她也安心地點點頭。

　　我想，她已經準備好了。

　　於是，我站起來，往門口走去。

　　我希望，我即將打開的這扇門，是她們生命旅程另一扇美好的窗。

回顧與反思

　　焦點解決短期治療認為，前來諮商的當事人當下仍然希望情況有所改變，並擁有能夠設定目標的意願與能力，即使是有結束生命念頭的當事人也一樣。在當事人願意開口談論生命中在乎的人事物，或者能夠開始思索自己想要追求的目標時，當事人會離死亡更遠一些，因為對生命的種種看重，往往可以成為他活下去的重要理由與力量。

　　案例中，諮商師先詢問女孩何以願意為了母親前來諮商，由此帶出了當事人期望平安活著的目標；接著經過雙方的探討，諮商師進一步明確這個目標裡包含了享受大學生活以及讓母親安心兩個方面。由於女孩十分在意母親，諮商師便運用母女關係的深情，還有她不想讓母親擔心的心意進一步激發女孩的生存意念。

　　「評量問句」常能快速澄清當事人的現況、與渴望願景的相對位置，同時還能確定當事人目前已經擁有的資源力量及能朝目標邁進的一小步；而不同的評量向度會帶出當事人不同方向的思索，對於處於危機的當事人，亦能發揮安全性評估的功能。案例中的諮商師透過「評量問句」了解到女孩十分希望能活出她想要的生活，而且目前有六分信心能夠做到；也是從這裡開始，女孩願意開啟了一直放在心中、從未吐露的父親輕生議題。

　　焦點解決短期治療關注於當事人勝任之處、突顯未來的可能性與各種潛力，不以過去的失誤、不好的歷史或創傷作為停

留的焦點,因為這樣會更容易讓晤談對話通往達成目標之路。對於過去重大事件的打擊,焦點解決短期治療並不預設當事人一定會受到哪些影響,也不預設應該如何突破,對於要如何面對特定事件及其衝擊,仍取決於當事人提出的需要與決定,然而,焦點解決短期治療會不斷邀請當事人再次勇於追求夢想與掌控人生,發展出看待自己的更佳腳本,以及思考未來的新穎角度。在案例中,諮商師透過「因應問句」詢問女孩這些年如何獨自撐過來,以及如何做出不告訴別人的決定,希望透過尊重及關懷的語言,讓她對自己的堅韌和堅持能夠更有覺察,並且希望透過這樣的歷程,可以讓女孩覺知到自己所擁有的力量,從而擴大她再決定、再選擇的空間,最後提高她的自主權與賦能感。

焦點解決短期治療認為,生命的正反兩面具有「同時存在性」,也就是人生有難過的時刻,也有開心的時候;有痛苦的磨難,也有因磨難而來的堅韌。好比案例中女孩對父親輕生事件謎團的自問自答,不僅顯現出她多年來的煎熬,也彰顯著她獨自承擔的能力;還有這位女孩怕多談自己的狀況會給母親帶來負面影響,但同時也十分佩服與欣賞母親的堅強。諮商師需要將同時存在的正反兩面完整地回饋給當事人,這種回饋帶來的覺察,會有助於當事人再次決定自己的定位與後續行動的方向。

當然,諮商師需要時時尊重當事人認為目前不可為之處,以及生活中可能存在的限制,轉而尋找目前已明確存在的耕耘成果且可優先努力的部分。例如諮商師希望透過突顯母親已經

做出的示範,強調母親的愛與轉變就是當事人身邊的珍貴資源,由此終於開啟了當事人願意與母親就父親事件直接對話的可能,並創造兩人繼續相互支持、一同經歷生命蛻變的機會。這正是焦點解決短期治療所強調的一個信念:接受生命的限制,但不放棄希望。

生活踐行

◆ 先有正確的問題才有正確的答案

我們會花大量時間處理生活中的挑戰和問題,發現和解決問題是我們最習慣的思維方式,但是這種一看見問題就抓住不放的慣性,會讓我們忘記質疑問題本身。一位耶魯大學的教授曾說過:「如果你有一個小時的時間來解決一個問題,應該花三分之二的時間先弄清楚問題本身,再用剩下的時間來解決問題。」可是我們經常倉促地投入到解決問題之中,忘記了如果提出的問題是有問題的,那麼答案可能也有問題。

有個故事是這樣的:在一條河的下游有個村子,從五十年前開始,村民就發現河裡經常出現溺水者的屍體,於是善良的村民便一起打撈遺體。村子裡許多上了年紀的老人依稀記得剛開始時,他們的打撈設備非常笨重,以至於那時候打撈屍體費時費力地要花很多功夫;到了現在,村裡不但透過捐款更新了打撈設備,甚至還增加急救設施、有專人隨時在河邊待命。村民們都以此為傲,覺得自己投入一件高尚的事業,尤其是這幾年隨著溺水者的數量急劇增加,他們也救起了更多的人。不

過,唯一的問題是,這麼多年來一直沒有人提問:這條河的上游究竟發生了什麼事?這些人是如何溺水的?還有,為什麼溺水者越來越多?

其實,類似這樣的事情每天都在發生,我們急著解決下游的問題(如何高效地打撈屍體),卻沒有花時間反思一下:上游究竟出發生了什麼事情?如何防止有人再次溺水?眼前緊急的問題往往代替了更為重要的長遠問題。事實上,「提問」本身往往決定了問題所在,因為提問決定了我們的關注點和努力方向,比如從「我如何才能省下更多的錢?」到「我如何才能讓自己增值?」不同的提問帶來不同的解決方案,也因此,先有合適的提問,才會有正確的答案。

關於問題,最重要的一個提問就是「什麼才是真正的問題」,人生所遇之事,有些讓我們快樂滿足,有些帶來痛苦煩憂,我們傾向於把後者定義為問題,但仔細追究下去,對問題下定義,這個動作的本身,其實是貼上人為的標籤,也是一種「無中生有」。我們不喜歡的未必都是問題,只是我們把它們當成問題,像是在成長過程中遇到的挫敗、在嘗試中遇到的挑戰、在愛情中體驗到的傷痛,它們只是不可避免的「經歷」,之後會變成寶貴的「經驗」,然而一旦它們被標識為「問題」,就被貼上了負面標籤。所以,「一般化」的重要意義之一就是:讓我們認識到所謂的「問題」,有可能只是人們對特定情境的自然反應。

不僅如此,問題的嚴重程度也常受到主觀判斷的影響。有句諺語說:「在我們因為自己沒有鞋子穿而哭泣的時候,卻發

現還有人沒有雙腳。」沒有鞋子的問題雖然沒有得到解決，但是看到世界上還有人沒有雙腳的時候，我們的處境也許就不再那麼讓人絕望——所以很明顯的，我們對問題的定義極容易受參考框架的影響，有時在這個參考框架中所謂的問題，在另一個框架中可能就不是問題。比方一位妻子認為先生太安於現狀不夠有上進心，但是，先生的「不夠有上進心」也許是隨遇而安、知足常樂的展現，如果從感知幸福的能力來考慮，這算是一種優點而不是問題或缺陷。「不夠有上進心」是太太把自己的內心期望當成參考框架得出的結論，有時一位先生真的很有「上進心」，妻子可能反而會抱怨他「不顧家」；更何況就算這位先生在事業上真的缺乏所謂的「上進心」，對他個人來說也未必是個問題，因為這只是他的性格特質之一而已。

所以，問題常常是「相對的」，在解決問題之前，我們應該多問：「這真的是一個問題嗎？」、「在什麼情況下它才成為一個問題？」比如，很多人都覺得勤快是優點，而懶惰是需要克服的缺點，但有一個關於軍隊的笑話恰恰指出並非如此：一位將軍說，「我們把軍官按照聰明或愚蠢、勤快或懶惰進行了分類。那些聰明又勤快的人，適合提名為高級參謀；愚蠢而又懶惰的人，需要被指揮督促；聰明而又懶惰的人，適合擔任最高指揮；至於愚蠢而又勤快的人，那就危險了，應該立刻予以開除，因為愚蠢的人越勤快，造成的破壞也越大。」

所以，勤快和懶惰是問題還是優點，取決於它們的應用情境。當我們不再把「懶惰」簡單地視為一種需要改進的問題，就會發現所謂懶惰的表現背後有著很多原因，不能一概而論。

例如懶惰可能代表「想找到最省事的解決問題的方法」、「不喜歡做重複的事情」，或者「希望省下時間享受生活」、「只喜歡做感興趣的事情」等等，這些背後的動機本身並不是問題。對存在的萬物，人類做出了很多好壞對錯的劃分，但這些劃分並不是萬物固定不變的本質，所謂的「問題」都是動態的、相對的，是人為的建構。

再者，當我們總著眼於解決問題的時候，也容易看到更多的問題，就像有人說過：「當你手上有一把槌子的時候，看所有的東西都是釘子。」生活有很多面向，對問題的緊盯不放極有可能讓我們離「更好的生活」越來越遠。不是所有的問題都能找到解釋或原因，生活中更常見的情況是，在我們找到原因之前有些問題就已經轉變了——比如頭痛或發熱。

允許問題存在並不是放棄努力，相反的，它讓我們可以在別的方向繼續努力，就像現今醫學仍對許多疾病缺乏有效的治療方法，然而這不等於完全束手無策，我們還是可以幫助患者在「與病共處」的同時，獲得更好的生活品質。如果你相信人並不等於疾病，如果你相信生活不等於問題，如果你相信每個人最終的希望都是盡量幸福地、有尊嚴地活著，那麼，你就會知道解除疾病的痛苦並不是唯一的解決之道，哪怕醫生可以治病救人，也不能保證我們會獲得幸福。值得思考的是，很多身體健康的人同樣在為不能幸福地、有尊嚴地活著而苦惱著，有些患病之人卻能擁有快樂、感恩的生活，這是為什麼呢？把全部精力都放在與問題的對峙上時，視野窄化的我們會變得「健忘」，忘記了惱人的問題和幸福的機會可能同時存在，也

忘記了消除痛苦後不一定就等同於獲得幸福。過上我們想要的人生，未必只有一條路，拘泥於消除問題反而容易忽略了其他的可能。

所以，從這個角度來說，頭痛的時候做一下足底按摩，或者腳痛的時候閉目聽些舒緩的音樂——「頭痛醫腳，腳痛醫頭」也可能會大有裨益。問題的解決方案可能與問題本身無關，但與我們最終的目標有關。比起「如何解決問題」，我們不妨問自己：「到底想要過怎樣的生活？」後者的答案可能會幫助我們「與問題共處」，甚至能「超越」問題和痛苦。

練習：讓問題不再是問題

被困在問題中時，我們最關心的是解決問題的具體手段和方法，然而只要有機會跳出這種「問題思維」，就會發現之前看到的問題只是事實的一個面向，甚至會發現「這個問題不再是一個問題」。請回想你目前面對的一個難題，然後嘗試回答下面的提問：

1. 在什麼情況下或發生了什麼，這個問題就不會再如此困擾著你？或者，如果發生了什麼，你會能容忍或忽略這個問題？
2. 這是目前最重要的問題嗎？它為何對你這麼重要？你重視的是什麼？你真正想追求的目標是什麼？解決這個問題是實現目標的唯一方法嗎？一定要馬上就解決

這個問題嗎？

3. 請再重新思考一下：這真的是一個問題嗎？有沒有其他的看待方式，比如，它是一個潛在的機會（好比能學習或成長），或者是事態曲折進程的一部分（例如到達谷底其實是邁向高峰的開始），甚至可能是某種資源或轉機（比方塞翁失馬、焉知非福）？

4. 你的生活中，有哪些部分沒有受到這個問題的影響？這些部分說明了你如何接納、應對或超越問題？你在這些方面做了些什麼？你可以在沒有被問題影響的層面多做一些什麼嗎？

5. 如果沒有這個問題的限制，你想要的未來是什麼樣子？對於你想要的未來，可以找到「繞過問題」的其他解決方案嗎？哪怕問題持續存在，是否仍然有小小地實現部分未來人生願景的辦法？

案例 16

婆媳議題：夫妻關係、知覺轉化、建構未來

我是智慧的女人

「這輩子我都沒想過，竟然會有要來見諮商師的一天啊！而且，還是為了這種最雞毛蒜皮不過的婆媳問題。」進門時神采奕奕的她，此時神色一暗，搖頭苦笑，言語中透露出絲絲無奈。

「有時看起來是平常的小問題，但對生活的影響卻很大。婆媳問題就是這種。」我想常態化一下她的感慨。

她俏皮地做出「妳懂得」的手勢，接著說：「我們家啊，什麼事情都可以吵起來。小到平日家務、生活作息，大到旅遊安排、財務規劃，公公、婆婆、先生、我，四個人各有各的意見，真的是⋯⋯但是，公公容易向婆婆讓步，我先生對我和婆婆的意見也大多能接受，所以啊，最後就只有⋯⋯唉⋯⋯就是我和婆婆兩個人意見最不容易搞定，我們都不願意跟對方妥協。講好聽一點，我們都是很有主見的人，結果我們兩個就那個⋯⋯就一直各持己見啦。哎呦，妳都不知道跟我婆婆溝通，實在有夠累的。」

我忙著點頭聽著，她毫不喘氣地一直說：「然後啊，我先生就變得很難做人。我也知道啦，他不僅要處理婆婆不滿的情

緒,然後,還要再來找我談,因為他希望我和我婆婆兩個人能互相妥協,或者看再怎麼去安撫我婆婆的情緒啊,什麼的。妳都不知道啦,這個過程煩死人了,我覺得很浪費時間精力,還會搞得大家都不愉快。」

我想岔開一下話題,還沒來得及開口,她話鋒一轉:「妳知道嗎,這些家事弄得我上班也很受影響,所以我會跟我同事抱怨,然後啊,因為同事彼此間感情很好,她們就鼓勵我來用一下公司提供的諮商服務啊。還有啊,周圍已經結婚的同事也都勸我,大家多少都有婆媳問題,還說我又不是最慘的,已經夠好了。他們說得也對啦,但是,妳知道嗎,我還是得消化一下我的情緒啊,我就跟我的朋友訴苦,然後我朋友就說,她們有人就是因為婆媳問題離婚的,所以她們一直警告我,要我小心防範,別讓事情擴大到不可收拾的地步啊什麼的⋯⋯」她一直慷慨激昂地講著。聽起來,她很清楚自己的處境,也有一些可以提供情緒支援的朋友。

我希望她補充一個略微正向的細節,也想間接地打斷她的滔滔不絕,於是我問:「什麼叫『又不是最慘的,已經夠好了』?同事怎麼會這樣跟妳說呢?」

「就是有人還羨慕我情況沒那樣糟啊,真是好笑,比如說,這些事情不是什麼大事啊,不是先生外遇、婆婆是虐待狂啦之類的。還有人說她的婆婆不僅蠻不講理,還挑撥兒子和媳婦的關係。」

她禁不住將雙手往上舉、翻了個白眼接著說:「這時候聽到這些,還真是讓人哭笑不得。還有啊,還有人說我先生人

很好啊、很想要尊重我啊,沒有一味地只想站在婆婆那邊。當然,她們說的也確實是事實啦,我先生他覺得我的意見是很好的,但是,他也想解決他媽媽的問題,常跟我商量如何處理他媽媽的意見。拜託,這很花費時間力氣的啊,很煩,每天已經有這麼多事情要處理了⋯⋯然後啊,聽到這裡的時候,同事她們竟然說,我平時不管在工作上、生活上都無所不能,一定能夠解決的。但是,我真能解決嗎?」

終於她停頓了一下,我趕緊說:「所以,我覺得在大家覺得所謂沒有更慘、已經夠好的意思裡,你們家很可貴的是先生認同妳的意見,不是站在婆婆這邊,而婆婆也沒有虐待、挑撥的行為,尤其是,她們相信妳可以像平常一樣,一定有能力處理這樣的婆媳問題。但是對妳來說,最需要花時間精力的是:處理與婆婆在家務事上的種種差異,而且還要面對先生會找妳討論如何處理婆婆的堅持。」我嘗試捕捉她訴說的重點,並重新組織一下,希望反映出她在言語中透露出的在意之處。

「對對對,就是這樣!」接著,她又一連串地講了好幾件生活瑣事,像是買菜、做飯、打掃等,而婆婆的做法因循守舊,耗時耗力,讓明快俐落的她實在難以忍受,甚至對婆婆的固執己見感到匪夷所思。她誇張地攤開雙手,表示內心的困惑與不滿:「都是這麼小的事情,比如什麼樣的剩飯剩菜不能丟掉啊,結果我們都需要勞師動眾地這樣談來談去。」

「甚至,包括現在還因為她得來諮商。」我緊接著說道,回應她剛走進時的那句話的意義。

她大笑起來,雖然有些無可奈何,但又再一次做出那個

「妳懂得」的手勢：「老師妳真幽默。對啊，是吧，真的有夠令人受不了的啊！」她似乎宣洩夠了。

「這樣說來，我有一個很重要的問題想先問妳：妳希望這次諮商談完以後，情況可以有些什麼不同？」我誠懇地問道。

「我剛才不是說了嗎，公司的同事提醒我員工福利裡包括免費的心理諮商服務啊，她們讓我來試試。」

「所以，試試看之後，妳希望這個諮商可以幫上什麼忙？或者說，妳為何而來？」再次把她拉回來確認晤談的目標，會讓我和她都不至於陷在這些雞毛蒜皮的抱怨細節裡，動彈不得。

忽然間，她的聲音突然變得溫柔了起來：「其實，最重要的是因為我先生啊，要不是為了他，我哪會想要花力氣來這裡⋯⋯我覺得他已經不知道怎麼辦了，這些年我知道他一直很辛苦，而且我覺得他也快受不了了，因為婆婆年紀越來越大，脾氣也越來越差，什麼話都聽不進去⋯⋯我都擔心她會不會是那個老年失智啊⋯⋯」我一邊聽，一邊提醒自己要記得，先生是她相當重視的人。

思路清晰的她繼續分析著：「不過，我和我先生之間的相處一直還不錯，他也常說我很優秀。不過，就我的理解啊，好像，從我先生的心裡來說，他理想的太太其實應該得分裂出一種人格，要扮演乖巧媳婦的角色。」

她的回答讓我困惑好奇。大概是讀到了我的表情，她說話的語速開始放緩：「這麼多年來，我知道他對我很寬容啦，也知道我成長的家庭比較民主，我爸媽都很尊重我們小孩，所以

我們兄弟姐妹都有很有自己的主見。他知道，我是不可能變成那種乖巧媳婦類型的人啦，再說，他當時娶我就是很喜歡我獨立自信又有智慧的樣子——這是他說的啦。」她嘆了口氣，接著說：「我是不怕我婆婆對我的不滿和失望啦，她在那邊抗議啥的，我懶得理她，我對這些是很不以爲然的，只是……」

她忽然停下來，然後，緩緩地說：「其實是上個星期我偷聽到我先生和他媽媽有些爭執時，他說自己很辛苦，夾在我們中間左右爲難。我先生的聲音聽起來都快哭了。我當時覺得沒什麼，但是這幾天，我越來越覺得難過。我想，唉，如果，如果我不再做出一些努力，我想，沒多久，他可能就會眞的受不了……」她流露著對先生的心疼以及對婚姻的擔憂。

聽見她富有感情的表述，我想，這是她在乎且希望有所突破的地方：「看來妳和先生兩個人感情很深啊。他很尊重與認同妳的看法，而妳也很在乎先生，不希望他繼續難受了，所以願意爲他來試著處理婆媳相處這件事。」我希望她更多注意到，在她前來諮商的決定裡，有著一份難得的夫妻之間的體諒與愛。

她感慨地說：「是啊，我很在意我先生。唉。之前，我先生不太會直接跟我說他的爲難，但是，嗯，除了聽到我先生和我婆婆講的話以外，前兩天，他竟然半開玩笑地說，他當時就是看我很有智慧、很有能力才娶我的。他求求我發揮一點智慧，因爲他自己也已經不知道怎麼處理好了。」

她撥了撥頭髮，整理了一下自己，坐直了身體：「我想，情況總得改善一點吧。」聽到她確定了改變的意願與方向，我

想現在應該可以直接問她所期望的願景了。

「妳希望情況能夠改變,至少要改善一點,那麼我現在問妳一個需要有點想像力的問題喔。如果今天晚上妳回家睡覺後,有一個奇蹟在這個夜晚降臨了,妳帶來的這個問題一下就被改善了,那麼,明天早上妳會看到什麼小小的訊號,讓妳知道這個奇蹟已經發生了……」我努力讓自己的聲音緩慢而平穩,邀請她開始勾勒屬於她願景藍圖。

她笑了起來說:「老師,妳在搞那個吉普賽人的水晶球嗎?這可能嗎?」

我也笑著回答:「是啊,妳這麼希望家裡的情況有點改善,所以我想請妳想像一下,妳最希望、最希望看到的結果啊,就先不去管可不可能啦……對啊,妳就想像,有一個吉普賽人的水晶球,會顯現妳最希望的未來生活,妳想,妳會從這水晶球裡看到什麼?」

心領神會的她開始認真地思索。一會兒,她說:「嗯,好吧,就是,早上起來,到飯廳吃早餐的時候,我就會從公公、婆婆、先生的眼神中看到微笑,就是那種……『我家的好媳婦來了』。」她有點笑場,擺出一副妳知道這是不可能的手勢。

我得繼續陪她勾勒這個早餐的畫面,讓她持續停留在這個願景中:「然後呢?他們眼中的好媳婦接著會做什麼事情?」她顯得有些哭笑不得地繼續講下去。

每當她離開這個水晶球裡的畫面時,我就再次拉回,還好了解我意圖的她也十分配合。最後她描繪出的情景是:吃早餐時,全家人不需要再為生活瑣事有任何爭執,只是閒聊今日各

自的行程計畫，或是簡單地話家常，然後出門時，她與先生兩人的心情是平和的，並且在開車上班的路上，兩人可以聊的只是關於夫妻之間的事情而已。她的眼神中漸漸出現一股喜悅的光芒——這真的是她真心期盼的景象。

但是，說著說著，她哭了起來。我不確定是什麼觸動了她。我困惑地望著她。

她依舊大方地直接回答我的困惑：「這樣的情景其實很少出現。我跟先生之間的談話裡，很難沒有婆婆……」她拿起面紙擦了擦眼淚，繼續說：「這樣說下來後，我真的覺得自己好渴望……好渴望的就是，就是這樣的一種平和的日子，而且，我先生和我聊的是我們之間的事情，而不是婆媳爭執的問題。老師，這個水晶球問句好厲害喔……」一瞬間她破涕為笑。

「妳很渴望能有這樣全家人平和相處的日子，尤其，妳可以和先生多談談的話題是只屬於你們夫妻之間的事情。」我複述著，並突顯著她的發現與在乎。

「是啊，所以，我得改變。」

「妳願意改變，不只是為先生的難受做出改變，也是為了自己的渴望。」我肯定著她的期望，也再次把焦點回到她身上。

突然間，她陷入沉默。對照她方才的活潑俏皮、口若懸河，這份安靜顯得十分特別。

不久後她似乎有了一些想法，深深地呼了一口氣，語氣堅定地說：「我想，我還是得跟妳討論如何做一個『好媳婦』，為了我先生，也是了我自己。」哇！當事人解決問題的創造

力，永遠超乎諮商師的想像。

「做一個『好媳婦』？」當事人自己構想出的解決方向，常是最適合自己，也最有動力去做的，非常值得尊重與先行深究。而且，我還需要記得協助她進一步釐清要做一個怎樣的好兒媳，還有如何幫助她達成「擁有平和的日子，和先生聊天時可以只談屬於他們夫妻的事情」這個目標。

「唉，我一直覺得結婚是兩個人的事，我不想當所謂的好媳婦。但是我現在明白了，這其實是分不開的，我想，如果我能當一個好媳婦，就可以擁有更多我想要的夫妻關係了。」我不禁內心感嘆，她真有華人文化中家庭互動的動力觀點。

「婚後的生活讓妳更體會到每一位家人之間都會相互影響。那麼，妳可以多說說所謂的『好媳婦』應該是什麼樣子嗎？」

她微笑地說：「至少先生開心、公婆滿意。」

但又皺起眉頭：「好像這樣也不太對啊。」

「怎麼說呢？」我問。

她搖頭：「我也不知道怎麼講，難道要我做那種三從四德的媳婦嗎？」

因為她提到了自己的感覺，對於思考敏捷的她，我改了一種說法：「換一種問法好了，當妳感覺『對的』時候，妳會如何知道呢？」

「這是什麼問題啊？」她笑著。

「就是當妳發現，對，這就是『我要當的那種媳婦』，那時候的妳會有什麼感覺啊？還是會有什麼想法出現？」我進一

步具體說明，示意她再想想。

聰慧的她果然立刻有了發現：「那我自己應該也要喜歡這個角色吧，不然的話，也做不長久啊！」

「所以，先生開心、公婆滿意、妳自己也喜歡這個『好媳婦』的角色，這樣才能長久一點。」我複述並總結她的發現。

她十分同意地說：「對，如果我不喜歡、我不開心，早晚也是會離婚。」

「而這是妳想努力避免的、最不希望發生的情況。」我回應著。

她用力點頭。「但是，這實在不容易啊。」她的雙眼逐漸泛起了淚光。

「是的，是不容易。」我表示同意：「但是，這是妳希望的。」

她慢慢地拭去淚水，彷彿也在整理著思緒。

等再次開口時，她說：「我想，以後我就盡量先跟先生商量一些事情，先講好後再讓婆婆知道，而不是讓婆婆追著先生來善後我跟她的衝突。先生傷腦筋的樣子，我也心疼。」

哇，她的思緒真快，我得快點跟上。

她一邊思考一邊繼續自言自語地說：「我想，我也無法做到婆婆心中那種媳婦。但是，就先減低我跟她之間那些無謂的、沒有必要的衝突吧……就是，有些實在不是什麼重要的事情，我就算了，我就睜一隻眼閉一隻眼。當然，我一定得一直提醒自己，這些事情都不重要，別跟她一般見識了。」

沒想到她突然冒出了這樣的解決方案。我驚訝地追問：

「妳是怎麼跑出這些想法的?」

她用面紙再擦拭了一下整個臉龐:「其實這些答案我早就想過了,可是我之前就是不願意去做,而且,之前我也覺得這樣的努力沒有意義。我覺得和公婆同住已經是很大的犧牲了……」

深呼吸了一下後,她繼續說:「現在不同了,我再不改變也不行……而且,剛剛那個早餐的畫面,實在很讓我觸動。我想,大家都很希望有這樣的平和日子吧,應該是不只有我想要。」

她停頓了一會兒,有些羞澀地說:「除了心疼先生,總要尊重一下他對媽媽的愛。我先生很孝順的……而且,我想這樣,總比現在大家一起做一些很消耗能量又沒效率的事情好。當然我得一直提醒自己,我不見得每次都做得到。」當她願意的時候,她應對這個問題的思路真是敏捷又周詳。

「嗯,早餐的那個畫面是妳的渴望,也可能是大家共同的希望,同時我還聽到妳說妳和先生之間相互的尊重與愛,帶動了妳願意尊重他對媽媽的愛。而且『不要沒有效率的互動』也是妳一開始的提到很在意的事情。」她含著笑意地聽著我的摘要。

於是我繼續說:「在這裡我也看到很多的接納,對妳自己、先生、婆婆現況的接納,以及之後需要繼續提醒對自己的接納。」我想大大肯定與鞏固她這些難能可貴的覺察與轉變。

「接納,原來是這麼不容易……原來,我這麼多年來都是卡在這裡。」她再次有些哭笑不得地拿起桌上的水杯,慢慢喝

了一口水,好像在進行著一種心理的調適一樣。

我等待著。

等她再次望著我時,我說道:「如果妳先生知道妳願意為了他、為了你們去做這樣的調整,妳想他會怎麼說呢?」我希望運用這份夫妻情誼繼續鼓勵與支持她。

忽然間,我又聽見她進門時的高亢聲音:「他一定會說,『當時娶妳的原因,就是我需要一個這樣智慧的女人啊!』」

她慧黠地繼續說:「誰知道這個『智慧』的定義,竟然不是讓事情變成自己想要的樣子,而是接受這個家的現況、接納每一個人的限制,尤其是我婆婆!」

「那發現這個『智慧』原來包括接受這個家的現況、接納每一個人的限制,對妳有什麼意義?有什麼幫助嗎?」我快快跟上她的領悟,並再次強化。

她看著我欣賞鼓勵的表情繼續說:「就不會一直罵怎麼會有這種婆婆、婚姻怎麼是這樣、我為什麼沒這麼萬能等等,就是……停止這些讓人分心費神的抱怨吧。」

我微笑地望著她。好似又恢復能量的她,突然不好意思地說:「咦,其實說到這裡,我覺得我有些地方和我婆婆也挺像的,都是那麼固執又愛抱怨。哈哈。老師妳有發現嗎,哈哈……」

我想,這時候除了可以繼續討論發現與婆婆相似的地方,可能對她會有的幫助之外,也可以開始探討之前她提到「如果她與先生能做到先商量事情」、「與婆婆之間先減低彼此無謂的衝突」,以及如何提醒自己等等的方案行動細節。還有,還

可以讓她想像一下，這個家庭與她自己會因為這些行動，可能之後會有什麼奇妙的變化。我要靜觀一下，看她想先朝哪個方向邁進。

無論方向是什麼，我相信，這位「智慧的女人」會繼續讓她的智慧展露無遺。

回顧與反思

焦點解決短期治療秉承目標導向，諮商師在初步了解當事人的現況後，會透過「成果問句」澄清當事人對於前來諮商的期望，並讓晤談對話先朝此期望的方向前進。在當事人傾訴更多之後，當事人常會逐步把期望更具體地轉成多個次級目標，這時諮商師需要再次使用「成果問句」和當事人確認，在不同的目標、多個議題或數個次級目標中，選出希望能優先討論的是什麼。

有時候，當事人會在對話過程中自行地慢慢釐清自己真正的目標，然後修改原先提出的期望，例如案例中的女士一開始是因婆媳議題而來，在諮商師多次使用「成果問句」詢問後，她意識到自己願意來找諮商師的主要動力是珍惜先生對自己的尊重、欣賞與看重，以及她捨不得先生繼續為難的愛意，從而由此得出自己願意開始嘗試的方向——透過自我調整，嘗試成為不同以往的「好」媳婦。

從案例中也可以明顯看到，諮商時使用「關係問句」常能突顯當事人與重要他人（如這位女士的先生、同事、朋友等）

之間的關係與情感,並借由關係密切人士的角度來反觀或肯定自己,這往往能幫助當事人走出自己的既有立場,擴大了原有的視野。此外,「關係問句」還能讓當事人藉由對他人的了解、同理與情意,進而放下原有的堅持,產生願意為對方努力的決心——就和案例中的女士一樣。

在諮商中,諮商師引導當事人討論「期待生活中能夠出現的景象」或「繼續存在的事物」,都比討論如何讓問題消失更為可行,尤其是涉及家庭互動的議題時。關於當事人的願景藍圖,「奇蹟問句」能特別有效地引導當事人進入想像的歷程,將注意力放在描繪希望的、偏好的未來,或不再被問題困住時的生活情景。邀請當事人回答「奇蹟問句」的時機很重要,像是案例中的女士開始展現出準備改變的積極態度時,便是合適的時機之一。

為了促使當事人更能進入這種奇蹟想像的引導,必要時,諮商師可以改用其他具有神奇力量的象徵方式(如神明指示、超人協助等),例如案例中的女士對「水晶球」的接受程度便顯然高於「奇蹟」兩字。使用「奇蹟問句」時,諮商師要以真誠與好奇的態度,持續、穩定地邀請當事人徜徉、停留於想像的願景之中,同時透過具體、詳細描述願景的相關細節,激發當事人更加覺察到自己真心想要過的是什麼樣的生活;正如案例裡在諮商師的逐步引導下,這位女士描述了奇蹟發生後從早餐到上班前這段平和家庭互動的畫面,以及在車上夫妻兩人只專注於彼此的對話情景,這些都讓女士深感觸動,因為她聯想到這也是自己渴望已久的、與先生互動的理想形態,而這樣

的觸動也進一步地激發了她後續積極構思解決方案的動機與創意。

「奇蹟問句」常能讓當事人從談論現在的問題，轉而思考未來問題不復存在時的情形，這個思維焦點的轉向將引發當事人與問題之間互動的轉變，比如大為減低問題對當事人的影響力，或者讓當事人修改對原有問題的定義、調整面對問題的態度等。一如這位女士透過諮商對話中的問與答，勾勒出願景中家人改變後的互動細節，在明確釐清自己看重的是與先生好好相處及與家人過平和日子後，她修正了原先對理想婚姻的設定，也不再聚焦於婆婆的言行舉止，轉而願意考慮在現有的家庭動力下，如何完成「好媳婦」的角色。

當然，在描繪願景之後，諮商師不僅會協助當事人將未來願景與現實生活進行連結，也常會鼓勵當事人回想並發現，生活中早已蘊含的解決之道或奇蹟乍現的吉光片羽。不過，焦點解決短期治療認為，諮商師需要協助當事人在「想要的目標」、「願意去做的目標」及「別人對他的期待要求」之間取得平衡，因此在使用「關係問句」拓展當事人知覺的同時，也需要評估當事人對於「同意去做」和「能夠做到」的意願與能力。正如諮商師與這位女士探討如何在考慮自己感受的同時，去做到「好媳婦」的角色，而且對好媳婦的角色設定雖然納入了家人的想法，但仍由這位女士自行決定她想要成為的樣子。

在當事人詳細描述出想擁有的美好生活後，往往更容易形成由現在邁向未來的一小步，而在確立了願景或大目標的情況下，先落實具體可行的小目標是很重要的開端。案例中的女士

自發地提出與先生事先討論、和婆婆減少無謂衝突等後續實際可行的方向,這是十分可貴的、也都值得再進一步討論如何落實執行。焦點解決短期治療重要的信念之一是:小改變常帶來大改變,當關係中的一方有了一個小改變,常能帶動另一方產生不同的回應;而在家庭中,一組關係有了正向改變時,往往會引發其他關係接續發生一連串積極變化,並啟動正向循環的出現。

生活踐行

◆ 先接受再解決

解決問題的關鍵點之一常是:能否承認和接受問題的存在,然而「接受」(acceptance)往往是困難的。對於讓案例中當事人煩惱的「婆媳關係」問題,當事人並非完全無能為力,但多年來她一直沒有面對的原因之一是不願接受婆婆就是這樣一個人:「她怎麼這麼固執?」、「她的要求明明都不合理!」這樣不斷循環的內在對話等於反覆強化著:「關係中的問題是她造成的!」、「這不是我的錯!」、「需要改變的是她!」

這就如同一位太太向所有人抱怨丈夫如何令人失望,她這樣做只是想讓所有人替她證明「有問題的是對方」,如此一來兩個人的關係問題,就變成了一個人(丈夫)要負責的問題。在日常的工作和生活裡也有很多類似的情況,無論是面對糟糕的上司還是讓人煩惱的同事,抱怨和指責常是我們的第一反應,因為我們想要為自己所受的傷害找到需要負責的人,且似

乎主動調整關係就等於承認「對方沒有犯錯」、「對方可以免於懲罰」。

或者，就像案例中的當事人表面上想解決婆媳關係問題，但是實際上長久以來她更想解決的是「婆婆的怪癖」，也就是說她更想改變的是「婆婆這個人」而不是「婆媳關係」，她覺得只有婆婆變成自己理想中的樣子，她才能接受婆婆這個人；換句話說，她認為是婆婆一個人要為婆媳關係問題負責。可是，當我們認定關係中的問題是別人要負起全責時，其實也就等於大聲宣布了：「我對此無能為力！」

然而這位女士接受婆婆的現狀，並不等於承認婆婆做的一切都有道理，而是不再將注意力都放在批評她、改變她，轉而能將思緒放在如何才能實現自己心中真正在乎的、想要的目標。即便「錯不在我」，但若關係中的問題影響到了我想要的生活，那麼我能為此做些什麼？這位當事人深思之後發現，自己最看重的既不是婆婆也不是婆媳關係，而是夫妻關係，於是她願意為此做出努力。不能改變婆婆是事實，但這不等於無法改變和婆婆的關係，也不等於無法改變和先生的關係。

在當事人終於「接受」了事實後，便發現問題的解決之道有著很多可能性。比如她可以更加感謝先生的付出，讓先生看到多年堅持的意義；或者學習抓大放小，不在所有問題上都堅持自己的意見；甚至她還可以選擇讚美婆婆言行中她所認可的小地方等等。即便有時錯誤的責任都在別人，我們依然可以為自己期望的目標或內心的需要做一點什麼；如果總等待別人改變我們才能快樂，那麼失望的我們可能一輩子都悶悶不樂。

接受現實就是允許問題存在，但不讓特定問題成為生活的全部，我們可能對特定問題無能為力，但不代表對全部的生活無能為力。如果花匠一直坐在屋裡抱怨窗外的花園不夠大，那麼他大概一朵花也種不出來；如果他能接受花園的大小，也許就能創造出獨特的園藝精巧之美。「我必須為所有問題找到最完美的解決辦法」，這樣的信念會讓我們在與現實對抗中精疲力竭、深感挫敗，相反的，承認現實中無能為力之處，也正承認了現實中我們能力可及之地。

人生中有很多事情無法被理解，只能去接受；只有接受現實，才能找到現實中的解決方案，這個解決方案未必是為了修正現實中的問題，而是為了趨近實現我們想要的生活。同理，接受自身的侷限不等於我們被侷限所定義，恰恰相反，這樣我們才能將自己解放出來，也才擁有發揮自己優勢的自由和機會，這往往才是我們的生命力和創造力所在。

◆ **應該做與願意做**

案例中的女士最後承認婆婆無法改變，自己也無法做到婆婆心中的好媳婦，但是她願意練習減少不必要的衝突，所以換個角度來說，這位女士之前欠缺的並不是解決問題的能力，而是處理問題的「意願」。解決問題或者實現目標的意願，經常比問題或目標本身更為重要，因為這決定了我們是否會嘗試啟動或付諸行動。

缺乏行動意願的解決方案或目標，永遠都是紙上談兵般，只是暫時緩解了我們面對問題的焦慮而已，就像那些每年都會

寫在記事本上卻一直無法完成的新年計畫：「我要學英語！」、「我要鍛煉身體！」等，大多淪為新一年的遺憾。這些未能完成的目標常是我們認為自己「應該做到」，卻不是「真心願意去做」的事情，因此我們可以把目標（或處理問題）分為三大類：一種是「我應該實現（或解決）」，第二種是「我願意實現（或解決）」，第三種則是「我應該也願意去實現（或解決）」。比如對案例中的女士來說，改變婆媳關係是她覺得自己應該去做的事情，但是一直意願不足、遲遲未能付諸行動，直到她認識到自己最看重的是夫妻關係，這時改善影響夫妻關係的這個婆媳關係，才成了她認為既應該也願意努力的方向。從「我應該解決婆媳關係問題」到「我願意嘗試改善婆媳關係」，其中的變化不只是行動上從無到有的差異，還是動機從零到一的突破，而從「我應該」到「我願意」的轉換關鍵正是：當事人能否從中找到這樣做的意義、價值，或者是好處。

　　我們對願意做的事情，經常會出現兩種特徵：一是會有自發的行動，無需靠意志力；二是享受過程，並不只是在乎結果。假如你很喜歡某項運動，一定會想方設法抽出時間，並且享受其中，若只是當成減重的手段，而且過程中感到非常痛苦，很容易就會找機會偷懶，哪怕有再強大的意志力也很難長久堅持下去。

　　又比如，根據別人給的好書推薦，你的新年讀書計畫中也列出了長長的書單，但是當你打開每一本書時，都沒能激起閱讀的樂趣或興趣，那麼最後那些別人眼中的好書也可能只是落得堆在角落蒙塵而已。遇到這種情況，我們不妨換換個思路，

從自己感興趣的書開始,就像有人說的「讀你喜歡的書,直到你喜歡上讀書」——從那些我們有意願的目標開始改變,不僅會激發行動力,也更容易帶來成就感。

同理,許多人的人生理想中有很多「應該」實現的目標,但這些目標未必符合我們的意願,而且很可能是從別人那裡抄襲來的理想生活,以至於一想到這些目標,感受到的不是興奮激動而是畏難猶豫。於是,這些目標不僅變得很難實現,還會搞得我們非常挫敗,甚至產生深深的自我懷疑。然而,無論是實現目標還是解決問題都是為了擁有自己真心想要的生活,既然如此,條條大路通羅馬,獲得更好的生活從來不會只有一條路,我們可以選擇從自己更願意開始的方向昂頭起步。

例如「減重」是個讓人容易有壓力的目標,但如果最終目的是為了更健康,那麼就這個最終目的而言,除了降低熱量攝入、增加運動量,還有其他很多種可選擇的行動,像是投入一項熱愛的體力勞動(如種花種草)、學習自己做健康的美食、培養一個能抒壓的興趣愛好等等。當你不再把眼光只盯在「減重」上,就會有更多的創意空間,也更容易獲得有助於堅持下去的意義感及成就感。

「你願意」走出的一小步,通常也會引發超出預想的後續效應,比如選擇了自己喜愛的瑜伽課,然後在課堂上認識了一位新朋友,也因此讓持續下去的可能性大大增加了,如此一來,「你應該堅持」也順勢變成了「你願意堅持」,甚至是「你不想錯過」。

面對空蕩蕩的花園,如果花匠感到無從下手,那麼最簡單

的辦法就是從最喜歡的角落種下自己喜愛的那一種花開始；當第一顆種子落下時，就已經「開始」成為一座花園了。

練習：自我激勵的方法

我們習慣在生活中設定各式各樣的目標，然而在為目標行動之前，需要先澄清這些目標為什麼對我們如此重要，而且這不應該只是一種基於理性的權衡，還要參考我們發自內心的感受，比如「這是我真正想做的」或「為這個目標努力讓我感到快樂」，因為這會影響到我們行動的動機或意願。

不過，就算是那些我們認為自己應該做、卻缺乏動機的事情，還是可以透過一些方法提高意願。請思考你目前的一個目標，然後試著回答下面的問題：

1. 這個目標對你有哪些個人的意義？它與你生命中最在乎的哪些人、事、物有著怎麼樣的關係？
2. 在實現這個目標的過程中，你要如何設法用上個人優勢或過去的成功經驗？如果能用上這些資源，你對這個目標的感受或想法又會有何不同？
3. 實現這個目標可以有哪些有創意的方式，甚至是更好玩的行動？其中你更喜歡哪一種？你能想到讓這個目標的實現過程變得更有趣或更有意義的方法嗎？
4. 有誰可以幫你增加實現這個目標的動力？你希望他或

他們做些什麼?

5. 這個目標是為了達到什麼樣的最終目的?為了實現這個最終目的,是否還有別的方法?其中哪些是你更有意願、動力或興趣的?

6. 想像一下那個最終目的達成時的景象,那時會有什麼令你歡欣鼓舞的場面?這幅場景又能為你在設定當下的目標和行動策略時,帶來哪些啟發?

案例 17

職場議題：同事關係、溝通技巧、情緒調適

我是好主管？

　　她剛走進諮商室坐下，便爽快地直接提出想要談論的主題。她剛晉升為公司的中階管理者，所以希望自己身為主管，能夠不要那麼情緒化。

　　「妳希望自己不要那麼情緒化。那麼，如果有可能，妳比較希望自己是什麼樣子的呢？」我也爽快地直接詢問她想要的目標。

　　「嗯……不那麼情緒化，就是啊……是這樣子的，現在下屬不能完成任務時，我就會開始不高興，所以有些下屬離開辦公室後，就會跟別人說我的臉色很難看、很情緒化什麼的……」她思索了一下，接著說：「唉……不過，怎麼說呢，我自己名聲不好就算了，但是，我覺得最對不起的是把我提拔上來的那位主管……我甚至開始懷疑自己是不是能夠勝任得了這一個中階幹部的職位……」

　　在一份自責裡，經常也存在著一種在乎或是一份資源。「聽起來，似乎妳很希望自己能勝任這個新的職位，也希望對得起提拔妳的那位主管。」我強調著。

　　她快速地點點頭：「這個主管是一位很好的主管、很優秀

的上司。他有跟我提過,我這職位不好做。」

我也快速地提問:「那麼他有跟你提過,是什麼讓他決定提拔妳呢?尤其這個職位並不好做。」我希望在她認同與在乎之處稍作停留,為她提振一些能量。

她笑了笑說:「主管說認識我這麼多年,覺得我很認真負責,沒什麼倚老賣老、老油條的那種態度——就是一些資深的人會有的那種習性。」

我欣賞地表示理解:「多年來妳堅持認真負責,讓妳的主管信任妳、願意提拔妳。而妳也希望妳的下屬可以認真負責。」我試著將她說過的話組織了一下,也想繼續突顯她的優勢與在意之處。

她再次笑了笑,表示同意。

不過,談到這裡,我反而不太確定她想來談的目標了,或者我更加困惑的是,優秀的她真正需要我幫忙的地方是什麼?是一開始提到的,希望自己在下屬沒做好時不要有情緒化的反應?是她在意下屬的公開評論?是後來提到的,她希望自己勝任這個新職位不負主管厚望?還是希望下屬可以認真負責工作,或是還有別的期待?我提醒自己不要替她做決定,需要與她直接確認。

「聽到這裡,我想再跟妳確定一下,如果有可能,妳會希望在我們晤談後可以出現什麼改變?」

她思索了一下回答:「我想,我還是希望自己可以不那麼情緒化,就是不要露出一張不開心的臭臉,我是這麼想的。」

這與她一開始提到的目標很一致,還好我有跟她確認,沒

案例 17 我是好主管? 325

有自動化地帶領她走到其他方向。

這個時候,很需要將她的目標更加具象化,才能使我們的晤談更聚焦在她想要的結果,因為我發現自己並不確定她指的是什麼。

「所以當下屬事情沒做好的時候,妳希望他們看到的妳不是那麼情緒化、也沒有露出一張不開心的臭臉。那麼,妳希望他們看到妳的表情是什麼樣子呢?」我得更明確地澄清,當下屬事情沒做好時,在這個人際情境裡她希望成為的樣子——尤其是在下屬眼中的她是個什麼樣子。

認真的她果然開始用心思索,她邊想邊說:「我希望,我就是⋯⋯很自信、很穩定,甚至,有一點鼓勵他們的樣子,比方說啊,可以說一下,相信他們可以做得更好之類的。」

她停頓了一下,繼續思考,然後接著說:「我希望呢,我是一個有要求、能鼓勵人的那種主管,這樣,下屬會更願意主動做好。他們開心,我也開心,何樂而不為呢?」看得出來,她真的很優秀。

我面露欣賞地點著頭:「對我來說,妳這些想法其實也體現出,妳已經是一個很用心、很有想法的主管了。」她笑了笑,收下了我的讚美。

我用她的遣詞用字,依據良好目標設定的原則,將她的目標以她希望「出現」的結果,而不是卡在「不要」發生什麼來進行歸納:「所以,妳的主管認為妳是一位認真負責、可以成為中階主管的人,而妳也想成為一個有要求、能激勵下屬的主管。在下屬沒做好時不情緒化,能保持自信穩定與鼓勵的態

度,同時希望他們能把事情主動做得更好。」讓她聽一次自己描繪出來的目標,有時這樣會激發出更多想法,或者至少,她會知道自己想要努力的方向。

「對,就是這樣,我很希望能這樣。」她微笑著,俐落地回應道。

看著面前認真負責、用心優秀、俐落直爽的她,我不禁有些困惑起來:「其實,妳很清楚自己的處境,也很清楚自己想要成為什麼樣的主管。那麼,妳覺得,要成為這樣的主管,對妳來說困難的地方究竟是什麼呢?」我希望能用「何以有困難」的觀點引導她在看到自己優勢的同時,更聚焦到她需要協助的地方。

她霎時停住了笑容,深鎖眉頭地,再次認真思索起來。

過一會兒,她猶疑地說:「是因為我要求太高?太認真負責?但是,好像也還好耶,我不太知道要怎麼回答這個問題。」看著她答非所問的疑惑,我想我得換個方式來前進。

「那我換一個方式來問好了:在什麼時候,雖然妳的下屬表現沒有如妳所期望,妳卻不會感到不高興,而是是用比較自信、穩定、鼓勵的態度去處理的?」

她立即接話:「有啊,其實,大多數時候我都是平穩的啊,大家反應也還可以啊……像是……」她分享了幾次令她滿意的處理下屬的經歷。

突然間,她若有所悟地說:「講到這裡,其實,我想……就是有兩、三位比較資深的下屬,搞得我很抓狂。」她已經開始回答之前那個提問了。每一個提問,還真像是灑下了一枚種

子。

「這兩、三位資深的下屬,有什麼特別的地方嗎?」

「會講我情緒化的人其實就是他們。因為他們資深,說話也特別有影響力,我自己也特別在乎這三個人,因為,我們是一起進公司的,認識很多年了。」她已經開始從一個模糊的目標,進入到明確的人際脈絡議題了。每個人在不同的人際脈絡互動中,總會有些不同的表現、不同的在乎。

我複述說:「他們資深、有影響力,而妳也特別在乎這三個人。」她便立刻接著說:「我也特別希望他們能夠支持我。有時候,我心裡也不痛快,大家都認識了這麼久,你們怎麼不體諒一下我身為中階幹部的為難之處呢?」她若有所思又有些失落地說:「或許⋯⋯是我不應該期待他們能夠體諒我吧⋯⋯」

她的反應讓我想到,或許可以在探討她對這三位下屬期望的同時,再次強調多數時候她都有平穩處理其他人的能力,同時也緊扣她剛才提及的目標:「妳可以幫我釐清一下嗎?對於這三個人以外的其他下屬,當他們做得不夠好時,妳是怎麼能保持著平穩、鼓勵的態度呢?面對這三個人,又有哪些地方不一樣呢?」

「嗯,這個⋯⋯我會認為其他人很多是新手,有很多事情是需要學習的,所以比較能夠平和地應對,就是好好地教導他們。但是,對這三個同事啊,他們都已經是很有經驗的人了,我知道他們做得到啊⋯⋯我就是,怎麼說呢,我就是很氣他們,不懂他們為什麼要隨便做、為什麼不把事情好好做到位

呢?」

　　這段話充分展現出她的思維脈絡,我不曉得她是否注意到自己已經做到的地方,以及生氣中的那份在乎。於是我剪裁她方才敘述的關鍵字說道:「是的,對於新手,妳會願意教導,也能平和應對;對於有經驗的人,妳認為他們可以表現出應有的水準、把事情做到位,所以一旦他們隨便做就會讓妳生氣,特別是這三位和妳有多年同事情感的、資深的同事。」

　　她開始轉動炯炯有神的眼睛說:「這樣說起來,我會有這些情緒是很自然的啊!難怪,當他們說我情緒化的時候,我除了很驚訝,還有一點不服氣的感覺。他們明明應該做好自己的事情,而且明明也可以做得到的!」提高聲量的她似乎更能理解自己會有所謂「情緒化」的「重要理由」,也更能接受自己出現這些負向情緒的情境脈絡。

　　順著她的理解與在乎,我追著問:「這三位下屬妳也認識很多年了,你們一起進公司、妳希望他們能夠支持妳。那麼,這三位應該也能做好事情的下屬,以妳對他們的認識,我想請妳猜想一下以他們的立場,他們為什麼做事時會隨便做,不把事情做到位呢?」

　　她不加思索地回應道:「他們認為自己都已經辛苦很多年了,既然熬成了公司裡的老人,就覺得現在應該要輕鬆一點。」

　　我好奇地問:「妳是怎麼知道的?」

　　她急切地說:「我跟他們談過啊,他們就是這樣說的。我當場跟他們說,我實在沒有辦法認同他們這樣想……」她有些

案例 17　我是好主管?

不悅。

「妳『已經』找他們談過了喔，所以，才能知道這些。」我用力肯定著她的努力。我也提醒自己，要再多去邀請當事人看見她已經做到的部分，並且製造一個探究的機會。

她堅定地點點頭：「對，當然，我不會讓事情放在那邊擺爛的。」透過對話與提問，當事人常會想起自己曾經做過的努力，並再次擁抱自己的優勢。

「不會讓事放在那邊擺爛，好像也是一個好主管的特徵呢！」我幽默地說。

她笑了起來。她接著說：「我跟妳說，其實啊，我非常不高興，因為他們還認為我應該要特別『罩』他們，讓他們可以矇混過關什麼的。這讓我更生氣。」

我請她多說一點會讓她這樣生氣的一些重要理由。她說：「我其實非常希望他們能夠比別人表現得更優秀，因為我知道他們有經驗、有能力，這樣一來，以後有機會就可以把他們也提拔上來，別人也就不會覺得我偏愛他們，或者會說什麼包庇自己熟悉的人啊那種話。」

沒想到我竟意外地聽見她這份特別的心思，真希望她能注意到自己生氣背後的那份情義：「在妳的憤怒裡，除了認為他們應該做得好，還有著對他們能力的信任。妳希望也相信他們能夠做好，同時希望以後有機會能正大光明地提拔他們，給他們升遷的機會。這是一份很深的情義啊。妳是用妳認為對的方式在『罩』他們呢！」我重新建構了這份「罩」的情義。

她用力地點點頭：「當然啊，因為我們一起進公司，一起

奮鬥過。我很珍惜這份同事情誼。」

但是,他們之間何以會變成如今這樣?我困惑地問:「他們知道妳這番苦心嗎?」

「他們應該知道的啊!他們會不知道嗎?」她有些驚訝我提出這個疑問。

「妳覺得他們的反應,代表著他們知道嗎?」我反問著。

「妳這樣講,我也開始不確定了。或許他們不見得這麼清楚吧⋯⋯因為啊,關於提拔升遷的事情,我其實不好明說,只能一直跟他們說,你們也可以做得很不錯的啊,好好做嘛!然後,他們就說我臭著一張臉什麼的,我就講不下去了。」她一邊回憶一邊講著。

他們之間的認知落差,或許會是改變的契機。我追問著:「如果他們知道了,妳猜,他們會有什麼不同?」希望運用「關係問句」,可以提高突破的可能性。

「那妳覺得我應該再去跟他們談一談嗎?」她以問題回答了我前一個問題。

「妳認為呢?」我再以一個問題回應她的問題。

她認真地說:「不管怎麼樣,再清清楚楚談一次就對了。」

「妳真的很直接俐落,我也再次看到妳對他們的看重。根據妳過去跟他們相處的經驗,妳覺得要怎麼談,才能夠談得『清清楚楚』呢?」我希望將他們過去相處的寶貴經驗納入具體行動的討論,也希望這些行動能化解她與他們之間的認知落差。

「這部分沒有問題,我很有把握。」她接著很快地簡述了

與那幾位下屬的對話策略,這些策略也依舊保持著直接、坦誠、關心的態度。聽起來,當她更清楚知道自己的立場與位置時,關於如何應對便會胸有成竹。

鼓勵並等待她行動後的結果,成為這次晤談的句點。

再次見面時,她飛速地告訴我她非常失望,因為在和這三位同事談話後,他們仍然希望她能睜一隻眼閉一隻眼,讓他們可以把她當靠山,在公司橫行無阻。對於升遷,他們並沒有企圖心,也覺得這只是她在找他們麻煩的藉口。

雖然明顯看得出她的失望,我仍然先選擇表示:「很佩服妳能『套出』這麼多對方的想法,妳是怎麼做到的?」

她苦笑著說:「妳真幽默。」

「對他們的想法,妳是什麼看的呢?是什麼讓妳這麼失望?」我繼續澄清著她的主觀知覺。

「我真的很不以為然,先不說是不是要把工作做得更好,我覺得,人啊,至少要『當一天和尚敲一天鐘』,就是應該把自己的本分做好,更不應該有熟人罩著就開始想著懈怠或橫行。我真的很驚訝他們是這樣的人。我們已經認識很多年了呢。」

我輕輕同理著說:「所以妳跟這三位同事的想法,真的很不一樣呢。在妳的失望中,不僅有妳對他們為人處事態度的驚訝,還有著妳對工作的負責與堅持。」

她點點頭,安靜了一會兒,好像在消化著這發生的一切。

我也默默等了一會兒。

她嘆了一口氣,接著說:「不過,我還是覺得很無奈,我

真的不希望有這樣的情況出現。但是,到了現在這種地步,我覺得⋯⋯嗯⋯⋯我需要,怎麼說呢,就是,我需要拉開我跟他們之間的距離,我們的相處方式也必須要調整一下。」

她又嘆著氣,繼續說道:「但這樣就表示,我們不會再跟以前一樣了⋯⋯講到這裡,我其實很難過,因為我也不希望這樣⋯⋯但是,好像也沒有別的辦法⋯⋯」

「說到這裡,好像妳已經做了一個決定,即使不是原本期望的樣子。」

她又長長地嘆了一口氣,以堅定多過遺憾的眼神看著我:「是的。我必須放下我原來的期望。」

依據她的反思能力,我想我可以嘗試這樣問:「談到這裡,妳覺得,如果妳是我,妳覺得現在眼前的這位諮商師,應該接下來問妳什麼樣的問句,可能會對你有所幫助的呢?」

她不禁莞爾一笑地說:「這是什麼意思?」

我認真地說:「解決問題時,能問自己一個好問句是很重要的。一個好問句會成為自己可以思索或努力的方向。」

恍然大悟的她,用心地想了一會兒說:「我想問的是,現在,我到底希望自己用什麼方式,和他們繼續相處下去?」

我讚許地稍微潤飾了一下她的這個問句:「所以,雖然不是妳願意的,但是如果有機會,妳希望已經身為主管的自己和他們之間的相處是什麼樣子,會是現在的妳比較能接受的呢?」

她坐正了身體,像是想要讓自己振作起來一樣:「我希望自己能夠穩定、溫和地要求他們。」

「還有呢？」

「當他們沒做到時，我想我需要反覆說明、反覆要求，但是我的態度要維持平和，不要生他們的氣。」

我將她之前提到的困難，連結到她好不容易取得的突破，進一步追問：「當妳能反覆多次說明和要求、維持著平和的態度對待他們時，那時妳的內心會如何看待他們沒有把工作做好，甚至會怎麼想他們對妳的不悅、妳對他們的失望，還有你們之間的情誼呢？」

她還是不斷地嘆氣：「唉……或許，我可以用電子郵件或社交軟體留言的方式，反覆來提醒他們，這樣沒有面對面的直接接觸，可能我們彼此都會平和一點──至少我可以維持平和一點。」雖然沒直接回答我的問題，但這是一個她認可的方法。常常只有在當事人回答諮商師的「提問問句」後，才會知道這一個「提問問句」對他們實際上發揮了什麼效果。

只是，她的嘆氣又讓我再次感到困惑，畢竟她已經有了解決方法了，所以我問道：「其實妳已經有了一些方向與做法了，那為什麼還嘆氣呢？」

「我還是覺得很感慨，因為我的升遷、因為權力的變化，讓大家的情感也隨之改變。我真的很感慨……我還是會珍惜我們的情誼，也會堅持我的工作角色，但是，好像在這個過程中，我也只能接受、只能再適應……就是，我還得再去學習，從同事身分升上來的這種主管角色。」此時，她深深地吸了一口氣，又大大地抒了一口氣。

「是的，這真的很不容易，而且難得的是，妳接受這是一

個需要適應、需要學習的歷程。」我繼續跟隨著她,肯定著她現在懂得給予自己這樣的調適空間。

她又深深吸了口氣,彷彿有了更多的能量後說:「我現在才比較懂得提拔我上來的主管當時跟我交待的一句話:『記得,同事是同事,同事和朋友是不同的關係。』原來他都看在眼裡。唉……我本來是希望我們可以保有情誼啊……當主管真的很不容易……從同事身分升上來當他們的主管,真的是一個需要練習的過程啊!」

我專心地聽著,欣賞著正在職場中蛻變的她。

她打斷了我認真的傾聽,在我還沒來得及表揚她的時候,思維敏捷的她就接著說:「現在,老師妳應該要問我的一個問句是:『妳打算要怎麼練習,才能讓自己真正培養出這種主管的心態還有領導能力?』」

回顧與反思

尊重當事人的焦點解決短期治療強調:晤談對話是以當事人希望的諮商目標為前進方向,諮商師不能有預設立場,或越俎代庖地直接選擇諮商的主題,同時諮商師需要和當事人確認在其提到的諸多議題中,最希望能優先完成的目標是什麼,以及切實地尊重當事人的決定。

例如案例中,展開對話後的當事人提到了希望自己不要情緒化、能勝任新職位、不辜負領導的期望、希望下屬能認真負責,以及面對下屬對她的指摘等許多個主題,而諮商師在與當

事人確認後發現，不情緒化地處理下屬問題仍是當事人最想先探討的方向。以當事人期望或決定選擇的議題作為諮商方向，除了能展現對當事人的尊重之外，也常會激發當事人對晤談產生更多參與，並且提高其突破困境的動力。

對於如何設定「足夠好」的良好諮商目標，焦點解決短期治療列有一些最佳原則，其一是關注當事人的看重與在乎之處，其二是以「出現什麼而非消除什麼」的語言來具體描述目標。比方案例中，諮商師協助這位新任的中階主管將原本希望對下屬「不情緒化」的目標，轉為能以自信、平和、鼓勵的態度來應對不盡職的下屬。在當事人以負向語言描述的問題時（如：不想要什麼），其實無法清楚、明確地對應著真正期望的目標（如：想要什麼），這種不一致容易引發諮商師的猜測與混淆，比如會錯意不情緒化的意思，以為是要能出現面無表情的撲克臉反應。若當事人能將目標以正向的、動態的方式具體描述出自己想要看到的結果，自然也能夠更明確自己後續需要朝哪個方向繼續努力。

當然，對於當局者迷的當事人，有時不見得能立刻清楚說出自己的目標，而且隨著晤談對話的展開，當事人的目標常會經歷不斷釐清、形成、修正的過程。就像案例中諮商師以「何以有困難」的角度，引導這位當事人反思：在已經清楚知道自己的目標和努力方向的情況下，對她而言，改變的困難在哪裡——這樣的做法旨在幫助當事人能更加覺察到實現目標的關鍵突破點會是什麼。

類似的道理，當諮商師採用「在什麼情況下妳做到了期待

中的樣子?」這樣的「例外問句」提問時,不僅突顯了這位主管平時已能平穩應對新手下屬的既有領導力,也幫助她在信心提升後進一步發現,自己難以平和應對不盡責的資深同事背後,其實有著種種考慮與諸多難處,與此同時,當事人的諮商目標便從一開始希望自己身為領導不應情緒化,轉變為要如何應對這三位有著特殊情誼但又不夠負責任的「老」同事兼「新」下屬了。

焦點解決短期治療認為,當事人的情緒常反映出所在乎的人事物,這是一種可貴的資源。案例中這位主管的生氣即是反映出她對認真負責的工作態度有著一份高度的堅持;而且,當她能更清楚意識到自己願意教導新手而不能容忍資深同事瞞混過關,或者期望這群老同事能好好表現以便順理成章提拔他們等等的立場,她便更加接納了自己種種情緒的反應。

往往在當事人情緒變得平穩後,會比較容易出現能理解對方想法的空間,進而產生關係變化的可能。就像諮商師透過「關係問句」的引導,邀請這位主管思索對方是否了解自己的一番苦心、善意與情義,以及對方知道後可能會有什麼不同,從而促使她願意與資深同事們再次溝通。

當然,行動的結果並非總能順心如意,案例中這位主管與資深同事的溝通就沒有獲得預期的結果,不過這也成為再次對照出自己與對方價值觀差異的重要參考——這也正好說明了焦點解決短期治療重視「行動後頓悟」的觀點,也就是:採取行動而非原地猜想,而依據行動後的結果,才是認識自己、確認環境、修正目標的最佳利器。

好比案例中這位主管在嘗試溝通失利後,重新確認自己當前想要與三位資深同事互動的方式,同時也開始思考日後處理他們過失的可能做法。當然,對於這樣一個令人感慨、並不輕鬆愉快的過程,諮商師將其重新建構為一次學習的機會和提升領導能力的磨練,這不僅承接了當事人的情緒,也扣回到她的另一個在意之處:不想讓提拔自己的主管失望。

在這則案例中,還呈現了諮商師邀請當事人自行設計的自問自答,這正是體現了焦點解決短期治療中所發揚的「由當事人引導對話」(conversations led by clients)的提問模式,目的是為了能配合當事人想要的速度與方向前進。這之後若當事人能更熟練地自行設計詢問自己的提問問句,或更熟悉焦點解決思維的自問自答,都將大幅提升當事人在平日生活中的自我決定與自我協助能力,換句話說,當事人除了需要幫助諮商師「真正成為她的諮商師」,也需要有機會促使自己成為「自己的諮商師」。

生活踐行

◆ 掙扎也是成長

如同硬幣的兩面,成長不僅意味著「收穫」,有時也伴隨著「失去」,因為成長即是「改變」。不一定所有人都會接納和配合我們的轉變,有時我們不得不跟過去的人和事說再見,一如本篇案例,有些人際關係會因為我們的成長而受到挑戰,這位當事人便因為獲得升遷卻失去與同事多年來的情誼。成長

本身就意味著不斷「告別」過去，這個「邊得到邊失去」的過程，可以理解為一種「成長的陣痛」（growing pain）。我們不喜歡疼痛，但成長賦予了這種疼痛特別的意義。從這個角度來看，有時變得強大並不代表「不再痛」而是能「承受痛」，這也是成長的標誌之一。

除了成長中的暫時性陣痛，我們還得面臨成長中的階段性混亂，就像案例中的當事人，她的諮商過程其實也是一個在混亂中釐清頭緒的過程：「我究竟想要什麼」、「我要如何去做」。成長意味著改變，而改變意味著打破舊秩序和建立新秩序，在新舊交替之際，往往充滿了混亂和失序，這不是任何人的無能，相反的，這是所有人成長的必經之路。

從這個意義上說，混亂是成長的前奏也是成長的過程，能夠接受甚至擁抱迷惘，成長才會繼續發生。許多人寧可停留在熟悉的痛苦中也不願意邁出改變的一步，因為這些熟悉的痛苦至少讓我們獲得了某種確定感，而未知的未來有時比已知的痛苦更可怕。

其實，成長就是允許自己再次走向「失控」，比如嘗試新的體驗或挑戰未知。生活中，每天都在發生各種意外，沒有人能夠按照原定計劃過完一生，人與人的區別便在於是選擇主動擁抱變化，還是被動等待變化。透過選擇成長，我們可以一次次主動地迎向變化，即使無法控制變化的浪潮，卻可以成為有經驗的「衝浪高手」。

成長能讓我們變得強大，但強大從不代表著「一切盡在掌控」，也不表示對成長過程中的混亂、無序、迷惘，能夠完全

免疫或毫無痛癢。強大是指我們越來越有經驗面對和處理這一切，並能從中找到積極的意義；把這些陣痛當作成長正在發生的標誌，還是看成是自己無能的表現，都會影響我們堅持下去的勇氣和決心。

成長有時就是「學著習慣我們的不習慣」，每件事在變得容易之前都是困難的，因此「掙扎」也是成長的一部分。成長之所以令人生畏，甚至讓我們感覺自己笨手笨腳、無所適從，正是因為那是我們尚未踏足過的領域，而如果一直站在原地，我們就永遠無法抵達想去的地方。

◆ 安頓身心是解決之本

有效地應對問題，並不等於只是有效地解決問題而已；不被問題打倒、陪伴自己熬過難關也是一種有效應對。好比案例中的當事人決定將自己和資深同事的關係重新設定為主管與下屬的關係，雖然她無法控制對方的反應，他們之間的摩擦與矛盾也或許將一直存在，但她仍可以學著與內心的波瀾起伏相處，保持平和與堅定。

「成長的陣痛」也許一時難以消除，卻並不表示我們什麼都做不了。自我是我們解決一切問題的基礎，安頓好自己才能應對難關；挑戰越大，越需要調整好自己的狀態。說到底，「身心安頓」是解決難題和度過困境的重要基石，因為比起勢如破竹，「撐下去」與「熬過來」更接近真實的成長過程。我們不妨借鑒人們對待「慢性病」的智慧來看待成長過程中持續的陣痛——所謂慢性病，意味著在很長時間內都無法治癒，甚

至可能往後一輩子都得與之共存,接受罹患慢性病這個事實並不等同就要放棄人生,人們依然可以尋找讓自己好好過日子的辦法,而不是讓慢性病變成生活的全部。

安頓身心的前提是了解自己,每個人的內心世界都是獨一無二的,哪怕面臨相同的挑戰,也沒有人能完全體會到另一個人內心的感受和壓力。從這角度來說,成長也是孤獨的。這就像同樣舉起30公斤的負重,有人覺得輕而易舉,有人力不從心;再比如,面對別人的反對,有人毫不在意,也有人寢食難安。我們經常只看到別人成長的快慢或多少,卻鮮少注意到每個人內心的負重各不相同。

正因為沒人能完全體會我們成長中的陣痛,我們才更有責任成為自己的陪伴者和照顧者,因為只有我們能了解自己的負荷與極限。一味地要求自己跟別人一樣,就像一味追求突破而不顧身體條件的運動員,不僅沒有催化成長,反而帶來傷害。

而且,成長是一個過程而不是一個結果,就像生命本身就是一個持續發生、持續體驗的過程。在追求成長的路上,如果過於看重結果,我們就容易認為正在經歷的生活是到達目的地的路徑而已,比如「我努力就是為了成為未來那個更強大的人,所以我討厭現在這個弱小的自己」。事實上,生活並沒有昨天與明天或者這裡與那裡的分別,生活就是此刻正在發生的一切。正如寫下《沉思錄》的羅馬皇帝馬可斯·奧理略(Marcus Aurelies)所說的:「即使活上三千年,甚至三萬年,你也應該記住:人所失去的,只是他此刻擁有的生活;人所擁有的,也只是他此刻正在失去的生活。」

「我想成為什麼樣的人？」這個問題，它的答案並不在未來，而是包含在「如果未來已來，在這個當下我會如何生活？」之中。所謂變得更強大的表現方式之一是：在脆弱時更懂得如何照顧好自己，在混亂時更懂得如何安頓身心以應對變化。不妨問問自己：「當我變得更強大時，又會如何陪伴自己的脆弱和糾結呢？」如果現在就能試著按照答案去做，那麼也可以說「未來已來」，你已經部分實現了對「強大自我」的期望。面對種種困境，最重要的應對發生在我們的內心，因為這是一切行動的起點。

人生的成長並不是藉由一個個完美周密的計畫實現的，相反的，成長是隨時根據所處的情勢不斷調整行動而達成的。從這個角度說，我們無需糾結於一個完美的成長過程，只要搞清楚眼下需要做的是什麼就好。俗話說得好：「飯要一口一口地吃。」成長的厚實基礎，就是學習如何日復一日地在各種生活情境中安頓身心、照顧好自己，這也許就是生命的本來面目。

練習：做一份自我照顧清單

自我照顧（self-care）指的是有意識地透過行動關照自己的身心，它有兩重含義：第一，這些行動是自己主動做出的，不是勉強而為，它們應該是我們願意做並感到享受的事情，因為自我照顧的結果應該是感到身心愉悅、平靜放鬆或充滿能量，所以我們需要找到適合自

己的方式。

　　第二，自我照顧需要我們規劃出專門的時間，正式地寫到行事曆上，它不是可有可無的閒暇活動，也不是自私的自我滿足。如果我們不能妥善地照顧自己的身心，也就無法給予別人關照。

　　下面的問題將幫助你找到屬於你的自我照顧活動。在過去的一個月裡（或在你的記憶裡），你為自己做過什麼（比如散步、按摩、冥想、書寫、園藝、釣魚或交談等等），而有了一種自我照顧的感受（放鬆、平靜、愉悅、滿足、活力增加等，任何你喜歡的感受）？請注意分辨那些能讓你有良好感受的事情，然後列出一份自我照顧的活動清單。

　　當你情緒低落或者狀態不好時，可以嘗試重複做清單上的事。即使在平順的生活中，規劃出自我照顧時間也會有助於我們保持能量充沛。要記得，我們不應該只把自己當作實現目標的工具，它也是你享受人生的基礎。

- 活動一
  活動前的情緒：＿＿＿＿＿＿＿＿＿＿
  活動內容（時間、地點、過程的細節）：＿＿＿＿＿
  ＿＿＿＿＿＿＿＿＿＿＿＿＿＿＿＿＿＿＿＿＿＿＿
  活動後的良好感受：＿＿＿＿＿＿＿＿＿＿＿＿＿

- 活動二

    活動前的情緒：＿＿＿＿＿＿＿＿＿＿＿＿＿＿＿＿＿＿

    活動內容（時間、地點、過程的細節）：＿＿＿＿＿

    ＿＿＿＿＿＿＿＿＿＿＿＿＿＿＿＿＿＿＿＿＿＿＿＿＿

    活動後的良好感受：＿＿＿＿＿＿＿＿＿＿＿＿＿＿＿

- 活動三

    活動前的情緒：＿＿＿＿＿＿＿＿＿＿＿＿＿＿＿＿＿＿

    活動內容（時間、地點、過程的細節）：＿＿＿＿＿

    ＿＿＿＿＿＿＿＿＿＿＿＿＿＿＿＿＿＿＿＿＿＿＿＿＿

    活動後的良好感受：＿＿＿＿＿＿＿＿＿＿＿＿＿＿＿

案例 18

愛情議題：親密關係、自我決定、建構未來

不讓過去的命運，
決定我的未來

因愛情而閃耀的眼神，總是那樣動人。

喜上眉梢的她說自己遇見了一位年長十歲、事業有成的男人。這男人剛剛走出多年前太太與小孩車禍過世的陰影，他人情練達、重情重義，兩人一見傾心。年屆四、五十歲的他們都知道，在這辛苦的人生路上相遇，是一份多麼難得的緣分。

在諮商一開始，很少有人訴說的是開心喜悅的事。順著她面帶微笑的分享，我一方面好奇地想了解兩人相識的過程及彼此惺惺相惜的原因，一方面也有著困惑，想弄清楚她到底希望我這位諮商師能幫上什麼忙。

她終於說到來談的原因：「我就是不知道，我是不是應該要答應跟他結婚。我一直想，一直猶豫，一直翻來覆去的。」她十分抱歉自己的遲疑反覆傷到了她愛的、也愛著她的男人。說到這裡，方才在她嘴角上忍不住上揚的幸福笑意瞬間消失：「我就是，就是，沒辦法答應他。我也不知道怎麼辦。」

「你們很珍惜彼此，因為能在這個年齡相遇。對於自己沒辦法答應和他結婚，妳覺得難受、也覺得困惑。」看到她足以

壓過喜悅的痛心掙扎,希望我同理的回應能傳達出一份理解、接納的態度。

她點點頭:「我就是一下子說可以,一下子說不行。我就是做不到,就是沒辦法立刻去結婚……我也很氣自己,然後看到他失望的樣子,我也很難受,很難受。」臉龐滑下來的幾滴淚水,夾雜著對她自己的惱怒以及對男人的心疼。

等她難受的情緒稍稍平復後,我關切地問:「是什麼讓妳在如此珍惜這段感情的情況下,會覺得立刻答應結婚是一件做不到的事?當妳在考慮這件事的時候,有什麼念頭在心裡閃過嗎?」我想她應該有一個重要的理由吧。

更多的淚水在她眼中湧出。她慢慢地道出原委:八歲時,父親病逝,母親隨之改嫁消失,之後,她得一、兩年就換一個親戚扶養。她咬著牙說,這種流浪的、寄人籬下的生活讓她自小發誓:「絕對不可以,一定不可以,再讓自己有任何需要依賴別人的時候。」所以她一直拼命學習,也一直選擇單身。在多年的辛苦努力後,她終於擁有不錯的學歷、滿意的工作,甚至還存錢買了一間小公寓。

「妳真的很不容易,可以這樣堅強、艱辛地走到現在。」我由衷感佩地說。

「是啊,很不容易,是很不容易的。」她擦拭了一下淚水,停止了哭泣。她清楚地告訴我過去種種對她的巨大影響。

她有著辛酸的傷痛,也有著感人的堅強。我提醒著自己,不要陷入她過去經歷的故事,並嘗試將她對過去的敘述連結到她來談的需求:「聽妳這樣說來,妳是覺得結婚是一種『依賴

別人』,所以才沒辦法立刻答應結婚嗎?還是⋯⋯?」我嘗試去理解和確認她所說的內容與困擾有何相關之處。

「好像是又好像不是。」她猶豫著說:「我就是,想了很久,想不太出來。就只是,一種很害怕、很擔心的感覺。妳知道嗎?」

我在心裡喊著,我應該讓當事人自己去詮釋因果,不應該幫她解釋的。我再次提醒著自己,不要有預設分析的心態。

還好她一直很用心地在思考著,也很認真地繼續回答道:「當然,沒有人能保證婚姻一定可以走得長遠,我也不是在擔心萬一沒有白頭偕老什麼的。妳看我家裡、我周圍的朋友也有很多在一起後分開的啊。我都這個年紀了,人生無常的道理,這我都懂。我就是搞不懂自己在想什麼。」她自我解嘲了一番。

聽著她的困惑、害怕與擔心,我想還是想先傳遞一份支持與肯定:「一路以來,種種的生活歷練讓妳知道,感情、婚姻可能會有意外與變化。對於所謂的人生無常,妳也是有了解、有預備的。」

她突然露出詫異的眼光,看著我說:「怎麼妳說起來,這好像是一種人世間的智慧?」她停了停,想了想:「難道,這不是一種⋯⋯悲哀嗎?就是得接受很多的生離死別啊。」

我與她保持同步地說:「感情、婚姻的變化、生離死別的分離,常是一種讓人覺得悲哀的事實,但這也真的是人生可能會發生的事情啊。」

她微微地點點頭:「是啦,就是得接受。」

「是的,『接受』也常如妳說的,是一種智慧。」

她沉默不語,眼神依然哀傷。顯然她沒有接受這個觀點。

於是,我接著澄清道:「我可以了解一下,讓妳覺得悲哀的是什麼嗎?妳可以多說說嗎?」

她有些困惑地說:「我也不是很清楚。就是之前覺得啊,婚姻能白頭到老,多難啊。有時就是會感慨一下人生就是這樣無常,所以,我之前才一直不談感情這件事。」

我猶豫了一下,我要繼續深入她的困惑與哀傷嗎?看著她湧現的種種情緒,我想還是先帶回這段感情,因為這是她來談的諮商目標,同時我也希望她注意到自己因這段感情帶來的生命變化:「對妳來說,他真的很特別。他讓妳願意開始談感情,甚至,還會考慮結婚。」

「嗯嗯,他真的像是我生命中的奇蹟,讓我忘了我是不談感情的。」她的眼睛又亮了起來:「所以,我就是想到如果要離開他、沒跟他在一起,就覺得很痛苦。然後,就這樣一直翻來覆去的。」她又難受地轉過頭去。

「但是,好像這份痛苦,也讓妳願意翻來覆去地多看看這段感情,考慮自己在害怕擔心什麼,還讓妳多考慮了一下結婚的可能性。」我嘗試從不同的角度回應著。

她很快地接受:「是啊,他很特別。」繼續低頭思考著一會兒後,她接著說:「他也深深知道失去的痛苦。他太太和小孩過世的經驗,他也是花了很多年的時間才走出來的。」她沒有接續我方才的回應,但提出了一個新的重點。我想,我先得跟上她的表述。

「他懂得失去家人的痛苦,這對妳很重要?」我一邊回應她說的內容,一邊希望她能多說一點她想說的。

「嗯,所以我真的不忍心讓他再體驗一次失去,就是,失去我。可是,就是有那麼一種什麼感覺拉著我,讓我想要結婚但又害怕向前一步。」她又回到了他們的關係,以及是否要結婚的這個主題。

於是,我很認真地看著她:「那麼如果結婚了,妳最害怕、最擔心、最不願意發生的事情是什麼?」我很少這樣問,但是,或許這能幫助她更能釐清自己最在意的擔憂與恐懼到底是什麼。

「萬一,有一天,還要搬出來怎麼辦?」但她又快快自問自答著:「嗯……不過,萬一的話,那到時候,就是搬回自己買的公寓就好了啊。我到底是在想什麼啊。」她苦笑著。

我點著頭,看著她,用眼神鼓勵她繼續探索。

一會兒,她抬頭看了看我,搖搖頭,表示無法想透。

我彙整著她說過的話語,希望她能繼續這可貴的反思:「所以,妳不是擔心結婚是一種依賴別人,這個年齡的妳,也可以接受感情是有變化的可能,萬一兩個人分手了,最多就是再搬回自己的公寓而已。」她專心聽著,同意著。

於是我繼續:「不過,我問妳最擔心害怕的是什麼時,妳會先特別提到『還要搬出來怎麼辦』,嗯,妳認為,還要搬出來怎麼辦,這怎麼會是妳最先想到的事情?或者,為什麼這對妳會是一個問題呢?」

聽到我強調著「還要搬出來怎麼辦」時,她的眼眶開始泛

淚。她看著我，似乎有著自己也無法理解的觸動。

所以，我再重複一次：「『還要搬出來怎麼辦』，這對妳代表著什麼意義？」

她含淚閉上眼睛。我知道她在叩問自己的內心。

我等待著。

一會兒後，她張開眼，用一種哀傷的語氣低聲地說著：「那是一種粉身碎骨的感覺。」

我不解地望著她，但是，我已經能強烈地感受到那份哀傷的重量。

她緩緩地說：「怎麼說呢，就是需要搬出來的那一刻，妳就好像是卡通影片中的那種人，就是，立刻粉身碎骨了，心碎了，人碎了……即使，後來還是可以繼續拼合在一起，繼續過日子……」

「妳非常害怕的是『還要搬出來那一刻』會有粉身碎骨的、心碎了、人碎了的那種感覺？」我十分努力地想要聽懂她的意思。

「是的，是的。」她眼裡再次泛著淚水。

但是，她眼神裡卻開始露出了欣慰：「原來我真正害怕的是，還要搬出來的那一刻啊！」

我還是沒能理解，不過，坐在我對面的當事人總能帶來意外的欣喜。

雖然我仍感到困惑，但沒關係，當事人能明白，這才是最重要的。

因此我緊追著問：「看起來，妳知道自己害怕的是還要搬

出來的那一刻,發現了這個,對妳的意義是什麼呢?」

「我不怕人生無常,我害怕的是,再次遇到無常的那一刻,那一個片刻,那一個瞬間⋯⋯因爲⋯⋯」她彷彿遁入回憶:「小時候,每次我被告知得搬到下一個親戚家時,那個晚上,我就會覺得,我整個人,整個人就是碎了,就是碎了。」

我專注地看著她,支持著她。

她瞇著眼睛繼續說:「如果破碎了,就要把自己一片片撿回來,一片片的⋯⋯妳知道嗎,有多痛苦、有多痛苦嗎?」我好不容易有些聽懂,想要同理她時,她卻接著說:「但是,我每次都做到了,每次,都做到了。」

她語氣中的堅定,讓我一下子不知該選哪個方向繼續,是破碎的痛苦,還是仍能做到拼回來?我想了一下,決定同步地整體回應:「所以現在妳更清楚自己害怕的是,再搬出去時那種心碎後還要一片片把自己撿回來的感覺,但是妳也知道,妳每次都能夠把自己一片片撿回來。」我心想這兩個都是很了不起的、很重大的發現。

她點點頭。我想接著問她如何在這樣的害怕與痛苦中,每次都還能做到撿回、拼湊回自己時,聰慧的她已經向前一步:「老師妳知道嗎,看不清楚時,像人在霧裡,妳反而會更害怕,會有很多的想像,不知道前方會是什麼。但是,在看清楚的時候,可能就會知道怎麼走、怎麼做。」她的聲音平靜了一些。

「所以,妳現在,覺得看清楚了?」我想再確認一下。我好像又不太懂了。

「對，像霧散了。」她再次閉上眼睛。深思著。

現在的我能做的就是：不打擾她。

過了一會兒。她繼續閉著眼睛，和緩地說：「我剛發現，我覺得，這一次，我想，跟以前不一樣了，我已經好不容易長大了。我本來以為我覺得可能是害怕還要搬出去的那種心碎的感覺，但是，我剛剛覺得好像看到自己原來站在一條河邊──這河床結冰了，就是冬天結冰的那種河床──我好想、好想要到對岸去。他就站在對岸那裡一直揮手，要我快一點從結冰的河床上走過去，要我走過去，我們就可以到對岸的桃花源，去過如沐春風的幸福日子。但是，我好害怕，我好害怕，這個走過去的過程會掉到冰河裡。」

她緩緩睜開眼再次看著我：「我就是，我就是覺得自己現在，就像是『如履薄冰』一樣，非常害怕跨了那一步，卻……卻不敢再往前走了。但是，但是，我真的很想過去……真的很想，因為遇到他，實在太難得了。我們各自走過人生的風風雨雨，現在能碰在一起，實在太難得了。」

我注意到她敘說方式的改變，她更多提到了自己想要突破的心願，以及珍惜遇到他的深情。所以，我決定擱置她提及的過去，跟隨她描述的現在。

我配合著她的譬喻說：「是啊，好像河床只有在結冰的時候，才有機會走到對岸去，這真是一個難得的機會。」

她面露詫異但堅定地說：「這真的是一個重要的時機、難得的機會。我應該不要錯過。我也不想錯過，老師。」

配合著她自己生動的比喻，我歸納了一下前面這段對話中

的重要突破:「妳認為現在的妳害怕的,和以前的妳害怕的不一樣。妳把現在的自己比喻為:在結冰的河床上如履薄冰,非常害怕跨了那一步,暫時不敢再往前走。但是,妳剛剛也有說,當妳可以看得清楚時,就會知道怎麼走、怎麼做。再加上妳非常不想錯過這次機會。所以,談到這裡,會讓妳想到下一步可能可以怎麼走、怎麼做嗎?」我希望這樣的提問,能激發聰慧、堅強的她煥發出行動的勇氣。

「就是要『如履薄冰』。」她一臉謹慎,把每個字都說得很慢。這次我又摸不著頭緒了。

她發現我的表情有些困惑,於是解釋:「需要在每走一步前,先探測下一步是否是可以踩下去,或者是再等一下,等河水的結冰更堅實了以後再走。妳知道嗎?當河水結冰夠厚的時候,甚至還可以在上面開車呢!」她的話真讓我吃驚,她已經很清楚要如何應對了。

「就是需要一步步地探測,一步步地往前。或者,需要等待時機更為成熟,像是結冰更厚時。聽起來,這需要小小冒險,或者,需要等待。」我重複著她所說的話,也補充了一些內容。

她馬上接過話:「嗯嗯,我需要不斷告訴自己,他是值得讓我冒險、值得我等待的人。」她聲音中原來的恐懼,被勇氣和渴望沖淡了許多。

我覺察到她的變化,這個變化也有必要讓她看到,因為當事人總是能從自己的變化中獲得啟發。於是我跳出先前的談話脈絡,回應說:「對於和他結婚這件事,現在的妳,和一開始

來的時候,有了一些不一樣的感受或想法了,是嗎?」

她也若有所悟地說:「是的,事情雖然沒有變簡單,但是,像現在這樣看得比較清楚時,就不會被自己莫名的恐懼擔憂給淹沒了,也應該不會像之前一樣,一直在原地遲疑反覆。就是像是,站在河岸的這一邊,眺望彼岸⋯⋯這下子霧真的散了。」她真是一位文藝青年啊。

「所以,現在看得更清楚的妳,除了剛才提到的一步步地探測、一步步地往前,以及需要等待時機更為成熟之外,還有想到再做些什麼嗎?」我輕輕推進,希望她能更清楚說出自己的變化與計畫。

「還是希望自己能夠帶著謹慎、勇敢、冒險的態度,同時,還要懷著喜悅和感恩的心向前瞻望⋯⋯」

她的語氣忽然有些激動地說:「就是要很謝謝他在生命中出現,然後同時像剛剛說的如履薄冰,要小心地向前走⋯⋯」

然而,突然間,她又猶豫了起來:「但是,我還是要請他再等我一下,再等待一下。」

我複述她之前的發現,也與她確認新想法的可行性:「如果他知道了妳的這些想法,比如希望自己在謹慎、勇敢、冒險的同時,心懷喜悅和感恩地瞻望你們的未來,也很謝謝他在妳生命中出現,那麼,讓他等待一下,這會是一個問題嗎?」因為這個突破對她實屬不易,所以我繼續邀請她具體描述希望自己如何面對這個重大挑戰,期待透過對細節的討論,能讓她真的在自己的生活中實現所願。

她想了想,認真地表示:「不會有問題的。他其實願意等

待我……其實，他期望的我……是向前在嘗試，而不是封閉的、拒絕和排斥的樣子。」

我強調著她表達中的正向重點：「其實他是願意等待的，只是希望妳是在繼續向前嘗試。」

她含著淚：「他真的很好。」她吐了一口氣，接著說：「其實，需要擔心的是我這個人，不曉得今天講了之後，會不會又翻來覆去，又害怕了起來。我希望自己不要再這樣了。老師，妳說我還會嗎？」

這真的是一個好問題，我決定重複並用她的發現，補全這個提問：「如果回去後，妳又翻來覆去，又害怕了，妳要如何提醒自己那些妳希望面對這段感情時所抱持的原則，比如謹慎、勇敢、冒險，但心懷喜悅、感恩的心，向前瞻望你們的未來，還有要他再等待妳一下呢？」

我原以為她會如方才一樣快速地回應，可是諮商室瞬間陷入了一陣沉默。

靜思許久後的她，慎重地說：「我會讓自己是『站在原地』，不是往後退，不是立刻關閉自己。我希望，我是『站在原地，觀察周圍』，然後，我要告訴他，我當下的狀況。然後，請他再給我一些時間與耐心。」她的眼睛開始紅了起來。

「那妳怎麼記得提醒自己要這樣做呢？」因為她的慎重和觸動，我也慎重、好奇地問。

她的淚水開始湧出眼眶。她激動地說：「我要不斷告訴自己，我希望透過這場冒險創造不同的命運，而不是，而不是，讓過去的命運，決定我的未來。」她用力咬著嘴唇說。

案例 18　不讓過去的命運，決定我的未來　　355

我感到非常訝異，不得不問她怎麼能說出這些這麼美麗又有力量的話。

她已經無法忍住淚水，在啜泣中斷斷續續地說：「雖然，粉身碎骨很可怕，拼湊自己會很痛苦，但是，只有一個人活著，一直只有一個人，那種孤單，也好讓人窒息、絕望。」

她擦拭了一下淚水：「我已經……已經……孤單太久了……」

這次她的淚水沒有間斷，不停地、不停地湧出。

我坐在旁邊，安靜地陪伴著她，心裡真心地為她慶賀。

因為我知道，她正在勇敢地走出那份孤單，正在穿越多年來環繞著她、讓她孤寂的那份恐懼，也正在走向她想要的、那個有他的奇蹟未來……

回顧與反思

焦點解決短期治療重視語言的影響力，尤其是諮商師的語言表達需要考慮當事人的思維角度、接納當事人的感受與痛苦、貼近當事人的生命脈絡、突顯當事人的在意與優勢，並且反應出對當事人富有意義的重點。諮商師還需要協助當事人慢慢說出自己的故事，並能以清晰的語彙具體描述出自己想要的願景和擁有的力量，以便完成「描述建構者」（description-builder）」這個專業角色的功能。

也因此，焦點解決諮商師會時時關注當事人使用的語彙，適時摘述、突顯或深究其意，無論是在複述、一般化、重新建

構或提問問句時,諮商師都會在對話中適時嵌入當事人使用的關鍵字詞,如此一來,當事人更容易留在自己的思維脈絡中進行反思。例如案例中,諮商師捕捉到這位女士表述中的許多關鍵語彙,比如害怕、擔心、哀傷、害怕結婚、無常和擔心還要搬出等,之後諮商師邀請她多加說明使用這些字詞的意義與考量,逐步幫助當事人釐清自己的恐懼並正視。

再者,案例中的女士也自創了一些譬喻,像是走過冰河、如履薄冰等,諮商師便立即跟隨地運用這些譬喻,激發她在接納恐懼的同時也可善用恐懼中的謹慎,當事人也由此覺察到自己所需要的,其實是如何謹慎判斷及等待時機成熟。

雖然焦點解決諮商師並不主動使用譬喻技巧,但如果當事人自己提出的譬喻對其富有意義,也反映出當事人的生活經驗、人生思考和主觀知覺,那麼它們就是值得諮商師善加運用的資源。是以,諮商是一個提供當事人專心反思的空間,透過反思,當事人甚至會自行找到適合自己的解答,所以焦點解決諮商師的語言選用是個不斷靈活變動的歷程,而正也正是諮商藝術的一種體現。

焦點解決短期治療相信,雖然人會被過去經驗所影響,但過去的經驗並不能「決定」未來的一切,因為改變一直在發生。不管改變是發生在當事人的生命裡還是諮商晤談中,任何的改變都可能成為當事人潛在的資源與優勢。比方案例中,諮商師辨認出這位女士面對結婚態度的細微進展(如從一開始覺得無法立刻結婚,變成很想和對方一起、不希望錯過這個時機等),這進展也進一步地促使她思考什麼才是適合自己現階段

穩定向前的原則。換句話說，比起剛來諮商時，這位女士對未來有了更強烈的渴望與期盼，即使只是處於這樣的醞釀階段，晤談對話也能持續地激發她下一步嘗試的動機與勇氣。

當然，在帶動當事人改變的過程中，諮商師會傾聽和接納當事人的各種訴說與想法，不過卻更關注與突顯的是當事人歷經過去困境的復原力、現有重要他人的支持，以及對於未來的盼望，因為這些元素能大大提振當事人的信心、自尊與賦能感。例如案例裡，諮商師在表達對這位女士成長歷程不易的同理時，也大為肯定她的堅韌與蛻變，包含她在成長中擁有了面對人生無常的智慧，以及每次都能再次拼湊起破碎的自己等能耐。又例如，諮商師多次引發當事人說出愛人的好與難得，其實也是在幫助她將自己對這份情感的珍惜，化為追求幸福、突破孤單的可貴勇氣，甚至諮商師還以此結合這位女士的人生歷練，讓她積聚出「不讓過去決定未來」的巨大決心。

焦點解決短期治療希望催化當事人出現自我反思、希望感和具體行動，以便幫助當事人發展出其它選擇來替代目前想終止的行為模式，因為當人們擁有選擇權時，也會更擁有控制感。好比案例中的這位女士在看清自己目前的狀態像是如履薄冰而不是如以前害怕再搬出來，而且自己也十分不想錯過這段感情時，她便更願意思考可以如何開始執行下一步。

當然，當事人所發展的行動步驟需要緊扣當事人個人期待的目標與優勢能力，需要在當事人認同的、可承擔的、可執行的範圍之內，而且也要是當事人馬上可以開始嘗試的行動，這樣才有真正被落實的機會，並帶動改變發生的可能。就像針對

這位女士主動提出日後自己可能還是會反反覆覆，諮商師跟進討論的就是對復發的預備與回穩的方法，包含提醒自己不要後退、告訴愛人耐心等待等。焦點解決短期治療提醒，對於當事人追求願景的行動策略，諮商師需要協助當事人在「正視痛苦與困境」以及「改變的現實可能性」之間取得平衡，如此踏實築夢才有機會成功。

生活踐行

◆ 與其等待證據不如創造證據

對本篇案例的當事人來說，即使眼前有機會實現期待已久的美好生活，她的內心依然忐忑不安，因為未來雖然有希望，但也充滿了諸多不確定，邁向未來就意味著要冒險前行。有時，人們會放棄嘗試人生的其他可能性，往往也是因為害怕可能會遭遇的種種風險。面對關乎未來的選擇時，很多人都仰賴「證據―信心―行動」的思維邏輯，也就是認為需要積累到足夠多的證據才有信心付諸行動，然而有趣的是，有說服力的證據往往無法誕生，因為人們常一直留在原地不動、無所作為地等待證據出現，守株待兔自然毫無所獲。

關於「未來會是什麼樣子」的證據，其實很多都來自向前一小步的試驗或行動，也就是按照「行動―證據―信心」的次序，透過行動獲得證據，然後又因為這些證據而累積更多信心，再因為更有信心而更敢於行動。換句話說，關於未來的證據需要在未來中探尋，不向未來的方向挪動一小步，就不會看

到更多的證據。

有些人終生都陷在一個奇怪的循環裡：因為看不到證據而停步不前，又因為裹足不前而永遠看不到更多證據，比如「我也想改行，但是我不知道轉行後會不會成功？」糾結於這樣的思考而裹足不前，那麼什麼都不會發生。有趣的是，當我們停在原地的時候，也許是在製造另一種證據不斷地向自己證明：「未來太多未知，我不能貿然嘗試。」

我們永遠無法知道「轉行以後會不會成功」，這個問題的答案在未來才會揭曉，然而我們可以像案例中的當事人一樣一步步向前試探，比如從深入了解新行業入手，或者從結交那個行業的朋友、學習那個行業的知識開始，這其實就是在為期待的未來製造證據。所以，當我們對未來猶豫不決時，與其糾結於「我是否有足夠的信心？」不如問：「我如何才能更有信心？」

法國知名作家安德烈・紀德（André Gide）說過：「人只有鼓起勇氣告別海岸，才能發現新的海洋。」所幸我們沒有必要一開始就揚帆遠航，而是可以在離岸不遠處先行船試水。對於改變或未來，很多人都在等待機緣的降臨，但也許開始行動的時刻就是最好的時機；與其等待證據，不如創造證據。

除了向前一小步的嘗試，要戰勝對未來的恐懼還有另一個方法，那就是找到能給你力量和勇氣的理由。通常「為我所愛」會讓我們更加勇敢，因為熱愛會讓我們超越恐懼。被熱愛驅動的生活，讓人充滿生命力、勇氣和創造力，在此刻，所謂的未來意味著機會和希望；至於恐懼，喚起的是強大的自保本

能，它讓我們進入生存模式而不是生活模式，悲觀、衰弱、焦慮將成為了生活的主角，在此刻，此時所謂的「未來」，便成為困難和挑戰的代名詞。

搖滾歌手約翰・藍儂（John Lennon）曾這麼說：「人有兩種基本的動機：愛和恐懼。當我們陷入恐懼的時候，我們會從生活中退縮；當我們心中有愛的時候，我們用熱情、興奮和接納向生活敞開自己。」退一步說，哪怕我們的努力最終宣告失敗，但因為熱愛的存在，也會讓失敗變得有意義。

比起有意義的失敗，無意義的失敗更讓人難以接受，因為意義可以賦予萬物價值，有價值的失敗就不再是純粹的失敗了。為追求自己嚮往的人生及熱愛的夢想而努力，就算最終結果不如所願，這樣的努力依然有著重要的人生意義──我們至少盡力活出了自己，沒有白來一遭。就像案例中的當事人所說的，無論結果如何，她走的每一步都是「不再讓過去的命運決定她的未來」，從這個角度來說，每一步都已是一種頗具個人意義的成就。

未來從來都充滿了不確定性，我們唯一能確定的是自己想要怎樣的人生。「活出自己」並不是一個存在於彼岸的目的地，它是人生旅程本身，就像「愛的目的」就是「愛的本身」一樣。即便我們尚未過上自己想要的生活，依然可以在每個當下努力活成理想中的自己，這種努力便是達成了「活出自己」的目標。

練習：增加行動的勇氣

追尋自己熱愛的生活需要有面對未知或失敗的勇氣，這種勇氣一方面來自於對目標的嚮往，另一方面來自我們能否有效應對恐懼。當然，被恐懼影響不等於被恐懼綁架，甚至恐懼還給了我們一個不斷叩問內心的機會：「什麼會讓我們願意或有勇氣面對恐懼？」、「什麼才是我們不顧一切想要擁有的？」比如，有人會為了家人不顧個人安危，還有人會為了理想無所畏懼，我們與恐懼的關係是動態的，消除恐懼本身並不是改變這個關係的唯一途徑；而且恐懼越強烈，我們越需要找到一個幫助自己面對它的理由。

下面幾個小練習可以幫助我們增強行動的勇氣。

1. 願景驅動：
   (1) 你想要的生活、目標或理想如果實現了，那會是什麼樣子？它會為你現在的生活帶來哪些改變？那時的你會有哪些不同？這些變化對你的意義是什麼？
   (2) 你現在可以做哪些事情來增加這個願景實現的可能性？或者，對於那些願景實現後的變化，你是否發現了現在可以開始嘗試的一小步？
   (3) 請想像一下，如果恐懼不再綁架你、不再讓你綁

手綁腳，你會是什麼樣子？那時你會過著什麼樣的生活？

(4) 如果有機會，當你的勇氣比現在增加 1%，當下你會有哪些不同的行動？如何才能幫助自己增加 1% 的勇氣？如果 1% 對你是一個大目標，那麼需要做些什麼可以增加 0.1%？

(5) 請把答案寫下來，細節越多越好，然後看看這些細節中，哪些是你現在其實就有勇氣可以立刻去嘗試趨近或付諸行動的？

2. 直面恐懼：

(1) 回想過去每一次成功克服恐懼的情形，你是如何做到的？有哪些經驗可以借鑒？

(2) 對於那些你所恐懼和擔心的結果，你現在可以做些什麼來減少它們發生的可能性？

(3) 請找一個安靜的時間，把你所有的害怕與擔心都寫下來，過幾天再把這些害怕與擔心重新檢視一次。如果發現已經不會害怕擔心的，請將它刪除；如果還是覺得會害怕擔心，那就保留下來。之後，再重複幾次這樣的練習，觀察看看自己會有什麼轉變。

(4) 尋求支持：恐懼讓我們感到孤單無助，來自他人的連結可以幫助我們走出恐懼的禁閉室。請回想

一下,在生活中誰可以給你勇氣?誰能鼓勵你,給你信心?他們說了些什麼或做了什麼事情,你會變得更勇敢?你又如何能得到他們的支持和幫助?

(5) 身體放鬆:恐懼襲來的時候,我們往往會有明顯的身體反應,像是肌肉緊張、呼吸變淺和心跳加速,而這些身體反應又會讓我們更加確信頭腦中的災難後果似乎是真實的,所以學習處理恐懼時的生理反應,可以減輕恐懼對我們的影響。透過深呼吸、漸進式肌肉放鬆或冥想,我們可以降低恐懼情緒對我們的控制;除此以外,你還喜歡哪些幫助自己放鬆身體的方式呢?別忘了在恐懼來襲的時候提醒自己試一試。

【後記一】

相信奇蹟

許維素

與「心靈工坊」團隊緊鑼密鼓地處理這本書的出版過程時，我比平日更常想起茵素。

我揣想，如果茵素在天有靈，知道這本書終於完成了，她會怎麼說？

自從她過世後，近二十年了，我不敢再去翻動當時請她督導的討論資料和往返信件。但那日我實在太想念了，忍不住隨手一翻，就看到她寫給我諸多回饋裡的一封。

親愛的維素：

我就是很愛閱讀妳寫給督導班上其他人的回饋。妳是如此開放、誠實，並且嘗試透過反思自己的經驗和過去的錯誤來不斷學習著。看到妳努力幫助班上其他人的付出，實在是太可愛了，也令人眼前一亮。真的很感激妳。妳一定是個非常好的老師，也相信妳是一個非常棒的諮商師。真希望我會說中文，這樣我就能體會到中文的奧妙之處。當然，我也非常欣賞妳的幽默感。

茵素

看著看著，還是哭了。除了深刻的想念，還有更多的感動：沒想到當年，她對我是這樣的印象。我將信順手傳給了汪冰博士，他不加思索地回應：「妳一直都是這樣的人啊！」

直到之後在希瑟寄來的推薦序中,驚訝地看到她這麼寫著:「本書還有一個我覺得十分獨特且突出的特點,那就是在案例對話過程中,細心且誠實地描寫出諮商師的反應和想法,這部分既讓人感動又發人深省。」我才更意識到茵素說的「反思自己的經驗和過去的錯誤」的價值,也更聯想到焦點解決短期治療強調「向當事人學習、由當事人告知」的謙遜。

　　我知道,這份謙遜裡,有著對當事人的一份尊重之心,也有著對生命的一份敬畏之情。這份謙遜,我學了好久,不僅一直在焦點解決短期治療裡學習,也不斷從「人生」中學習。

　　記得茵素在一次督導時曾說:「是誰告訴妳,在結案的時候一定是『happy ending』的?對我來說,人生就是時有痛苦、時有快樂,人生的每個階段,常是在痛苦和快樂的夾擊之下,努力穩健地跨出一小步,好讓自己能夠繼續前進。」

　　人生,就是一步一步,前進。痛苦確實常在不經意間降臨,但是,我也提醒著自己,別忘了,快樂也常在意料之外悄然而至。

　　當年我看到茵素與史帝夫合葬的墓碑上,刻著的天使翅膀旁鑲嵌著「相信奇蹟」(believe in miracle)這幾個字。當茵素的妹妹說,他們很喜歡這句話時,有些觸動的我,一直好奇著原因。

　　我本不是一個相信奇蹟的人,但是這本書,真的是生命裡意外而至的一個奇蹟。

　　原來,有時奇蹟不是突然出現的驚喜,而是一步一步前進而來的美好。

　　深深盼望這個奇蹟,能成為送到茵素手中的一份禮物,一份美好的、愛的禮物。

【後記二】
美好在等待發現者

汪冰

焦點解決短期治療的「變化觀」是：變化永遠在發生。古希臘哲學家赫拉克利特（Heraclitus）認為，一切皆流，無物常住。因為變化一直在發生，所以沒有什麼事情會「維持原狀」，哪怕看起來毫無變化，那也不是沒有變化，只是我們沒有發現變化。

如果我們相信變化才是永恆，就不會放棄尋找美好。對於生活，焦點解決短期治療的「哪裡有好轉？」（what is better？）也可以理解為「今天有哪些好事發生？」，而從變化的眼光來看，沒有壞事發生也是一件難得的好事。我們都期待有好事發生，但是比起等待好事發生，不如去尋找已經發生的好事；既然變化長存，那麼總有一些正向的變化在等待我們去發現。

我並非焦點解決短期治療治療的諮商師，更像是欣賞焦點之美的旁觀者。欣賞時間越長，體會就越多。人們發現驚嘆不已的美好時，第一反應常是分享給更多人，這本書中的文字就是我想和讀者分享的焦點之美，它源自在人生諸多限制中綻放的智慧之花。

回首人生路，焦點解決短期治療的智慧給予我的陪伴、支持與啟發已成為我生命的一部分，衷心希望它也能為你帶來同樣的祝福：生活從不完美，但仍有美好等待我們去發現。

心靈工坊
Master 091

照見希望
焦點解決短期治療的18個人生故事
Illuminating Hopes:
18 Life Stories of Solution-Focused Brief Therapy

許維素、汪冰—著

出版者—心靈工坊文化事業股份有限公司
發行人—王浩威　總編輯—徐嘉俊
責任編輯—趙士尊　執行編輯—林依秀　內文編排—李宜芝
通訊地址—10684 台北市大安區信義路四段 53 巷 8 號 2 樓
郵政劃撥—19546215　戶名—心靈工坊文化事業股份有限公司
電話—02）2702-9186　傳真—02）2702-9286
Email—service@psygarden.com.tw　網址—www.psygarden.com

製版・印刷—彩峰造藝印像股份有限公司
總經銷—大和書報圖書股份有限公司
電話—02）8990-2588　傳真—02）2290-1658
通訊地址—248 新北市五股工業區五工五路二號
初版一刷—2024年12月　ISBN—978-986-357-408-8
定價—600元

版權所有・翻印必究。如有缺頁、破損或裝訂錯誤，請寄回更換。

國家圖書館出版品預行編目（CIP）資料

照見希望：焦點解決短期治療的18個人生故事/許維素, 汪冰著. -- 初版. -- 臺北市：心靈工坊文化事業股份有限公司, 2024.12
面；　公分

ISBN 978-986-357-408-8（平裝）

1.CST: 心理治療 2.CST: 心理諮商

178.8　　　　　　　　　　　　　　　　　　113017476